Peter Gnaiger / Wolfgang Hoffmann

IN DIE SUPPE GESPUCKT

Peter Gnaiger / Wolfgang Hoffmann

IN DIE SUPPE GESPUCKT

Von Sternen, Hauben und
anderen Geschäften

ecowin

Peter Gnaiger / Wolfgang Hoffmann
In die Suppe gespuckt
Von Sternen, Hauben und anderen Geschäften
Salzburg: ecowin Verlag, 2006
ISBN-13: 978-3-902404-36-7
ISBN-10: 3-902404-36-1

Unsere Web-Adresse:
http://www.ecowin.at

3 4 5 / 08 07 06

Lektorat: Martin Schreiner
Covergestaltung: www.adwerba.at (Stephan Enzinger)
Coverbild: Andrea Maria Dusl
Illustrationen: Thomas Wizany

Gesamtherstellung: Druckerei Theiss GmbH, A-9431 St. Stefan, www.theiss.at
Printed in Austria

Inhaltsverzeichnis

„In die Suppe gespuckt.“ Dieser Titel ist aggressiv. Er ist unappetitlich und trotzdem meint er es gut mit der gehobenen Gastronomie. Denn der Frustfaktor unter den Köchen war noch nie so hoch wie heute. Das erlebte der Journalist Peter Gnaiger immer wieder im Rahmen von hunderten intensiven Gesprächen mit Spitzenköchen aus aller Welt, die sich trotz ihrer Kochkunst weitgehend „fremdbestimmt“ fühlen. Die Moden, die von Gourmetführern in den letzten Jahrzehnten geschaffen wurden, bestimmen heute auch das Essverhalten finanzschwacher Kunden, die beim Discounter immer öfter zu Meeresfrüchten oder Gänseleber aus industrieller Produktion greifen. „Das Convenience-Imperium ist drauf und dran, die Spitzenküche ihrer wichtigsten Grundsätze zu berauben“, fand Gnaiger heraus.

Wolfgang Hoffmann wiederum stand mehr als zehn Jahre in Diensten des Gault Millau, dessen Herausgeber Michael Reinartz er ausgerechnet im Rahmen eines Menüs bei dem ehemaligen Schickeria-Liebling Alfons Schuhbeck im bayerischen Waging am See kennen lernte. Da Hoffmann Steuerberater ist, kennt er auch die wirtschaftliche Seite der Gastronomie wie kaum ein anderer. Für ihn Grund genug, sich über Macht und Ohnmacht, Moral und Verantwortung eines Gourmetführers Gedanken zu machen.

Die Beiträge der beiden Autoren sind mit Icons des Karikaturisten Thomas Wizany gekennzeichnet: Peter Gnaiger tritt als Sherlock Holmes in Erscheinung, Wolfgang Hoffmann als James Bond. Wir wünschen Ihnen viel Spaß beim Nachlesen der Ermittlungsergebnisse.

Peter Gnaiger

Wolfgang Hoffmann

Aperitif: Lots of Lafer for the world

Johannes B. Kerner. Im Fernsehen. Im Werbefernsehen sogar. In dem TV-Spot steht seine Frau in der Küche und quatscht irgendwas dahin. So in der Art, dass ihr Johannes so locker und lässig sei, seit er XY-Light esse. Kerner joggt währenddessen den Gehsteig entlang. Und er sei ja auch so lebensfroh, schaltet sie gleich darauf einen Gang höher, immer noch in der Küche, schon wieder ein bisschen glücklicher. Kerner springt inzwischen über seinen Gartenzaun. Sicher: Er könnte auch das Gartentor nur ein paar Meter weiter nehmen – das würde offen stehen. Aber Kerner springt, weil er so locker ist. Drinnen angekommen – und richtig angekommen ist ein Mann wie Kerner in einem TV-Spot für ein Light-Produkt eben erst in der Küche – springt er tatsächlich fit wie ein Turnschuh auf die Anrichte, sitzt einfach so da, löffelt sein Light-Produkt und strahlt von einem Ohr bis zum anderen. Auch seine Frau strahlt. Beide sind glücklich. Das Leben ist schön.

Ich schalte auf den nächsten Kanal. Da ist Johann Lafer zu Gast in einer Talkshow. Und während ich mich frage, warum heutzutage im Fernsehen niemand mehr das tut, was er gelernt hat, stellt der Moderator eine Frage, bei der jeder Sterne-, Hauben- oder Sonst-was-Koch zusammenzuckt, weil sie für ihn lebenswichtig und lebensbedrohlich zugleich ist. Er fragt: „Wie ist das jetzt mit Ihrer Angst vor den Testern der Feinschmeckerführer. Merkt ihr was, wenn die da sind?“ Lafer reißt die Augen weit auf. Lafers Frau (die ist auch in der TV-Show) reißt auch die Augen weit auf. Und dann: Ein Redeschwall. Das ist die Frage, die Sterneköche gern mögen, weil sie sich bei der Beantwortung immer ein ganz klein wenig wie James Bond fühlen dürfen. Denn die Gefahr ist für die Köche ja tatsächlich unsichtbar. Der Tester könnte draußen im Speisesaal sitzen, während der mit Auszeichnungen überhäufte Koch drinnen in der Küche gerade mit gelben Forelleneiern knausert. Der österreichische Luxuskoch Jörg Wörther beschrieb mir den Druck, dem er sich in seiner Zeit als Spitzenkoch ausgesetzt fühlte, mit einem einzigen Satz, der eigentlich alles sagt: „Es ist bei mir ganz einfach so, dass ich das Gefühl habe, ich müsste jeden Tag in Kitzbühel zweimal die Streif runter – und jedes Mal Bestzeit fahren." Damit wäre wirklich alles gesagt.

Aber Lafer kann nicht einfach nur etwas so sagen. Er muss aufdröseln: „Also manchmal", sagt er – und sein Atem wird immer schneller dabei –, „also manchmal kommt schon ein Kellner zu mir in die Küche und sagt, da sitzt heute einer, der ist verdächtig." Normal ist Lafer natürlich souverän. Denn er kennt sicher jedes Impressum sämtlicher relevanten Gourmetzeitungen auswendig. Aber der Tester, der ist spätestens seit der Kinokomödie „Brust oder Keule" mit Louis de Funes in der Hauptrolle ein mystifiziertes Wesen. Was nur eines bedeuten kann: Alarmstufe Rot! Da überlegt man schon mal, ob nicht ein Zwischengang auf Kosten des Hauses eingeschoben werden soll. Der Kellner kommt bald darauf wieder in seine Küche und berichtet, dass sich der geheimnisvolle Gast Notizen gemacht hat. Jetzt wird es wirklich ernst. Alle sind durcheinander. Da muss der Kapitän das Schiff auf Kurs halten, den Polarstern im Auge behalten – und sei es auch noch so kalt da draußen. Die Bewegungen werden schneller, die Kellner steifer, ihre Gesichtszüge frieren ein. Es riecht nach kaltem Schweiß. Zum Schluss wagt sich endlich der Küchenchef an die Front. Der Kapitän hat seinen großen Auftritt. Auge in Auge mit dem Feind, der aber auch Freund sein könnte. Wer weiß das schon bei einem Gast, der nur einmal im Jahr in seinem Restaurant auftaucht und dann ein Urteil spricht. Das freundlichste Lächeln aufgesetzt, Champagner auf Kosten des Hauses dabei und dann wird endlich die alles entscheidende Frage gestellt: „Hat es geschmeckt?" Der geheimnisvolle Gast, dem jeder Wirt einen Spiegel unter die Nase gehalten hätte, nur um sicher zu sein, dass er noch atmet, schaut den Koch dankbar an, lächelt selig (das erste Mal an diesem Abend) und sagt: „Herr Lafer, es war wunderbar." Hurra, Erleichterung, Stein fällt vom Herzen, Sterne oder Hauben sind nicht gefährdet, Verbrüderung. Die Welt ist schön.

Natürlich war dieser Mann kein Tester. Welcher Tester wäre auch so blöd und machte sich vor den Augen des Kellners Notizen? Er war offensichtlich ein armes Würstchen, das im Sternetempel ein bisschen wichtig wirken wollte (einmal im Leben zumindest und er hat auch wirklich genug dafür bezahlt). Für seinen großen Auftritt liefern Sendungen wie diese – aber auch Gourmetzeitungen – das Vokabular frei Haus. Der gute Mann wollte eben Aufmerksamkeit. Ich kenne mindestens zehn Freunde der Sterne- und Haubenküche, die so ein Theater regelmäßig abziehen, wenn sie essen gehen. Entweder allein: Dann haben sie ein bisschen Spaß. Oder mit ihrer Liebsten: Da fühlen sie sich dann cool, weil der sonst so arrogante Kellner plötzlich kreidebleich wird, wenn der Gast in Großbuchstaben in seinen Notizblock schreibt: „Lamm an der Seite mit Büffelmozzarella und Balsamicoessig mit in Kürbiskernöl getunktem Octopus ein bisschen arg durch den Wind." Dann stürmen die Kellner sofort in die Küche. „Testeralarm!!!" Nach der Notizblockattacke gehe es ihnen immer blendend, sagen sie. Gratiszwischengang, Gratischampagner, nicht selten auch noch ein paar Leckerli zum Mit-nach-Hause-Nehmen.

Dieses TV-Gespräch vor einem Millionenpublikum war genau betrachtet nichts anderes als eine Aufforderung an die Gäste, sich im Restaurant arrogant und geheimnisvoll zu benehmen. „Macht es wie wir!" scheint die versteckte Botschaft gewesen zu sein. „Spielt das Spiel der geheimnisvollen Besteckanordnungen mit, spielt die Mysteriösen, die Mächtigen. Dann ist euch das Himmelreich im Restaurant gewiss." Und Hand aufs Herz: Sitzen nicht alle in den Sternetempeln zu Tisch, als ob sie nicht von dieser Welt wären? Warum flüstern in diesen Lokalen immer alle Gäste? Verkrampfen sich, wenn der Kellner kommt? Der Kellner beobachtet den Gast: „Fehlt dem was?" Der Gast beobachtet den

Kellner: „Merkt der, dass ich nicht weiß, wofür dieses vollkommen sinnlos aussehende Besteckteil verwendet werden soll?" Ich war kürzlich mit einem alten Freund zum Essen in einem Zweisternerestaurant, also schon so gut wie in der kulinarischen Formel 1. Cooles Restaurant, bemühte Kellner. Die entschuldigten sich tatsächlich jedes Mal, wenn sie sich dem Tisch näherten. Der Freund, sonst eher ein Verehrer der bescheidenen, aber frisch zubereiteten Innviertler Essigwurst, schaute dem Kellner nach einer Stunde freundlich in die Augen und sagte: „Sie müssen sich nicht immer entschuldigen, Sie haben mir doch nichts getan – oder?" Der Kellner antwortete, er sei nur bemüht, dass er sich als Gast wohl fühle. Mein Freund entgegnete, er fühle sich aber nicht wohl, wenn sich ständig jemand bei ihm grundlos entschuldige. Der Kellner sagte: „Entschuldigung – pardon – Entschuldigung wegen der Entschuldigung." Ihm war anzusehen, dass er jetzt einen schweren Systemfehler hatte. Der arme Kerl zog mit hochrotem Kopf davon. Dem Koch hat er wohl gesagt: „Sicher kein Tester. Das ist kein arrogantes Arschloch."

Um auf unseren anderen Freund Johann Lafer zurückzukommen. Er hat sich fein rausgemacht in den letzten Jahren. Auf mehreren TV-Sendern versprüht er den Charme des Leadsängers der Kastelruther Spatzen. Er ist ein sympathischer Bursche. Er hat nichts Böses, wie wir in Österreich so schön sagen. Er nervt nur. Er wird auch Sie nerven, wenn Sie etwa seine Homepage anschauen. Da springen Sie gleich mehrere Johann-Lafer-Autogramme nervös an. Die Schriftzüge wackeln dann vor Ihren Augen herum, als ob sie wie bei einem Computerspiel abgeschossen werden wollten. Das wäre originell, ist aber leider nicht programmiert. Als Belohnung für die Treffer könnte – nur eine gut gemeinte Anregung – „Level 2" als Belohnung winken. Das wäre der Eintritt in Lafers Internet-Boutique. Da können Sie etwa heute schon zwei Küchentücher kaufen („mit Jacquardeinwebung Johann-Lafer-Logo", 29,90 Euro), eine „blaue Schürze" (mit weißer Stickerei „Johann Lafer", 29,90 Euro), einen Herren-

Pulli („mit Logo Johann Lafer", 83 Euro), seine Kochbücher („Meine Kochschule" und „Gut kochen – preiswert & schnell", könnten billiger sein), ein Steakmesser („graviert mit Johann-Lafer-Schriftzug", 57 Euro), einen Crêpesmaker Edition Johann Lafer („mit Johann-Lafer-Schriftzug", 30 Euro), aber auch Tahiti-Vanille („1 Stange im Glasröhrchen", 5,90 Euro). Sie könnten noch viel mehr bei ihm kaufen. Aber machen Sie sich keinen Stress: Sie brauchen es nicht.

Ich muss sagen: Ich mag Johann Lafer. Weil er seine Gäste, wenn sie genug Geld haben, mit dem Helikopter durch die Gegend fliegt. Weil er mir auf seiner Homepage mitteilt, auf welchen Kanälen er jede Woche im TV zu sehen ist und ich untertags deshalb die Kindersicherung aktivieren kann, damit meine Kleinen hier nicht reinstolpern. Ich mag den Sternekoch, weil er die Produktion seiner „erlesenen Fonds" ausgelagert hat. Das steht zumindest auf der Homepage des Internetversands von „Proidee": *„Johann Lafer lässt seine erlesenen Fonds bei dem westfälischen Feinkosthersteller Menzi kochen. Das ist wirtschaftlicher als die Herstellung in seiner kleinen Restaurantküche."* Die akute Raumnot nehme ich ihm gerne ab. In seinem Restaurant im Schloss Stromburg macht sich ja auch schon sein eigenes Fernsehstudio breit. Ich warte nur noch auf den Lafer-Werbeslogan „Alles Kabelsalat, oder was?".

Ich mag Lafer vor allem, weil er ehrlich ist und nicht verheimlicht, dass er ein Wirtschaftsimperium führt und sich fürsorglich um seine Marke kümmert. Vielleicht auch, weil er Ritter des „Ordre des Coteaux de Champagne" ist (Weil er so formvollendet Gratischampagner an verdächtige Gäste ausschenkt?), weil er exklusive Kochkurse an Bord des ZDF-Traumschiffs MS Deutschland gibt. Weil er auf seiner Homepage stolz bekannt gibt, dass der „mächtigste Mann der Welt" (George W. Bush jr., Anm.) von ihm im Mainzer Schloss bekocht wurde und er schon am nächsten Tag das für den amerikanischen Präsidenten zubereitete Menü ins Internet gestellt hat. Für alle, die es interessiert: „Dialog vom

Zander und Flusskrebsen mit Törtchen von Rahmkohlrabi an Hannaer Kartoffel-Schnittlauch-Emulsion", „Feines vom Eifeler Lamm (verdammt noch mal, ein Lamm ist klein genug, das Feine davon ist auf dem Teller doch fast nicht mehr sichtbar!) mit Thymian-Senf-Kruste auf Gartenbohnenpanaché" (na dann), und – das soll auch dem damaligen deutschen Bundeskanzler Gerhard Schröder geschmeckt haben – „Komposition aus gebrannter Vanille mit Hunsrücker Bratapfel".

Ich mag Lafer aber auch, weil er hin und wieder auf Inseraten von Tengelmann zu sehen war. Da grinste er bei einer verhängnisvollen Serie wieder sein „Kastelruther-Spatzen-das-Leben-ist-schön-Grinsen". Zu lesen war sinngemäß, dass jetzt auch er endlich in seinem Restaurant Stromburg begriffen habe, dass Luxus nicht viel kosten müsse. Denn das Rindfleisch von Tengelmann, so warben die kreativen Werbestrategen des Discounters, werde jetzt auch in seinem Restaurant Stromburg verarbeitet. Ausschließlich „Jungbullen-Fleisch von Birkenhof – beispielsweise ein Kilogramm Rinderbraten zu 7,99 Euro". Unter der Marke Birkenhof firmieren bayerische Bauern. Ich kenne viele bayerische Bauern. Deshalb würde ich nie behaupten, das sei schlechtes Fleisch. Aber Rindfleisch von Tengelmann im Sternerestaurant? Birkenhof ist billig und gut, das Sternerestaurant ist nicht billig und ein bisschen besser. Nein: Das passte einfach nicht zusammen. Dem deutschen Nachrichtenmagazin DER SPIEGEL war die Inseratenkampagne eine kleine Geschichte unter „Personalien: Johann Lafer" wert. Mir bei den Salzburger Nachrichten auch. Ich recherchierte gerade an einer Story über österreichische Köche, die als Werbeträger gute Figur machen. Da passte mir der „Eingesprungene Lafer" sehr gut als Einleitung hinein. Schon zwei Tage nach Erscheinen des Textes hatte ich einen Brief von Johann Lafer mit entlastendem Beweismaterial auf meinem Schreibtisch. Mit einer Durchschrift an Chefredakteur und Herausgeber (das dürfte ihm ein gratis essender Gourmetjournalist geraten haben. Stimmt schon: Journalisten, die ihren Job noch ernst nehmen, haben nur vor zwei Menschen Angst: Vor ihrem Vorgesetzten und ihrem Arbeitgeber).

Lafer schimpfte in seinem Brief ganz fürchterlich. Auf den SPIEGEL ebenso wie auf die Salzburger Nachrichten. In einem beigelegten Schreiben war die Entschuldigung einer offensichtlich sehr zerknirschten Tengelmann-Pressedame zu lesen: Sie gibt darin zu, dass Johann Lafer Tengelmann (Vorsicht bei der Lesweise: Das ist kein Doppelname) keine Zustimmung zu der Kampagne gegeben hatte. Natürlich – das ist zu Ihrer Information – hat Lafer bei Tengelmann gut kassiert. Aber in diesem Fall, so die Tengelmännerin, hätten sich das die Werbestrategen einfach so ausgedacht. Da war ich aber erstaunt. Also verfasste ich eine ausnehmend höfliche E-Mail, in der ich mein Bedauern ausdrückte, dieser Irreführung aufgesessen zu sein. Dieser Umgang mit Werbeträgern sei doch ein veritabler Skandal, fügte ich hinzu, und wir sollten das doch bitte öffentlich machen dürfen, wie Tengelmann seine Marke beschädige. Er hat mir leider nicht darauf geantwortet, weshalb wir seine „Vergewaltigung" durch den Discounter nicht verurteilen konnten.

Was die Durchschrift an meinen damaligen Chefredakteur Ronald Barazon betrifft: Er sprach mich ein paar Tage später so nebenbei auf dem Gang darauf an. Sie müssen wissen: Ronald Barazon hat wohl schon jeden Menschen analysiert, der für unsere Welt irgendeine Bedeutung haben könnte. Er ist ein Humanist wie aus dem Lehrbuch. „Pierrot", sagte Barazon also (er ist genauso frankophil wie ich) und schaute etwas hilflos drein. „Ich hab da einen komischen Brief gekriegt. Der ist mir ziemlich egal, weil Sie sicher gute Gründe für diesen Artikel hatten. Aber sagen Sie mir bitte nur eines: Was macht dieser Lafer überhaupt beruflich?" Ich habe ihn noch nie so bewundert wie an diesem Tag. Denn das war die kürzeste und treffendste Analyse, die ich je gehört hatte.

Am Anfang kommt der Vertrag …

Er trägt das Datum 13. 01. 1993 – der Vertrag zwischen W. H. als Testredakteur und Michael Reinartz als Herausgeber des Gault Millau Österreich, des sicherlich erfolgreichsten Essführers der Alpenrepublik. Also keine nähere Bezeichnung, keine Adresse, einfach nur W. H. und auf der anderen Seite eine ominöse Guide-Verlagsanstalt und für diese zeichnet Michael Reinartz als Herausgeber/Redaktionsleiter. Auch hier keine Adresse – Gerichtsstand ist Feldkirch – warum auch immer.

Der Vertrag ist drei Seiten schmächtig und verpflichtet den „Testredakteur", wie der Tester im Vertrag genannt wird, zu *„fachlich fundierter und journalistischer Sorgfalt, die der besonderen Exposition des Guide Gault Millau angemessen ist. Dies gilt insbesondere für die absolute Wahrung der Anonymität gegenüber Dritten, insbesondere gegenüber den gastronomischen Betrieben sowie allen Medien"*. Weiters haftet der Testredakteur gegenüber dem Verlag für alle Schadenersatzansprüche, soweit diese nicht abgewehrt werden können. Auf der dritten Seite ganz oben – also kurz vor Ende des Vertrags – wird in antiquiertem Deutsch festgehalten: *„Der Testredakteur darf Dritten über seine Aufgaben und Tätigkeiten in keiner Weise Kenntnis geben."* Die Übergabe eines Akontobetrags von ATS 10.000,– wird vermerkt und schon ist man drinnen in der erlesenen Runde derer, die über Aufstieg und Niedergang, über Freudenausbrüche und schlaflose Nächte und vielfach auch über das wirtschaftliche Wohlergehen von Österreichs Topgastronomie bestimmen.

Nun könnte man durchaus glauben, dass beinharte Ausleseprozesse, Blindverkostungen und Talentproben des Schreibstils zur Aufnahme in diese Tafelrunde führen. Weit gefehlt …

Ein erstes Kennenlernen mit Michael Reinartz und seiner

Frau gab es rund zwei Jahre zuvor. Eines Tages rief mich meine Schwester an und fragte, ob ich mit ihrer und der Familie Reinartz essen gehen wolle. Natürlich wollte ich. Und das vor allen Dingen, als ich das Ziel hörte – das Kurhaus-Stüberl in Waging, in dem Alfons Schuhbeck damals der gesamten bayerischen Schickeria zeigte, wo es kochtechnisch langgeht. Dort mit Michael Reinartz – das kann nur gut gehen, dachte ich mir und ich sollte im Wesentlichen Recht behalten.

Schuhbeck hatte 1990 drei Hauben und 1991 bereits 19 Punkte und vier Hauben erhalten. Eine Wertung, von der Österreichs Köche nur träumen durften, gab es doch 1990 noch kein einziges Restaurant mit mehr als 17 Punkten und drei Hauben und 1991, als Schuhbeck schon die vierte Haube bekam, stiegen das Steirereck und die Obauers gerade erst auf 18 Punkte. Diese Bewertung schien sich der stets gut gelaunte Schuhbeck auch etwas kosten zu lassen – erfreut durften wir feststellen, dass die Zeche des Abends nach einem kurzen Besuch von Reinartz in der Küche bereits beglichen war. Gehen wir einmal davon aus, dass er sie schlicht und einfach bezahlt hat.

Eine Erkenntnis brachte mir dieser Abend schon. Einerseits müssen vier Hauben nicht unbedingt deutlich besser sein als so manch schlechter bewertetes Restaurant und andererseits sollte man einen Koch nicht aus seinem vorgesehenen Ablauf bringen, sonst gibt es manche Enttäuschung. Eines der besonderen Highlights des Abends war nämlich der Nachspeisenteller – als wir Schuhbeck baten, uns nochmals eine gute Nachspeise zu servieren, kam praktisch der idente Teller erneut auf den Tisch, was sicherlich nicht als Überraschung der Küche anzusehen war.

Die Tester von Gault Millau verstiegen sich jedes Jahr in noch höhere Superlative über die Küche von Alfons Schuhbeck. Wahrscheinlich trübte auch der permanente Promiauftritt deren Blick. Schuhbeck kochte damals eine Art bayerische Fusionsküche, musikalisch würde ich seine Küche am ehesten als eine Mischung aus Biermösl Blosn und Robbie Williams bezeichnen. Dass Gault-

Millau-Tester wenig hellseherische Fähigkeiten haben, bewies der wenig sachliche Testbericht des Jahres 1991, in dem sich der Tester vor lauter Euphorie auch zur Vermögenslage von Schuhbeck wie folgt äußert: „... *aber am Jahresende hat der Waginger links vom Komma mehr als die 20 besten Köche zusammen (wie wir ohne Einblick in alle 21 Steuererklärungen zutiefst glauben) und es würde uns nicht überraschen, eines Tages in der Forbes-Liste der Reichsten zu lesen, dass Alfons Schuhbeck der wohlhabendste Koch auf Erden ist.*"

Wer die Geschichte von Schuhbeck kennt, vor allen Dingen aber seine finanziellen Machenschaften, die ihn später nahezu Kopf und Kragen kosteten, der sieht, dass Schein und Sein nicht nur weit auseinander klaffen, sondern ganz besonders auch den Gault-Millau-Testern verborgen bleiben (siehe dazu „Gericht(s)-geschichten").

Nachdenklicher stimmen die folgenden Sätze: „*Woher rührt der phänomenale Erfolg des Wagingers, unseres Kochs des Jahres 1989? Sicher nicht daher, dass wir sein Talent früh erkannt und ihn gebührend gefördert haben (!) ...*" und später wird er als „*der schlitzohrig scheinende Strahlemann*" bezeichnet.

Nun, Aufstieg und Fall, aber auch Wiederaufstieg scheinen ziemlich eng beieinander zu liegen und mit dem Phänomen der Bewertung und Überbewertung von Kochkunst und Kunstkochen sollte ich wenig später und über einen Zeitraum von weit mehr als 10 Jahren zu tun haben.

Nach unserem Ausflug ins Kurhaus-Stüberl hörte ich längere Zeit nichts von Reinartz. Erst bei einem weiteren persönlichen Treffen anlässlich eines privaten Abendessens legte meine Schwester ein gutes Wort für mich ein. Wenig später kam der Anruf, dass wir einmal miteinander essen gehen sollten, um die Details zu besprechen. Sicher nicht nachteilig für meine sich abzeichnende Karriere als Tester war die Tatsache, dass mein Freund und Schwager Claudius Neumayr schon damals Geschäftsführer von Segafredo Österreich war und gleichzeitig einer der größten Inserenten im Gault Millau.

Das Essen war völlig unspektakulär. Wir trafen uns im Restaurant Purzelbaum in Salzburg-Nonntal zu einem Mittagessen. Der Purzelbaum war zwar Insidern bereits als gutes Lokal bekannt, wurde aber im Gault Millau noch nicht geführt. 1992 gab es in Salzburg zwei Restaurants mit zwei Hauben – das Pfefferschiff in Hallwang und das Schloss Mönchstein – zu dem wir später noch kommen. Vom Purzelbaum, der in der Folge durchaus zu Hauben-Ehren kam, war wie gesagt noch keine Rede.

Ein bisschen Nervosität war angesagt, wusste ich doch nicht, welchen „Fangfragen“ ich ausgesetzt sein würde, um die hohe Ehre der „Tester von der Tafelrunde“ zu erreichen.

Tatsächlich wurde „small getalkt“, ein bisschen über ein, zwei Gläser Wein diskutiert und das war es dann auch. Wir kamen überein, dass ich ab sofort Testredakteur sei. Der Vertrag flatterte mir ins Haus und ein paar gedruckte Testbögen – die man damals noch mit Schreibmaschine ausfüllen musste. Die im Vertrag angekündigten Testkriterien, die sich im Anhang 1 befinden sollten, bekam ich erst zwei Jahre später. Was soll's, hat man sich offensichtlich gedacht, entweder er kann es oder er kann es nicht. Und ich wusste, dass ich es kann!

Jeder braucht einen Gourmetführer

„Die Franzosen kommen!“ Die Nachricht schlug 2004 in der Gastroszene hohe Wellen. Gemeint waren damit die unerbittlichen Tester vom Guide Michelin. Diese sind Esser von Beruf(ung), Gage 45.000 Euro brutto im Jahr plus ein wohl gefülltes Spesenkonto, aus dem die Restaurantbesuche finanziert werden. Ein schöner Beruf, fürwahr!

„Sind die heimischen Gaststuben bald voll mit Testessern? Kriegt denn ein normaler Restaurantbesucher überhaupt noch einen Platz?“, ist man da versucht zu fragen. Der Gault Millau hat 40 Testesser im Einsatz und A la Carte schickt stolze 50 Gourmets in die Restaurants, der Guide Michelin kommt (wie immer er das auch schaffen mag) angeblich mit zwölf Testern aus. Dann gibt es noch den VIP-Gourmet-Club, der inzwischen schon gut 6000 Mitglieder hat, von denen auch jeder testen darf und sein gnadenloses Voting mittels SMS in die VIP-Zentrale schickt. Die treten wenigstens offiziell auf. Ein Koch hat mir erzählt, dass sich bei ihm nicht selten VGC-Mitglieder mit folgenden Worten vorstellen: „Guten Tag. Ich bin VGC-Mitglied. Und ich werde Sie jetzt testen.“

Auch jede Menge Hefterl à la Beste Köche und Die Mucha (mit der Überdrüberwahnsinnskategorie: „Haben Sie die Facilities, auch einen Babybrei zuzubereiten?“) schicken ihre Tester in die heimischen Gaststuben. Eine Horrorvorstellung: Eine Gaststube voll mit Testessern und hysterischen Müttern, die gestreng ihre Teller und die fachgerechte Zubereitung von Babybrei mustern. Der Gourmetbibeln sind also genug. So viel ist sicher.

Damit Sie mal auf den aktuellen Stand gebracht werden, hier eine kurze Erklärung: Der Gault Millau vergibt maximal vier Hauben und maximal 20 Punkte, der Guide Michelin drei Sterne und A la Carte hatte lange fünf Kronen für die Besten parat. Jetzt vergibt A la Carte aber wieder bis zu fünf Sterne. Dann gibt es noch „Herzerl“ und „Lippen“ von dem Führer „Wo is(s)t Österreich“. Der VIP-Gourmet-Club wiederum vergibt – ein bisserl Parker aus der Weinbranche kann auch nie schaden – maximal 100 Punkte. Alles klar?

Die Testesser erzielen meistens ähnliche Ergebnisse. Der Besitzer einer PR-Agentur für Gastronomen erklärte mir das einmal so: „Im Grunde schreiben die alle nur voneinander ab, um sich Arbeit zu sparen und die Gefahr auszuschalten, total danebenzuliegen.“ Das passierte etwa vor zwei Jahren einem Tester des A la Carte. Er attestierte dem neu ins Geschäft eingestiegenen Andreas Döllerer eine konservative Kochader, der etwas Moderne gut täte. Dabei gibt es derzeit kaum einen experimentierfreudigeren Koch in Österreich als Andreas Döllerer. Der kreuzt auf einem Teller zum Beispiel Hummer mit einer ausschließlich mit Eicheln ernährten Wildsau. Jeder, der nur ein wenig Ahnung von der Küche hat, hielt sich den Bauch beim Lesen dieser Kritik: Vor Lachen. Aber egal.

Auf jeden Fall werden unsere Spitzenköche bald dekoriert sein wie die Pfingstochsen. „Unser Maître hat drei Sterne, vier Hauben und fünf Sterne, die ehemals fünf Kronen waren, 97 Punkte, Herzerl und Lippen, ein ‚Goldenes Suppiflaschi', dazu vier Gabeln und zwei Salzstreuer …“, so oder ähnlich säuselt der Ober dann dem zu beeindruckenden Gast ins Ohr. Aber der könnte sich beleidigt fühlen – weil dieser Gast vielleicht von einem ganz anderen Führer geschickt wurde …

Ranstl, Kaiblinger und Brugger: Bis hierher und nicht weiter?

Im gleichen Ort wie die gastronomische Großmacht der Gebrüder Obauer zu sein – das ist Härte! Dort der Geschäftsführer mit der Sekretärin Lola (oder der eigenen Frau) – hier der Abteilungsleiter mit der Mitzi-Maus, dort internationale Reputation und ein unaufhaltbarer Aufstieg zu vier Hauben – da der mühsame Kampf um 16 Punkte und zwei Kochhauben.

Aber er hat sich wacker geschlagen: Herbert Ranstl, Besitzer und Koch in der „Stiege“, bis es ihm aber doch einmal zu viel wurde. Ich habe im Jahr 2000 „nur“ 16 Punkte für die „Stiege“ zuerkannt, aber durchaus den 17. Punkt in Aussicht gestellt. So ging es weiter mit 16 Punkten bis zum Jahr 2004.

Da schrieben die Tester „*Herbert Ranstl und sein in letzter Zeit relativ oft verändertes Team sind weiterhin Garanten für kulinarische Erlebnisse von Niveau: ansprechende Tischkultur, freundlicher und bemühter Service ...*“ und benoteten mit 16 Punkten.

Im Jahr darauf bildete sich der Tester ein neues Urteil und schrieb: „*... Herbert Ranstl und sein (in letzter Zeit relativ oft verändertes) Team sind nach wie vor Garant für einen kulinarisch angenehmen Abend, ansprechende Tischkultur (wobei wir nicht verhehlen wollen, dass uns frische Blumen auf dem Tisch stets besser gefallen als künstliche), gehobene (vorwiegend) österreichisch ausgerichtete Weinkultur und ...*“ Und dafür gab's dann nur mehr 15 Punkte – man hat sich bei den neu hinzugefügten Klammern im Text offensichtlich schon zu sehr verausgabt. Das gibt Abzüge! Auf Köche wie Ranstl müssen solche Textwiederholungen wie Hohn gewirkt haben. Abwerten mit fachlich fundierter Begründung. Das hält ein ehrgeiziger Koch aus. Aber das jährliche Abschreiben einer alten Kritik und dann noch abgewertet zu werden: Da möchte man verzweifeln. Überraschend war dabei für mich nur, dass sich nie einer dieser Köche an die Medien wandte. Denn für die hätten die Wischiwaschi-Kritiken sicher ein gefundenes Fressen dargestellt.

Es war wohl diese Mischung aus offensichtlich zur Schau getragener Geringschätzung und der übermächtigen Nachbarschaft der Obauer-Brüder, die Ranstl weich gekocht haben. Er floh über den Tauern und den Katschberg bis zum Wörthersee, um dort sein Sommerglück zu versuchen. Dort im Hotel Villa Bulfon taufte er das Restaurant sinnigerweise gleich Zur Stiege und hatte offensichtlich Heimweh. Denn im Winter verdingte er sich im Hotel Kobenzl am Salzburger Gaisberg und versuchte dort dem schwülstigen Ambiente mit moderner Küche Paroli zu bieten.

Wann und wo das „Phantom der Küche“ Herbert Ranstl nun tatsächlich gekocht hat, das war für mich schwer zu beurteilen. Peter Gnaiger war dann so freundlich mir mitzuteilen, dass er sich vor ein paar Monaten mit Leib und Seele der Kobenzl-Küche verschrieben habe und sein Kärntner Kapitel abgeschlossen sei. Werfen hat Ranstl bis heute aber nicht den Rücken gekehrt. Er lebt dort immer noch mit seiner Familie. Eines habe ich bei einem Essen im Hotel Kobenzl aber mit Bedauern festgestellt – er muss viel Kraft auf der Tauernautobahn liegen gelassen haben, denn sein Essen entsprach bei weitem nicht mehr seinen Möglichkeiten und war großteils kraftlos und fad.

Einer, der dagegen seit Jahren auf höchstem Niveau kocht, ist Andreas Kaiblinger. Jahrelang habe ich sie genossen – die Abende bei Petra Bader und Andreas Kaiblinger im Salzburger Kleinstrestaurant Perkeo. Er kochte himmlisch in seiner „Campingküche" am Eingang des Lokals und sie ist eine der anerkannt besten Sommelières Österreichs. Dass sich diese Kombination auf so engem Raum auf Dauer nicht ausgehen kann, verwundert nicht.

Andreas Kaiblinger wurde immer gut bewertet – selbstverständlich auch von mir – aber ganz groß ist er nie herausgekommen. 2004 ist er dann übersiedelt – ins „Esszimmer". Ein vom Eingang bis zur Toilette perfekt gestyltes Restaurant. Den Traum erfüllte der Hausbesitzer, der ebenfalls leidenschaftlicher Perkeo-Stammgast war und diesem unverschämt guten Koch so zum endgültigen Durchbruch in den Gourmetführern verhelfen wollte. Vom Gault Millau wurde er zum Neustart recht ausführlich beschrieben und mit 15 Punkten bedacht. Die hatte er im Perkeo schon lange erkocht. Im Jahr 2006 gab es dann einen nichts sagenden kurzen Artikel und erneut 15 Punkte.

Hier stellt sich wirklich die Frage nach der Objektivität der Tester. Ist deren Geschmackssinn wirklich immer genügend ausgeprägt? Ist man hier beim Testen wirklich bei guter Laune und aufnahmebereit? Oder wird hier einfach viel zu viel vom Vorjahr abgeschrieben und der Text nur ein bisschen geändert? Andreas Kaiblinger hat offensichtlich zu wenig Lobbyisten in und um Salzburg. Denn an der Küche liegt es sicher nicht. Er hätte sich zumindest einen Punkt mehr verdient – schon damals im Perkeo.

Nur der „Campingküche" traute man eben nicht mehr zu. Aber dem neuen „Esszimmer"? Ich bin mir sicher, der Gault Millau traut sich seine festgefahrene Meinung auch in der nächsten Ausgabe nicht zu ändern. Schade für einen der besten Köche Österreichs.

Dann ist da noch das Restaurant Plainlinde der beiden kongenialen Partner Gerhard Brugger (Küchenchef) und Stefan Brandtner (Sommelier). So richtig kennen gelernt habe ich die beiden bei deren Abschiedsessen im Schloss Fuschl. Warum sie mir dort nie so recht aufgefallen sind, kann ich heute nicht mehr sagen. Als aber der Direktor vom Schloss Fuschl zu deren Abschied in die Selbstständigkeit ein Essen für Freunde gegeben hat, fiel es mir plötzlich wie Schuppen von den Augen. Ein geniales Duo geht – Gott sei Dank nach Salzburg! Dort haben sie sich im völlig unspektakulären Gasthof Zur Plainlinde niedergelassen und seitdem wird im Gault Millau meist über nicht vorhandene Stoffservietten oder die mangelnde Architektur des Hauses geschrieben. Nur im Jahr 2005 hat ein (weiser) Tester des Gault Millau – ich war es nicht – sich sehr intensiv mit der hervorragenden Küche Bruggers auseinander gesetzt. Wenn der Tester sich bei der Wahl der Weine auch noch voll und ganz auf die Empfehlungen von Brandtner verlassen hätte, er wäre wohl vollkommen von den Socken gewesen. Diese Sicherheit und Spannung in diesem Fach kann in Salzburg kaum ein anderer bieten. Petra Bader konnte das vielleicht noch früher im Perkeo, aber die ist der Restaurantszene leider irgendwie abhanden gekommen.

Eigentlich sollten ja immer Küche und Keller beurteilt werden – so wurde es uns zumindest jahrelang erklärt –, aber offensichtlich ist doch das etwas „gasthöfliche" Ambiente der Plainlinde ein sicherer Schutz vor der dritten Haube. Anders kann ich es mir nicht erklären, dass die Plainlinde immer noch bei zwei Hauben hält.

1. Kapitel
Das Spiel kann beginnen

Es wird Zeit, dass ich mich vorstelle. Peter Gnaiger, Redakteur bei den Salzburger Nachrichten. Zuständig für Lokales, Gastronomie, Event-, Freizeit- und auch für allerhand Tourismusthemen. Da erlebt man viel. Als ich meine Tätigkeit in diesem Arbeitsbereich begann, war die gastronomische Berichterstattung ein recht stiefmütterlich behandeltes Thema unseres Blattes. Sicher: Da waren immer schon die freien Mitarbeiter, die wöchentlich Restaurantgeschichten unterbringen wollten. Diese Sorte Gastrojournalisten sind die gefährlichsten. Von denen kennen Sie Formulierungen wie „ward uns eine Gänselebervariation serviert" oder „der Hummer an der Seite mit Tomatencarpaccio fand Anklang in der Runde". Geht's noch? Die meisten der freien – also nicht fix angestellten – Gastrojournalisten sind begnadete Selbstdarsteller. Was ihr Leben erträglich macht, ist, dass sie Leckereien gratis konsumieren dürfen. Einladung, den kochenden Wunderwuzi fotografieren, gratis essen, sich den Kofferraum mit Geschenken vollstopfen lassen und ab geht die Gratis-PR-Post. Die Geschichte, die dann in den Zeitungen erscheint, ist immer eine Lobhudelei über das spendable Restaurant. Weil diese Menschen eben nicht den geringsten Grund sehen, sich über Zusammenhänge Gedanken zu machen. Ich unterstelle ihnen auch, dass sie diese gestelzte, wirklichkeitsfremde Sprache nur deshalb verwenden, um endlich vom Gault Millau als Tester entdeckt zu werden. Nebenberuflich macht das sicher auch Spaß. Ihr Job dürfte fad sein, aber die Gastrokritik macht sie mächtig. Da zittert das Küchenpersonal, während sich der Mächtige den Bauch vollschlägt und dann setzt er sich hin und schreibt eine prosaische Lobeshymne, dass die Kochtöpfe beim Lesen nur so klappern. Im Optimalfall kommt dann noch ein Brief vom gelobten Restaurant: „Danke für die wunderbare Geschichte. Wir dürfen Sie hoffentlich dafür noch einmal zum Essen einladen. Zögern Sie nicht, Ihre Familie mitzunehmen."

Einmal saß ich in einem Wiener Haubenrestaurant und hatte das Pech (eigentlich war es aber auch sehr unterhaltsam), dass einer dieser zuvor angemeldeten freien Journalisten am Nebentisch mit seinem Fotoapparat Hof hielt. In so einem Fall darf sich der in jeder Hinsicht normale, zahlende Gast der gnadenlosen Ignoranz des Personals sicher sein. Denn das kümmert sich ausschließlich um die Befindlichkeit des mächtigen Gratisessers. Ich hatte auch das Vergnügen, später des Berichts des verwöhnten Schöngeists ansichtig zu werden. „Das zuvorkommende Personal blablabla …"

Ein anderes Mal hatte ich wiederum das Vergnügen, bei einer Kochbuchpräsentation von Christoph Wagner im Salzburger Hotel Sacher dabei zu sein. Christoph Wagner hat ein gutes Gespür für Bestseller im Kochbuchgeschäft. Er ist sozusagen in der Branche eine Art „Lichtgestalt". Und da wundert es auch nicht im Geringsten, dass er sogar mit dem altbackenen Wälzer „Neues Sacher Kochbuch" einen Verkaufsschlager landete. Hier trafen zwei Institutionen aufeinander: Das Hotel Sacher als Inbegriff exklusiver österreichischer Gastlichkeit und Christoph Wagner – eben „die Lichtgestalt" der heimischen Gastrokritik. Zur Präsentation wurde natürlich ein gediegenes „Sacher-Frühstück" als Buffet geboten. Etwa 30 Journalisten waren überpünktlich erschienen. Das Serviceteam las der schreibenden Zunft jeden Wunsch von den Augen ab. „Mmmh, das schmeckt!" Im Schatten des Buffets: Die gestapelten Bücher. Zum Mitnehmen für die Journalisten, für ihre Frauen, für ihre Großeltern, für ihre zukünftigen Enkel – weil signiert von: Christoph Wagner. Dann war da auch noch ein

„Blumengott". Der Salzburger Florist Jörg Doll war nämlich auch da. Warum? Gute Frage. Er dekoriert jedes Jahr den Opernball mit Rosen. „Eine rosa Rose bedeutet zärtliche Liebe", sagte er. „Eine weiße Rose bedeutet heimliche Liebe." Schmunzeln. Christoph Wagner sagte auch zwei Sätze – über Rosen …

Gerne hätte Wagner mehr erzählt. Das war deutlich zu spüren. Nur wurde sein hoffnungsvolles „Ich freue mich jetzt auf ihre Fragen" hoffnungslos von den Fachkräften der Journaille enttäuscht. Die peinliche Stille hielt gottlob nur drei Sekunden an. Sonst hätte sich wohl mancher Gast verschluckt. „Keine Fragen? Mahlzeit." Endlich …

In Deutschland scheint diese Art von Journalismus übrigens auch keinen Deut kritischer zu sein. Bei dem Werfener Koch Herbert Ranstl meldete sich etwa eines Tages ein freier Journalist im Auftrag einer renommierten deutschen Tageszeitung an. Ranstl ist ein exzellenter Koch, der heute im Hotel Kobenzl auf dem Gaisberg bei Salzburg einen sonnigen Platz gefunden hat. Davor kochte er im Schatten der übermächtigen Obauer-Brüder. Der deutsche Journalist wollte in Werfen also zwei Fliegen mit einer Klappe schlagen. Das heißt: Zwei Köche im selben Dorf. Da hat er nicht mit den Obauer-Brüdern gerechnet. Die haben den Burschen gnadenlos abgefüllt. „Der rief mich um 22 Uhr stockbesoffen an, ich solle ihm meine Speisekarte zum Obauer bringen. Er schreibe dann schon was Schönes über mich", erinnert sich Ranstl. Da Ranstl aber schon aufwändige Vorbereitungen getroffen hatte, bestand er darauf, dass sich der Journalist vor Ort ein Bild von seiner Küche machte. Der Journalist traf tatsächlich wenig später ein. Er konnte kaum noch stehen, aber im Sitzen schaffte er dann noch locker acht Gänge mit Mineralwasserbegleitung. Der Journalist sei zwar sehr zufrieden gewesen, erinnert sich Ranstl. Dann habe er aber noch gesagt, dass der Koch bei der „Trilogie von der Wachtel" das Fleisch zu lange gebraten habe. Irgendwas Wichtiges musste der Kritiker ja sagen. Sonst nimmt ihn keiner ernst. „Was?!", schrie ihn Ranstl an. „Das Fleisch war rosa und die Wachtel war eine Taube!“ Was der Journalist aber nicht mehr so richtig wahrgenommen haben dürfte. Die Geschichte las sich dann ungefähr so: „Nach dem Besuch bei den Obauers ward mir bei Herbert Ranstl auch noch eine vorzüglich gebratene Wachtel serviert ...“

Wundern Sie sich jetzt bitte nicht, dass die Gastronomen so unterwürfig sind, wenn sich die schreibende Zunft anmeldet. Das hat einen ganz einfachen Grund. Die Medien bestimmen nun mal die Kochkunst. Was einzig und allein daran liegt, dass den Köchen eben nicht nur eine kritische mediale Plattform fehlt, sondern vor allem die Sprachkenntnis. In vielen Fällen reicht ihre Formulierungsgabe nicht einmal aus, um eine Speisekarte ohne die Hilfe eines Lexikons richtig zu schreiben. Gute Gastrokritiker haben immer schon zur Weiterentwicklung der Küche beigetragen. Schon das Gerücht um eine neue Speise hat die Menschheit seit jeher fasziniert. Ein neues Gemüse oder Obst aus Italien über die Alpen getragen und in den Orangerien gehegt und gepflegt, auf dass der Koch daraus eines Tages auch hierzulande eine Köstlichkeit zaubern konnte: Das konnte nur geschehen, wenn sich Dichter oder Journalisten dieses Themas annahmen und es den Menschen näher brachten. Schon Karl der Große hat Hildegard von Bingen aufgetragen, den Dinkel unters Volk zu bringen, um so für eine gute und sättigende und vor allem der Gesundheit zuträgliche Nahrung Sorge zu tragen. Auch die Minnesänger des hohen Mittelalters besangen die guten Speisen. Oswald von Wolkenstein war sogar ein ausgesprochener Wirtshausliebhaber. François Villon sowieso. Dafür durften sie sich auch meistens gratis den Bauch vollschlagen.

Der begnadetste Gastrokritiker des 20. Jahrhunderts war wohl der im französischen Angers geborene Maurice Edmond Saillard. Der Mann war ein Naturereignis, einer, der das Leben und die Liebe aufsog wie ein nasser Schwamm. Frühmorgens war er schon in den Markthallen des Marais unterwegs. Nicht, weil er so bald aufstand. Saillard war mehr Teufel als Pfarrer. Die Markthallen waren immer die letzte Station seiner phantastischen Nächte, die im Bistro, der Brasserie oder im Restaurant begannen und ihn dann über die Cafés der Nacht regelmäßig ins Bordell führten. Bekannt wurde Saillard unter dem Pseudonym Curnonsky. Er prägte den Satz, dass er wohl der einzige unbestechliche Journalist dieser Welt sei. Und das auch nur deshalb, weil er wirklich überall gratis essen durfte.

Gute Restaurantkritiker, wie Curnonsky einer war, nahmen und nehmen noch heute den Köchen viel Arbeit ab. Sie informieren über gute Produkte und ihre Verwertungsmöglichkeiten. Sie kennen die Märkte und Winzer, sie sprechen Empfehlungen aus, schaffen Netzwerke. Dass diese Schreiber und Sänger meistens gratis essen, das ist übrigens keine exklusive Bevorzugung dieser Branche. Es gibt auch keinen Sportjournalisten, der im Stadion Eintritt bezahlt. Sie werden auch – abgesehen von den New York Times – keine Zeitung finden, die ihren Kulturredakteuren die Eintrittskarten für Konzerte oder Reisen zu Interviewterminen in First-Class-Hotels bezahlt. Das erledigen die Agenturen der Weltkonzerne. Und Reisejournalisten werden beinahe schon mit der Sänfte von den Tourismusbüros durch die Urlaubsorte getragen – damit sie Ihnen dann mit ihren weichgespülten Geschichten das Blaue vom Himmel vorlügen können. Was Sie als Leser im Urlaub dort wirklich erleben werden, das können die gar nicht wissen: Weil ihnen in Watte gebettet alles zum Hintern getragen wird. Alle kommen sie gratis auf ihre Kosten und singen dann darüber in ihrer Zeitung oder im Fernsehen. Der eine ist dabei kritischer, der andere weniger.

Vielleicht haben Sie auch schon einmal einen Bericht über folgende interessante Innovation gelesen: Nämlich das „Mineralwasser-Menü“. Der Verfasser dieses Artikels erhielt wahrscheinlich dieselbe Presseeinladung in ein exklusives Hotel, wie ich sie gerne nicht angenommen habe. *„Mineralwasser ist in!“*, stand da zu lesen. Diesen flott formulierten Text habe ich sofort dem Koch meines Vertrauens vorgelegt. Denn der alte Griesgram weigert sich hartnäckig, italienische, französische und bei Vollmond abgefüllte Szenewässerchen auf seine Getränkekarte zu setzen. „Erst wenn der letzte Tropfen Innviertler Grundwasser geschlürft ist ...“, sagt er immer. Dabei meine ich es immer nur gut mit ihm: Er hat ja nicht die geringste Ahnung, wie viel Geschäft ihm wegen seiner Sturheit durch die Lappen geht. Er studierte also den besagten Pressetext: *„Deshalb hat das legendäre XY-Hotel ab sofort eine eigene Mineralwasserkarte. Zwischen 14 Produkten der großen Marken, aber auch ‚Spezialwässern‘ können Gäste wählen ...“* „Spezialwasser? Was ist das?“, hat der arme Tropf gefragt. „Lies weiter.“ *„... und außerdem gibt es ein eigenes Mineralwasser-Menü, das mit den Wässern korrespondiert“*, lautete das großartige fett geschriebene Finale des Texts und ich kann mich des Eindrucks nicht erwehren, dass der PR-Schreiber der Agentur heute noch erregt ist. Kleingedruckt wurden dann noch Produzenten als – kein Scherz – „Naturedelwasserproduzenten“ abgefeiert. Eine prickelnde Presse-Info – fürwahr! Aber selten habe ich den Koch meines Vertrauens so still gesehen. „Wasser ist doch Wasser“, stammelte er noch leise und ging zurück in seine Küche. Er ist seitdem nicht mehr ganz so, wie er vorher war. Ich habe diese Presse-Info aber immerhin noch an Sigi Kämmerer, den Kommunikationschef der Salzburg AG, weitergeleitet. Die versorgen Salzburg unter anderem mit Leitungswasser – und sie haben bis dahin gar nicht gewusst, welche Schätze sie in ihren Tanks im Kapuzinerberg horten. Denn mit einem „Kapuzinerberg Grand Cru“ müsste doch was zu machen sein, schlug ich ihm vor. Er hat mich gleich darauf angerufen: „Spinnst du?“

Es hat den Anschein, dass kritischer Journalismus in der Branche tatsächlich immer seltener wird. Das hat in den meisten Fällen einen ganz einfachen Grund: Überall wird rationalisiert. Es fehlt (im schmeichelhaftesten Fall) also schlicht die Zeit, mehr für die Leser zu tun, als geschickt formulierte Presseaussendungen noch geschickter umzuformulieren (wenn überhaupt). Was vor allem bei Lifestylemagazinen immer wieder auffällt. Trotzdem schreiben viele ihre Namen sogar noch über die von Marketingstrategen formulierten Texte. Da wird es schon ziemlich schäbig. Aber es passt in unsere Zeit. Heute gelesen, morgen vergessen – aber der Name des betreffenden Journalisten steht wenigstens regelmäßig in der Zeitung – oder sein Gesicht ist im Fernsehen zu sehen: Und der Journalist, der regelmäßig in den Medien auftaucht, ist in den Augen der Werbeagenturen der allerbeste. Ganz gleich, wie viel von seiner Persönlichkeit der schon verkauft hat. Er schafft den Agenturen Platz in den Medien. Das ist das Wichtigste. Und was ist schöner für ein Restaurant, als dass in der Zeitung genau das zu lesen ist, was dem Einfaltspinsel bei zwei Flaschen Wein ein paar Tage zuvor eingetrichtert wurde? Dann durfte er natürlich noch brav in der Suite schlafen, weil die teure Absteige ohnehin so gut wie nie kreditwürdige Mieter findet. Diese netten „Richter" sind in der Branche Gold wert. Sie garantieren kritiklose Werbung. Die Konkurrenz des Restaurants ist eifersüchtig und die Leser berauschen sich an Texten über schmackhafte exotische Fische und Hummerwochen im hintersten Alpental. Muss ja super sein, weil es schwarz auf weiß in der Zeitung steht. Das Leben ist schön.

Ich versuchte mich nach Antritt meines Postens in diese seltsame Welt einzuarbeiten, schlug zunächst einmal mindestens zehn Einladungen pro Tag in Haubenrestaurants aus. Was in erster Linie nicht auf meine Unfehlbarkeit zurückzuführen war. Der Grund dafür war wenig spektakulär: Ich wohne 60 Kilometer von meinem Arbeitsort entfernt, habe Familie und einfach keine Lust, jeden Tag irgendwo Grönland-Shrimps mit Aussicht auf den Mönchsberg zu speisen. In Braunau, wo ich daheim bin, gibt es kaum Restaurants, die Haubenambitionen haben. Die meisten dieser Restaurants sind viel schlimmer, weil ein Großteil des Angebots ohnehin bereits fest in der Hand der Produzenten von Convenience Food ist. Sie kennen das ja: Ungefähr hundert Gerichte auf der Karte. Das haben sie von den Pizzerien gelernt. Nur dass in den Gasthöfen noch nicht nach Nummern bestellt wird, aber der Schweinsbraten in den meisten Fällen mit Packerlsauce serviert wird. Andere Gastronomen setzen auf Quantität vor Qualität: Da regieren klodeckelgroße Schnitzel auf den Tellern. Nach dem Motto: „War's gut dort?" „Ja! Und wie: Sooolche Schnitzel!" Ich fuhr also jeden Tag vom kulinarischen Regen in die lukullische Traufe. So hatte ich in der Branche schnell meinen Ruf weg, ein „harter und unbestechlicher Hund" zu sein. Das hat mir ein Salzburger Haubenkoch nach zwei Jahren mal geflüstert und es hat mich durchaus stolz gemacht.

Der Respekt der Gastronomen war mir zunächst also sicher. Einladungen nahm ich nur an, wenn sie öffentlichen und gesellschaftlichen Charakter hatten. Pflichttermine also: Eröffnungen, Jubiläen und Ähnliches. Da kommt man auch mit den wichtigen Leuten der Branche ins Reden und lernt schnell die Dampfplauderer von den Charakterköpfen zu unterscheiden. Dass ich heute den Großteil der bekanntesten Köche Österreichs persönlich gut kenne, ist eigentlich nur einem Zufall zu verdanken. Unser Chef der Lokalredaktion wollte Simone Maier, die damalige Schlosswirtin und Society-Dame, als Kolumnistin gewinnen. Sie hatte davor in New York bei der Creme de la Creme der Spitzengastronomie ihr Handwerk gelernt und führte seit ein paar Jahren einen der beliebtesten Festspiel-Treffs in Salzburg. Sie schrieb eine einzige Kolumne, durfte dann aber nicht weitermachen, weil ihr vom Konkurrenzblatt angeblich die Rute ins Fenster gestellt worden sei. Das hätte ihr angeblich mit „Liebesentzug" gedroht. „Nimm meine Mama", hat sie damals zu mir gesagt. Ihre Mama, das ist Johanna Maier. Damals noch eine ziemlich unbekannte Köchin in Filzmoos. „Hinter den sieben Bergen, bei den sieben Zwergen", wie ihr Ehemann Dietmar noch heute gern spottet. „Die Mama" war damals nicht sehr trendy, aber wir machten aus der Not eine Tugend. Ich erinnere mich noch gut daran, wie Johanna Maier das erste Mal in unser Verlagshaus kam. In einem unauffälligen mausgrauen Kostüm, aber zweifellos eine wunderschöne Frau mittleren Alters. Vor allem aber mit einem Lächeln gesegnet, das von innen strahlt. Eigentlich ein Fremdkörper im Sterne- und Haubengeschäft. Aber genau das wurde dann zu ihrer Stärke: Schüchternheit, gepaart mit Charme. Wir plauderten über Paris, wo sie mit ihrem Mann geracker hatte, als die beiden noch keine zwanzig Jahre alt waren. Sie hatten sich viel in „Les Halles" herumgetrieben, den alten Markthallen im Marais, die heute leider einem hässlichen unterirdischen Einkaufszentrum zum Opfer gefallen sind. Es hat gefunkt. Diese Frau braucht keine billige Werbung, war ich überzeugt. Die hat was zu erzählen. Sie erzählte mir von da an am Telefon immer, was ihr kulinarisch so durch den Kopf ging, und ich formulierte ihre Kolumnen. Die Beiträge kamen von Anfang an gut an.

Und plötzlich, ja plötzlich kam über die Austria Presse Agentur die Meldung, dass Johanna Maier die vierte Haube erhält. Zuerst dachte ich noch in meiner jugendlichen Einfalt: Ja schön. Aber drei oder vier Hauben – macht das noch einen großen Unterschied? Mit dieser Frage hatte ich – was den gesunden Menschenverstand betrifft – natürlich Recht. Aber als ich die ersten Schlagzeilen las, wurde mir bewusst, dass für Johanna Maier nichts mehr so sein würde, wie es vor ihrer vierten Haube war: „Die beste Köchin der Welt", war plötzlich überall zu lesen. Ich war schockiert. „Meine Johanna?" Die Journalisten schrieben das, weil vier Hauben vor ihr nur die Französin Annie Feolde geschafft hatte. Und die hatte sich schon vor Jahren aus diesem Geschäft zurückgezogen. Kurze Zeit später fühlte ich mich aber schon ein bisschen geehrt. Denn wir waren ein gutes Tandem. In der Branche galt ich plötzlich als eine Art „medialer Meistermacher", was mir die Türen der meisten Spitzenköche öffnete. Da habe ich schön geschaut. Jeder dieser Geschmacks-Alchemisten hatte plötzlich alle Zeit der Welt für meine Fragen, was einem Quantensprung innerhalb meines Tätigkeitsbereichs gleichkam, weil ich fortan am Netzwerk der Gastronomie teilnehmen konnte. Und glauben Sie mir: Die sind besser vernetzt als der israelische Geheimdienst Mossad. Heute ist Johanna Maier übrigens auch auf dem besten Weg, sich an Konzerne der Nahrungsmittelindustrie zu verkaufen. „Brauchst du das?", habe ich sie einmal gefragt, als sie einen Deal mit SPAR, der größten Handelskette Österreichs, abgeschlossen hatte. Sie sah mich an und sagte: „Weißt du, ich hatte mehr als 20 Jahre lang unvorstellbare Entbehrungen zu erdulden. SPAR gibt mir die Chance, mich einfach einmal richtig freizustrampeln." Das habe ich verstanden. Wer täte das nicht? Noch dazu, weil die SPAR-Marketingleute erkannten, dass sie nicht mit billigem Fleisch oder Dosenfutter in Verbindung gebracht werden darf. Der Konzernchef Gerhard Drexel hielt mir einmal einen glühenden Vortrag, wie er es schaffen wolle, die Kochkultur des ganzen Landes mit Johanna Maier wieder aufleben zu lassen. Einer Frau wie Johanna Maier nimmt man das ab. Sie wirkt immer noch mehr wie eine fürsorgliche Mutter als wie ein Medienstar. Und sogar SPAR nehme ich es ab, weil es nicht bei den Lippenbekenntnissen von Drexel blieb. Da wurde rasch eine Art „Johanna-Maier-Ecke" in den Supermärkten installiert. Mit feinen Zutaten und regionaltypischen Spezialitäten. Das ist mehr, als man von einem Lebensmittelkonzern erwarten darf.

Der Deal mit SPAR kam natürlich nur zustande, weil Johanna Maier von den Medien mit dem Superlativ „beste Köchin der Welt" gefeiert wurde. Was würde aber passieren, wenn sie ihre vierte Haube verlöre? Wenn sie plötzlich nur noch die zweitbeste Köchin der Welt wäre? Da würde alles für sie zusammenbrechen wie ein Kartenhaus. Dann bekäme wohl der nächste Star seine Ecke im Supermarkt. Da wäre auch schnell vergessen, dass heute die Schönen und Reichen nur wegen ihr nach Filzmoos kommen, um sich bekochen zu lassen. Keiner mehr würde sich daran erinnern, dass Johanna Maier mit ihrem gesamten Küchenpersonal vom thailändischen Königshaus engagiert wurde, um auf einer paradiesischen Urlaubsinsel für die Blaublüter zu kochen. Auch eine Johanna Maier hat täglich Angst vor den Testern, die ihr jederzeit ihre Auszeichnungen wieder nehmen können und die

Warteliste auf ihren Platz an der Spitze ist lang. Heute ist es schwer geworden, sich länger als zwei Minuten mit ihr am Telefon zu unterhalten. Sie muss ständig zu einem anderen Telefon. Einmal sind die Wahlkampfstrategen einer politischen Partei am Apparat, weil sie ein Zitat für ihre Wahlkampfwerbung wollen, dann wieder ein deutsches Lifestylemagazin: „Frau Maier. Bitte ein Rezept. Aber es sollte ganz, ganz leicht zum Zubereiten sein." Leider fehlt ihr der Mut ihnen zu sagen, sie sollten doch gleich zu McDonald's gehen.

Einer dieser seltenen Momente, ein längeres Gespräch mit ihr führen zu können, war vor gut einem Jahr. Es war gegen Mitternacht nach einem fantastischen Essen in ihrem Restaurant in Filzmoos. Sie saß mir gegenüber und schenkte sich ein Glas Weißwein ein. 16 Stunden harte Arbeit lagen hinter ihr. Sie hatte riesige Töpfe auf den Herd gewuchtet, halbe Rehe geschultert und Steinbutte gestemmt. Pure Knochenarbeit. „Ich muss immer noch schmunzeln, wenn ich lese, ich sei eine Künstlerin", sagte sie. Kurz davor war ein Journalist vom Stern von ihr hin- und hergerissen: „Frau Maier, ich sitze vor ihren Tellern und frage mich: Ist das ein Kandinsky, ein Klee – oder etwas zum Essen?" Wenn sie gelobt wird, dann bekommt sie immer noch rote Wangen. Wie damals als Kind, als sie in der Wäscherei ihrer Eltern schuftete. Allzu dickes Lob schmettert sie immer noch ab: „Ich stehe in der Küche, hacke, rühre und kriege Krampfadern. Ich bin Köchin – sonst nichts", antwortete sie in dem Interview. Über eines lässt sie aber nicht diskutieren: „Ich muss perfekt sein", sagte sie im Kerzenlicht mit nachdenklicher Stimme. Mit diesem Satz auf den Lippen wache sie frühmorgens auf. Kurz vor dem Einschlafen lasse sie den Tag dann Revue passieren. „Hat alles gepasst?" Auf Vierhaubenniveau versteht der Gast keinen Spaß mehr. Einer hat sogar einmal die Abstände der Tische im Frühstücksraum mit dem Rollmeter nachgemessen. Seine Ergebnisse wurden dann auf der Leserbrief-Homepage des Gault Millau veröffentlicht. Außerdem fiel ihm auf, dass die Frotteehausschuhe nicht täglich ausgetauscht wurden. „Die wurden gewaschen und wieder in mein Zimmer gestellt“, urteilte der Gast. Zusatz: „Man erkennt das an der Krümmung der Sohle.“ So gesund die Luft in ihrer Heimatgemeinde Filzmoos ist: In der Spitzengastronomie ist sie gefährlich dünn. Und dünne Luft zieht schräge Typen magisch an.

Es grenzt an ein Wunder, dass diese zierliche Frau diese körperliche und geistige Anspannung aushält. „Ich mache jetzt Yoga und höre nebenbei immer öfter Musik“, sagte sie. Dass sie die Frotteepantoffeln waschen lässt, gibt sie gerne zu. „Die sind ja nur einmal vom gleichen Gast getragen worden. Wegwerfen wäre doch eine Schande, oder?“, fragte sie mich. Als Wäschermädchen hatte sie in ihrer Kindheit Kleider gewaschen, die würde dieser aufgeblasene Gast nicht einmal mehr als Putzlappen verwenden. Und sie habe diese Fetzen damals sogar noch bewundert.

Johanna Maiers Karriere würde Stoff für einen Hollywoodfilm bieten: Sie wuchs in bescheidenen Verhältnissen in Radstadt auf. 17 Jahre war sie alt, als sie mit ihrem Dietmar aus der engen Atmosphäre ihrer Heimat nach Paris „flüchtete“ – in die Stadt der Liebe, in die Stadt, in der die beiden die französische Lebenskunst studieren konnten. Verliebt und neugierig, wie sie waren. Die Flucht war noch romantisch. Die Eltern durften nichts von der gemeinsamen Auszeit wissen. Also stieg sie erst auf dem nächsten Bahnhof, in Eben im Pongau, zu. „In Paris wohnten wir in einem richtigen Loch“, sagt sie heute. Dietmar war damals noch Koch. „Es ging erst bergauf, als ich Johanna in die Küche ließ“, erzählt er heute gern. Er lernte in Paris aber auch die französische Servierkunst. Aus ihrer Pariser Zeit stammt auch ihr erstes Kind: Simone. Sie kehrten nach Filzmoos zurück und stellten Dietmars elterlichen Betrieb vollkommen um. In dieser Zeit kamen ihre drei Söhne zur Welt. Tobias, Dietmar und Johannes. Vier Kinder, eine Vision: „Reich werden konnte man damals mit Bratwürsten und Bacardi-Cola“, erzählte sie. Aber sie wollte etwas anderes. Sie stand mit ihren Töpfen, Kräutern und Saucen in der Küche und war häufig der Verzweiflung nahe. Die Stammgäste blieben weg. Hatte ein Gast einmal ein Lob für sie, war das wieder Ansporn für zwei weitere Wochen harte Arbeit. „Meine Kinder haben gelitten", erinnerte sie sich. „Hatte ein Kind Bauchweh, während in der Küche Hochbetrieb herrschte, dann lief ich hin." Eine kurze Umarmung. Liebevolles Zureden. Wissend, gleich wieder in die Küche zu müssen. Johanna Maiers Augen glänzten. Ausnahmsweise einmal nicht vor Freude.

Die sichtbarsten Narben hat sie an ihren Armen. Schnitte, Verbrennungen, Verbrühungen. Ihre rechte Hand hat nach einer Verbrennung zweiten Grades kein Fett mehr unter der Haut. Wie eine Besessene hat sie gearbeitet. Im Hinterkopf immer die Sorge um die Familie. „Das war die Vorstufe zur Hölle", sagte sie an diesem Abend. Sie wollte mir das an diesem Abend alles erzählen, um mir klar zu machen, was ihr erstes Kochbuch für sie bedeutete. Sie blätterte darin: Ihre Augen blieben an zwei Fotos hängen. Eines zeigt sie als Mädchen. Mit ihrer Schwester Annemarie umklammert sie die Hände ihrer Mutter. Gegenüber ist das Bild von Johanna Maier als Großmutter. Ihre Hände werden da von ihren Enkeln Lukas und Alexander umklammert. Das sind nicht die Bilder, die sich ein „Sensationsesser" nach dem Kauf eines Kochbuchs erwartet hätte. Aber ihr waren diese beiden Bilder wichtig: „Wenn das meine Mutter noch hätte erleben können", sagte sie sanft. Vor zwei Jahren durfte ich für Johanna Maier ein Geschenkbüchlein verfassen. Sie kennen das ja: Ein schönes Foto auf der einen Seite, auf der anderen ein Zitat des Promis zu einem bestimmten Thema. „Was bedeutet für dich Heimat?", fragte ich sie damals. Johanna schloss kurz die Augen. „Heimat", sagte sie, „das ist ein Spaziergang mit meiner Mutter zur Loretto-Kirche. Dann eine Einkehr auf eine Tasse Milch und ein Butterbrot – wenn genug Geld da war. Heimat, das ist das Bankerl vor meinem Elternhaus, auf dem die Großmutter immer gesessen ist." Da rannen ihr dann dicke Tränen über die Wangen. In Augenblicken wie diesen möchte man sie einfach nur in die Arme nehmen. Ich stellte ihr, um sie abzulenken, gleich eine zweite Frage hinterher. „Was würdest du essen, wenn du wüsstest, dass es deine letzte Mahlzeit wäre?“ Da musste sie sofort herzhaft lachen, trocknete ihre Tränen, beugte sich verschwörerisch nach vor und flüsterte: „Backhenderl mit Vogerlsalat. Aber sag das bitte nicht weiter.“

Ihr Erfolg hat sie heute viel sicherer gemacht. Sie spricht inzwischen bei Vorträgen vor hunderten Menschen. Sie saß im ZDF-Studio und beeindruckte Millionen Zuseher mit ihrem Fachwissen. Sie spricht heute am liebsten darüber, dass Essen für die Gesundheit wichtig ist. „Die Menschen sind ja eigenartig“, sagte sie mal kopfschüttelnd zu mir. „Die meisten geben für einen Liter Motoröl mehr Geld aus als für einen Liter Speiseöl.“ Heute hat sie sogar echte Fans: Und zwar vom Akademiker bis zum Hilfsarbeiter. Weil sie glaubhaft rüberbringt, dass sie trotz der internationalen Schlagzeilen noch weiß, was im Leben wirklich zählt. Das ist heute ein Spaziergang mit ihren Enkeln, denen sie dann auf der Alm eine Tasse Buttermilch kauft und ihnen auf der Sonnenbank beim Spielen zusieht. „Am Anfang, da kam ich mit dem ganzen Wirbel nicht so zurecht. Es hat auch gedauert, bis ich meine Schüchternheit abgelegt habe“, sagte sie. Kürzlich sei ihr etwa ein Journalist auf die philosophische Tour gekommen. „Vielleicht hat Kant ja Recht“, hat er zu ihr gesagt. „Wird nicht zu viel Lärm ums Essen gemacht?“ Das sei doch nur eine lästige Tätigkeit, um die wurmförmige Bewegung der Gedärme in Bewegung zu halten. „Was für ein Schwachsinn“, habe sie ihm entgegnet. „Ich halte es mit Aristoteles. Der sagte, dass richtig Schmecken wie eine zärtliche Berührung sei.“ Schon im nächsten Satz gab sie zu: „Das war Glück.“ Denn der Spruch sei vom Verlag als Leitsatz für ihr erstes Kochbuch ausgewählt worden. „Trotzdem: Nicht schlecht für jemand, der als Kind die Kleidung seiner Schulkameraden gewaschen hat. Oder?“, sagte sie noch frech. Es war spät geworden. Sie musste fünf Stunden später schon wieder in der Küche stehen. „Hat alles gepasst?“, fragte sie noch mit einem Augenzwinkern. „Ja. Wie immer.“

Johanna Maier: Schöne, warme, weiße Frau

Über Johanna Maier wird seit ihrem „Vierhaubentriumph“ so viel geschrieben, dass es hier eigentlich (fast) nichts hinzuzufügen gäbe. Heute kennt sie jeder, liebt sie jeder und sie ist in allen Medien präsent. Das war nicht immer so. Früher war Filzmoos ziemlich weit weg – und zwar von überall her. Heute hat man manchmal das Gefühl, als wäre es gerade um die Ecke, so international ist dort das Publikum. Österreichs Starköche haben offensichtlich eines gemeinsam: Je weiter weg vom Schuss, desto näher sind sie am Ziel – der internationalen Spitze.

Als ich Johanna Maier das erste Mal testete, konnte ich mir den Tisch im Lokal noch aussuchen, so leer war es. Gerade einmal 16 Punkte hatte sie damals bekommen – auch nicht schlecht für eine „Landpomeranze“, aber noch weit weg vom späteren Erfolg. Im Jahr 1995 durfte ich ihr dann – diesmal von Gault Millau unwidersprochen – die dritte Haube aufsetzen. Johanna Maier begann ihre Küchenlinie immer mehr zu finden. Ihr Mann Dietmar unterstützte sie kräftig im Lokal. Nicht immer mit der glücklichsten Hand, wie ich anmerken muss, und wie er es auch immer wieder einmal zu hören bekam. Aber das kann diesen „alten Hasen“ nicht erschüttern.

Die vierte Haube durfte ich dann schon in der Küche miterleben. Wir hatten einen Kochkurs gebucht und konnten ihr daher einmal so richtig auf die Finger schauen. Dieses „Schauen“ hat Johanna Maier später dann auf eine noch breitere Basis gestellt – ihr Kochbuchbestseller war aber zu diesem Zeitpunkt noch nicht erschienen. Freundlich war sie, geduldig stand sie Rede und Antwort und es spielte immer ein bisschen der Schalk um ihre Augen, wenn sie unsere manchmal überneugierigen Fragen zu beantworten versuchte.

Auf den ersten Blick könnte man also meinen, der „Vierhaubenstatus“ habe sie nicht verändert. Das kann aber nicht der Fall sein. Die Zahl der Medienauftritte hat sich vervielfacht, jeder halbwegs renommierte Politiker muss sich ein Mal mit ihr zeigen und keine größere Charityveranstaltung kommt ohne Johanna Maier aus. Dietmar Maier hat es uns anlässlich eines Essens einmal in seiner ehrlichen Art ganz offen gesagt: *„Jo, jetzt müss mas hoit nu ausnützn, die poar Jahrdln, die uns nu zum Gödverdienen bleibm.“* Diese Einstellung merkt man natürlich auch an den Preisen, die mittlerweile ziemlich internationales Niveau haben.

Dietmar hat sich – zumindest im Umgang mit älteren Leuten – so eine *„Was bist du denn für ein lieber, dummer Dackel“*-Sprache angewöhnt. Und so versucht er seine „Schmähs“ halt in die Dackelsprache zu verpacken. Ob man die gut findet, das ist Geschmackssache. Immerhin feilt er damit beständig an einer wie auch immer gearteten Unverwechselbarkeit dieses Hauses.

Während im Restaurant am Abend eigentlich immer alles bestens klappte, schien mittags, bei wesentlich weniger Gästen, ein bisschen der Schlendrian einzureißen. Was die Maiers wohl selbst erkannt haben dürften. Außer am Wochenende haben sie ihr Mittagsgeschäft jetzt eingestellt. Als ich etwa meine Mutter auf ein Mittagsmenü bei Johanna Maier einlud, kam wirklich jedes Glas Wein erst nach der Speise auf den Tisch. Da hatte das Personal nicht einmal mehr die Zeit, die glasweisen Empfehlungen vorzustellen, sondern nach dem Motto „Vogel friss oder stirb“ das zu nehmen, was der „Meister Dietmar“ für gut und richtig hielt. Dafür bekamen wir dann auf der Rechnung noch einen „Verspätungszuschlag“. Jeder auch noch so einfache österreichische Weißwein stand mit sieben Euro auf der Rechnung, jedes Glas Rotwein mit zumindest 14 Euro. *„Jo, so is hoit – in der internationalen Gastronomie“*, hätte Dietmar Maier in seiner Dackelsprache sicherlich gesagt und die braven Dackel hätten zustimmend gehechelt. Wenn diese Unzulänglichkeiten eines Tages ausgemerzt werden könnten, die Lust am Essen im Hubertushof würde ins Unermessliche steigen!

PS: Die Überschrift ist eine Textzeile und stammt (fast) aus dem Lied „Turaluralu“ von „Trio“ (1982). Richtig heißt es da „schöne, warme, weiche Frau“ – aber Johanna Maier ist eben immer weiß gekleidet …

Lang- und Kurzzeitgedächtnis eines Testers

Haben Sie schon einmal versucht, am Folgetag das achtgängige Menü mit Weinbegleitung des Vorabends zu rezitieren? Ich schon! Da macht man etwas mit.

War's jetzt Kürbiscremesuppe mit Sellerietascherln oder Selleriecremesuppe mit Kürbistascherln oder waren es doch Blunzentascherln? Nein, das alles passt nicht zusammen, also muss es falsch sein. Und der Fisch: War es Heilbutt oder Steinbutt oder gar kein Butt, sondern Dorade oder gar Steinbeißer – ja auch das ist ein Fisch. Und ob es jetzt Angus aus Argentinien oder doch aus Schottland war, oder war's etwa australisch? Manchmal einfach Hölle! Und dann noch die vielen Zutaten und Beilagen und Gewürzmischungen …

Natürlich: Man behilft sich mit Tricks. Vorerst – aber meist nicht ganz unbemerkt – mit dem Stehlen des Inneren der Speisekarte. Die Hülle trägt doch zu sehr auf! Dann mit „gangweisem“ Abschreiben auf einen Spickzettel – hoffentlich sieht's der Ober nicht, denn wir wollen ja einen fairen Test machen. Dann wird abwechselnd auf die Toilette gegangen, um die jeweiligen Gänge aufzuschreiben. Schließlich versucht man sich mit dem Diktafon in der Innentasche des Sakkos und liest die Speisekarte vor. Und schließlich – um nicht gar zu sehr in die Nähe des Secret Service gerückt zu werden – behilft man sich dann doch wieder mit dem Training des Kurzzeitgedächtnisses. Natürlich passiert da auch der eine oder andere Fehler und so mancher Koch mag dann voller Zorn gesagt haben: „So etwas hat es bei mir noch nie auf der Karte gegeben!" Aber etwas Ähnliches gab es sicher, das kann ich ihm versichern. Und ob die Speisenfolge immer ganz genau wiedergegeben werden muss, ist ohnehin fraglich. Zählt doch nur die Qualität und die Art der Präsentation. Ob jetzt Haselnüsse oder Walnüsse hineingeraspelt wurden, ist doch schlussendlich völlig egal. Besonders heikel ist die Angelegenheit immer dann, wenn man sich dazu berufen fühlt, auch noch zum angebotenen Wein Anmerkungen zu machen. Das ist zwar ohnehin ein Blödsinn, weil es ja mit der Küche nun wirklich nichts zu tun hat und – siehe diesbezügliche Anmerkungen von Peter Gnaiger – oftmals mit einer Zwangsbeglückung aus dem Weinkeller zu tun hat. Nun, wenn man jetzt wirklich glaubt, sich das auch noch merken zu können, sieht man ganz schnell, wo die Grenzen des Kurzzeitgedächtnisses liegen.

Die besten Erfahrungen habe ich selbst damit gemacht, wenn unmittelbar nach dem Testessen – aber selbstverständlich zu Hause – eine kurze Aktennotiz angefertigt wurde. Aber das wird wohl jeder Tester anders lösen. Diejenigen, die aber am Tisch große Notizen auf ihre Zettel machen, schreiben sich entweder aktuelle Fußballresultate auf oder versuchen krampfhaft Tester darzustellen – vom Gault Millau werden sie sicherlich nicht sein!

2. Kapitel
Ein Führer verirrt sich

„Geteert und gefedert." Dieser Titel prangte auf dem Nachrichtenmagazin profil, als Michael Reinartz seine erste Ausgabe des Gault Millau veröffentlicht hatte. 1980 war das. Der Mann traute sich wirklich was. Denn Österreich war zu diesem Zeitpunkt eine kulinarische Wüste. Reinartz wies 20 Jahre lang bei jeder Gelegenheit auf den damaligen Höhepunkt der Speisekarten hin: Steak Hawaii. Mit Ananasscheibe aus der Dose. Den französischen Testern, die ihm von der Pariser Gault-Millau-Zentrale zur Verfügung gestellt wurden, ist nach ihren ersten Besuchen heimischer Restaurants buchstäblich die Spucke weggeblieben. Die Gastronomen fühlten sich beleidigt. „Bei einer offiziellen Veranstaltung hätte nicht viel gefehlt und die hätten mich gelyncht", erzählte mir Reinartz einmal. Aber er hat es geschafft, die neuen Richtlinien der kreativen frischen Küche plausibel darzustellen. Der Gault Millau hatte deshalb zweifellos seine Berechtigung. Es kommt aber auch nicht von ungefähr, dass im Zusammenhang mit Gourmetführern immer von „Gourmetbibeln" die Rede ist. Denn ähnlich wie der Vatikan von aufgeklärten Menschen als wirklichkeitsfremd bezeichnet wird, verhält es sich auch beim Gault Millau. Mit dem einzigen Unterschied, dass der Gault Millau das Wort Zölibat nur vom Hörensagen kennt. Da hat ihm der Guide Michelin wenigstens etwas voraus: Weil er konsequent auf Inserate verzichtet und sich nicht wie der Gault Millau von Nahrungsmittelkonzernen unterwandern lässt. Aber zu den Michelin-Skandalen kommen wir erst später.

Reinartz schien in den letzten zehn Jahren immer tiefer in diese Scheinwelt der Allmacht der Gourmetführer eingetaucht zu sein. Er begann sich als personifiziertes Maß aller kulinarischen Dinge zu sehen. „Was soll er machen?", fragte mich einmal einer seiner Tester. „Wenn er jahrelang wie der Papst durch die Lande zieht und sich alle vor ihm auf den Boden werfen. Der kriegt ja gar nicht mit, dass ihn eigentlich keiner mehr aushält. Die meisten fürchten einfach nur, ihn zu verärgern und aus irgendeinem dubiosen Grund abgewertet zu werden." Diese Hofstaat-Trutzburg, die um Reinartz aufgebaut wurde, dürfte auch sein Erinnerungsvermögen getrübt haben. Denn nebenbei begann er auch noch seine eigene Erfolgsgeschichte zu verschönern. Als Reinartz in das Kritiker-Geschäft einstieg, betrieb er mit zwei Partnern auch noch eine Werbeagentur. Der Beginn war hart. Von der ersten Ausgabe musste er mehr als die Hälfte der Auflage einstampfen lassen, weil sich keine Käufer fanden. Auch die Werbeagentur rasselte in einen Konkurs. In einem wenig schmeichelhaften Bericht der österreichischen Fachzeitschrift „GAST" über Reinartz erinnerte sich dieser, dass „damals Meldungen kursierten", er hätte auch wegen eines Krida-Vergehens eine bedingte Strafe ausgefasst. „Doch es gab nicht einmal einen Prozess. Da war nichts", sagte er. Na ja: Die Sache wäre ohnehin längst getilgt. Wer sich dafür interessiert, was damals los war, der kann sich ja im Archiv der Salzburger Nachrichten darüber informieren. An dieser Stelle sei der Mantel des Schweigens darüber gebreitet. Denn das Vorhalten bereits getilgter Strafen ist – und das ist auch gut so – aus juristischen Gründen nicht erlaubt.

Finanziell gerettet wurde Reinartz nach seinem Konkurs von der Schweizer Verlagsgruppe Ringier, die Gault Millau Österreich mildtätig unter die Arme griff. Reinartz wurde dann Lizenznehmer, aber nicht von Ringier, sondern von einem anderen Schweizer Verlag. Reinartz baute den Gault Millau Schritt für Schritt zu einem profitablen Unternehmen aus, das bei Studium des Impressums allerdings eher den Eindruck einer Briefkastenfirma machte.

Herausgeber: Professor Michael Reinartz. Chef vom Dienst: Gabi Reinartz (seine Frau, Anm.). Die Guide-Verlagsanstalt saß in Vaduz (Liechtenstein), als Erscheinungsort wurde Passau (Bayern) angegeben.

Reinartz, ganz Werbeprofi, hatte gleich in den ersten Jahren eine glänzende Idee. Um den anscheinend im internationalen Vergleich unfähigen Köchen zu zeigen, wo der Schaumlöffel hängt, trat er als Koveranstalter von Kochkursen auf. Eine geniale Idee: Zunächst verdiente er an den Kursen mit (ein Kurs kostete damals immerhin 17.000 Schilling, also etwa 1200 Euro). Anschließend beurteilte er die Performance der Köche in deren Restaurants im Gault Millau. Ein Schelm, wer Böses dabei denkt. Das Fachmagazin FM brachte immerhin kurz darauf eine bemerkenswerte Story mit dem viel sagenden Titel „Stark im Nehmen". Als sich auch noch herausgestellt habe, dass der Organisator der Kochschule, Ulf Höfle, bei den Kursen Produkte an seine ambitionierten Schüler vermarktet habe, habe sich Reinartz von ihm distanziert, sagte er der Fachzeitschrift GAST.

Dieses Spiel trieb dann der damalige „Superkoch" Rudi Kellner auf die Spitze. Er galt als Intimus von Reinartz und seinem damaligen Mitarbeiter Christoph Wagner. Kellner hatte nebenbei einen schwunghaften Weinhandel aufgezogen und war bekannt dafür, über das Adressenmaterial des Gault Millau in regelmäßigen Zeitabständen 20 Seiten Weinangebote an die österreichischen Gastronomen zu feuern. Sein gutes Verhältnis zum Gault Millau war in der Branche damals natürlich bekannt, was Kellner für seine Geschäfte eine – sagen wir mal – vorteilhafte Ausgangsposition verschaffte.

Bei sich selber legte Reinartz die Maßstäbe auch nicht so eng an. So begann er im Laufe der Jahre inflationär mit Auszeichnungen um sich zu schmeißen. Es dürfte heute kaum mehr einen ambitionierten Koch oder Wirt geben, der vom Gault Millau nicht mindestens eine „Goldene Bierkrone" (Patronanz: Brau Union Österreich AG), einen „Österreichischen Ehrenpreis für

Käsekultur“ (Patronanz: Schärdinger Berglandkäse), eine „Goldene Kaffeebohne“ (Patronanz: Jacobs), ein „Goldenes Teeblatt“ (Patronanz: Teekanne) oder eine „Goldene Kugel der Casinos Austria“ (Patronanz: Eh klar, aber leider weiß keiner, wofür die Auszeichnung steht) verliehen wurde. Auch die Gäste wurden nicht vergessen. Die können seit 1984 „Feinschmecker des Jahres“ (Patronanz: Schlumberger Sekt) werden. Was ich dagegen tatsächlich fast vergessen hätte: „Koch des Jahres“ (Patronanz: Agrana AG) und „Newcomer des Jahres“ (gesponsert von Uncle Bens) gibt es auch noch.

Natürlich ist immer auch klein gedruckt zu lesen, dass die Redaktion des Gault Millau sich für die neutrale und ausschließlich qualitätsorientierte Wahl verbürgt. In der Praxis – und vom Gault Millau aber ganz sicher nicht gewollt – sieht das allerdings anders aus. Nicht wenige Köche teilten mir in Gesprächen unverblümt mit, Firmen bei ihren Bestellungen zu bevorzugen, mit denen der Gault Millau zusammenarbeite. Gegen diesen vorauseilenden Gehorsam kann sich der Gault Millau natürlich nicht wehren. Warum die Köche das tun? Ganz einfach: Sie hätten nicht mehr so ein komisches Gefühl, bevor der Gault Millau erscheine, sagten sie dann immer achselzuckend. Das versteht wohl wirklich jeder: Denn vorauseilender Gehorsam ist ja schon während der Lehrzeit so etwas wie ein Pflichtfach der Gastronomen. So kam es auch den meisten Haubenköchen immer wieder spanisch vor, dass vom Gault Millau alle Jahre wieder an Haubenrestaurants die Empfehlung ausgesprochen wurde, Weine der Kooperative „Freie Weingärtner Wachau“ zu bestellen. Natürlich hat das nicht im Entferntesten mit der zukünftigen Bewertung zu tun. Aber erklären Sie das mal einem von Angst zerfressenen und hysterischen Wirt.

Bei dieser Art von Geschäftemacherei geht es auch bei anderen Führern heiß her. Bei A la Carte fährt man seit Jahren die Doppelstrategie Gourmetführer und Gourmetmagazin. Der Führer ist natürlich unbestechlich. Aber mit diesem System kann über die Hintertür sanfter Druck auf die Köche ausgeübt werden. Denn wie der ehrgeizige Koch reagiert, wenn die Inseratenkeiler vom A-la-Carte-Magazin anrufen, darüber kann sich jeder selber seine Gedanken machen. In eine ähnliche Kerbe scheint derzeit auch die neue Führung des Gault Millau schlagen zu wollen. In den letzten Monaten sorgte ein Anrufer mit dem Familiennamen Kafka für Aufruhr unter zahlreichen Haubenköchen. Was war passiert? Dieser Herr Kafka gab an, für eine Werbeagentur tätig zu sein, die dem Gourmetführer Gault Millau Inserate in Form von Fotos der betreffenden Betriebe verschaffen solle. Beispielsweise könnte die redaktionelle Empfehlung eines Cafés ein Foto des betreffenden Lokals zieren. „400 Euro und unvorstellbare Werbung", argumentierte der Herr unwiderstehlich am Telefon. Jetzt ist es wieder einmal so, dass viele Gastronomen sowohl Café als auch Haubenrestaurant führen und sich Sorgen um ihre Bewertung machen, wenn sie dem Gourmetführer, von dem sie einmal im Jahr getestet werden, kein Inserat abkaufen.

Für einen extrem hohen Unterhaltungswert sorgte übrigens eine Geschichte über den A-la-Carte-Führer vor zwei Jahren. Der Gastronom und Vinothekar Hermann Döllerer war eine Zeit lang ziemlich sauer auf den ebenfalls in Österreich erscheinenden Gourmetführer. Döllerer, der mit seinem Weingroßhandel zahlreiche Spitzenrestaurants bestückt, wurde plötzlich von einigen Wirten arg gescholten. Was war hier passiert? Der A-la-Carte-Führer vergibt nicht nur Sterne (kurzzeitig vergab er auch Kronen), sondern auch Flaschen für die Weinkeller der zu testenden Betriebe. Jetzt sind aber die Wirte oft auch sehr bauernschlau und wollen sich – wenn überhaupt keine eigene Linie vorhanden zu sein scheint – den Erfolg teuer erkaufen. Sie wandten sich also an Döllerer, von dem sie wussten, dass viele der am besten beurteilten Restaurants zu seinen Kunden zählen. Das heißt konkret: „Lieber Herr Döllerer. Bestücken Sie bitte meinen Weinkeller mit demselben Sortiment, das Sie an das Restaurant XY liefern." Denn das Restaurant XY hat eine Super-Weinnote. Was ist dann passiert?

Die Wirte gaben Unsummen für ihre neue Weinkarte aus, die dann zum Weinbuch wurde und auch noch über Raritäten verfügte, die zwar viele Gäste gerne trinken würden, sich die sündteuren Flaschen aber nicht leisten können. Da sind schon mal Flaschen dabei, die mit ein paar tausend Euro in der Karte stehen. So viel Ambition gefällt einem Tester natürlich. Alles richtig gemacht? Mitnichten. Den Testern fiel in zahlreichen Fällen die dicke Weinkarte nicht einmal auf. Unter seinen Kunden sei sogar ein Gastronom gewesen, der nach seiner Investition abgewertet worden sei, erzählte Döllerer. Christian Grünwald, der Herausgeber des A la Carte, war natürlich peinlich berührt, als er davon erfuhr und sagte, er habe sofort zwei weitere Mitarbeiter eingestellt, die jetzt die Weinkarten etwas konzentrierter lesen sollten. So etwas könne beim Gault Millau natürlich nicht passieren, hat mir Michael Reinartz diesbezüglich damals erzählt.

Was allerdings den Arbeitseifer der Gault-Millau-Tester betrifft: Da gibt es auch nette Anekdoten. Nur ein Beispiel von vielen sind etwa die originellen Beurteilungen des Zweihaubenrestaurants Brandstätter in Liefering, das ich übrigens zu den besten bodenständigen Restaurants Österreichs zähle. Es verwendet internationale Edelprodukte nur sehr spärlich, weshalb es wohl auch seit Jahren bei der Beurteilung auf der Stelle tritt.

Beginnen wir mit der Ausgabe des Gault Millau im Jahr 2000 (Auszug): „*Die günstige Lage des Brandstätter direkt an der Autobahnabfahrt Salzburg-Mitte bzw. in unmittelbarer Nähe des Ausstellungszentrums macht dieses Haus schon seit Jahren zum beliebten Treffpunkt für Geschäftsleute und Messebesucher. In letzter Zeit finden sich jedoch sowohl im Restaurant als auch in der Zirbenstube immer mehr Feinschmecker ein. Und dies zu Recht. Denn was die Küchencrew unter Tobias Brandstätter …*“

Weiter geht's: Gault Millau (Ausgabe 2003, Auszug): „*Die günstige Lage des Brandstätter direkt an der Autobahnabfahrt Salzburg-Mitte bzw. in unmittelbarer Nähe des Ausstellungszentrums macht dieses Haus schon seit Jahren zum beliebten Treff-*

punkt für Geschäftsleute und Messebesucher. In letzter Zeit finden sich sowohl im elegant gedeckten Restaurant als auch in der gemütlichen, Nichtrauchern vorbehaltenen Zirbenstube immer mehr Feinschmecker ein. Und dies zu Recht. Denn was die Küchencrew unter Tobias Brandstätter …"

Wollen Sie den Auszug des Gault Millau (Ausgabe 2004) wirklich noch lesen? Wenn ja: Dann siehe 2003. Immerhin schrieb der Tester im nächsten Satz noch: *„Wenn wir auch nicht verhehlen möchten, dass eine Innovation da und dort gut täte."* Recht hätte er. Wenn er nur seinen eigenen Text damit gemeint hätte. Tobias Brandstätter folgte in diesem Jahr aber dennoch brav, variierte seine Küche ein kleines bisschen, setzte etwa Hummer-Gröstl auf die Karte und der Tester kehrte – mehr Belohnung war nicht drin – in der aktuellen Ausgabe (2006) wieder Wort für Wort zu seiner Originalversion von 2000 zurück.

Kriterien von Gault Millau Paris

(Mai 1980 – letzte Fassung)

Ein einziges Mal wurde den Gault-Millau-Testern von ganz oben, also aus Paris, ein zweiseitiges Schreiben ausgefolgt, wie der Aufbau einer Restaurantkritik denn auszusehen habe und Texte zu gestalten seien. Lesen und staunen Sie:

Da sind zuerst die Lage des Lokals, die Geschichte, Einrichtung und das Publikum zu bewerten. Bei Geschichte soll sogar auf prominente Gäste eingegangen werden. Das ist unter der Leitung von Michael Reinartz gar nicht so häufig passiert. Umso erfreuter werden die französischen Chefs sein, dass mit Karl Hohenlohe Österreichs „Ober-Seitenblicker" die Geschicke des Gourmetführers leitet.

Umfangreicher wird die Anweisung bei der Speisekarte. Hier wird festgehalten: „*Eine zu umfangreiche Speisenkarte ist eher negativ zu werten, da dies meist ein Indiz dafür ist, dass überwiegend Tiefkühlprodukte, meist aber Dosenprodukte (Mikrowelle etc.) verwendet werden. Allein aufgrund der Art der Speisenkarte ist es oft schon möglich, Niveau und Qualität des Lokals zu bestimmen (einfallsreich, gutbürgerlich, anmaßend, konventionell, Fast Food etc.).*“

In der Kategorie „Getränke- oder Weinkarte“ wird als wichtig angemerkt: „*Achten Sie immer auf die richtige Temperatur der Weine! Insbesondere Rotweine werden fast immer zu warm serviert!*“ – da kann man doch allerhand lernen.

Unter „Auswahl der Speisen“ ist Folgendes zu bewerten: die Art, die Produkte und die Zubereitung.

Unter Zubereitung finden sich folgende Angaben:

„*Phantasie des Kochs ohne Übertreibung*

- *Eigengeschmack aller Produkte: Fleisch faserig, verkocht, trocken oder zäh, Fisch verkocht (Geruch?), Aussehen oder Biss*
- *Harmonie und Optik: Überladene Teller, Kräuter und Gewürze richtig dosiert*
- *Gemüse: richtig fest oder verkocht, sinnvoll oder sinnlos püriert*
- *Saucen: leicht/schwer, bekömmlich, zu sehr eingedickt, zu neutral*
- *Salate: Komposition, Qualität (etwa aus Glas oder Dose?), Salatsaucen, die passen, eigene Kreationen, nach Möglichkeit keine vorgefertigten ‚Dressings‘ (Ausnahme: Salatbuffet) akzeptieren*
- *Desserts: leicht/schwer, frisch, erfindungsreich, hausgemacht; Sorbets (diese sehen wir primär als Dessert und nicht als Zwischengang)*“

Einen ganz besonderen Tipp bekommt man am Ende des Schreibens. Unter PS steht hier: „*Werfen Sie nach Möglichkeit auf dem Weg zur Toilette einen Blick in die Küche (‚irrtümliches' Aufstoßen der Küchentüre), achten Sie dabei auf Ordnung und soweit möglich auch auf die Sauberkeit."*

Wenn Sie also haubengeschmückter Koch sind und sich Gäste immer wieder einmal ungerufen „versehentlich" in ihrer Küche befinden – das sind furchtlose Tester vom Gault Millau. Viel ungeschickter geht's doch wohl wirklich nicht mehr.

Früher gab es im österreichischen Gault Millau auch einen dezenten Hinweis für die Leser, das Buch beim Betreten eines Lokals deutlich sichtbar mitzunehmen und möglichst auf dem Tisch zu platzieren, um auf diese Art und Weise der erlesenen Schar der Gourmets zugerechnet werden zu können. Was auf das Servicepersonal sicher einen bleibenden Eindruck hinterlassen hat. So in der Art: „Achtung: Jetzt kommen die eingebildeten Unsympathler." Auf diese Marketing-Idee wird Michael Reinartz im Nachhinein hoffentlich nicht allzu stolz sein.

Der Koch – Ein Gesamtkunstwerk

„Festspiele für die Gaumen", „Eine kulinarische Symphonie", „Eine himmlische Komposition" – Essen ist Kunst. Keine Frage. Und nicht wenige Köche gefallen sich auch sehr gut in der Rolle des sensiblen Künstlers. Köche sind aber einer viel stärkeren Belastung ausgesetzt als Maler, Musiker oder Bildhauer. Sie arbeiten unentwegt und am meisten arbeiten sie dann, wenn alle anderen frei haben. An Sonn- und Feiertagen und zu Bedingungen, wie sie sonst nur Hilfsarbeiter in dampfend heißen Fabrikshallen erdulden müssen. Der Koch ist viel mehr: Er ist Logistiker, Spekulant, ein kreativer Schöngeist und nach getaner Arbeit soll er auch noch in das Fach des charmanten Unterhalters wechseln.

Der Koch muss die Ware überprüfen, Organisationsabläufe festlegen und sein Team über den jeweiligen Tag informieren. Die große Kunst eines Spitzenkochs ist es vorherzusehen, welche Speisen am Abend gewünscht werden. Außerdem sollte er neue Rezepte ertüfteln. Diese Gerichte sollen dann von Journalisten als Kreationen bezeichnet werden. Genau genommen ist der Koch also nicht nur ein Künstler, er ist ein Dirigent. Und auch ein Koch ist nur so gut wie sein Ensemble.

Sein Ensemble heißt aber immer noch „Küchenmannschaft" und die unterliegt einer klaren Hierarchie: Oben steht der Küchenchef. Sein Stellvertreter ist der Souschef. Der Souschef ist im Optimalfall eine Art genmanipulierter Ableger des Chefs. Er ist derjenige, den der Meister auch mitten in der Nacht anruft, wenn sein Auto ohne Benzin auf der Landstraße liegen bleibt. Der Souschef ist immer für den Küchenchef da. Er ist eine Art erster Offizier im Raumschiff Enterprise. Dann sind da noch die Postenchefs. Die sind vergleichbar mit Abteilungsleitern. Der Poissionier etwa. Der bereitet, wie der Name schon sagt, die Fische zu. Der Entremetier wiederum ist für Suppen und Beilagen zuständig. Der Gardemanger hat sich um die kalten Vorspeisen und Salate zu kümmern. Der Patissier wiederum macht die Desserts. Ganz unten in der Hierarchie steht eine Art Mädchen für alles, wobei selbst der niedrigste Posten einer Spitzenküche noch einen noblen Namen trägt: „Commis de Cuisine." Das Erfolgsgeheimnis der Spitzenküche ist übrigens weit weniger spektakulär, als weithin angenommen wird. Es heißt „Mise en place". Das bedeutet nichts anderes, als dass bis zum Abend alle Zutaten bestmöglich vorbereitet sind.

Was dann im Speisesaal so luftig und locker auf den Tellern daherkommt, das ist das Produkt einer kräfteraubenden Präzisionsarbeit. Unvorstellbar hektisch geht es etwa in Salzburg jedes Jahr wieder während der Festspiele zu. Denn da ist für die VIPs, die von irgendeiner Firma irgendwelche Karten zu irgendwelchen Vorstellungen der Hochkultur geschenkt bekamen, meistens nur eine Frage wichtig: „Wohin gehen wir nach dem Schlafen während der Oper zum Essen?“ Und zum Essen geht man während der Festspiele nicht selten erst um 24 Uhr. Davor tut sich in den noblen Restaurants schon so allerhand. Wenn dann aber die Müdigkeit einzusetzen beginnt, dann geht es erst so richtig los. Während der Festspielzeit müssen die Köche Nerven wie Drahtseile zeigen. Da fühlen sie sich in ihren Küchen oft wie in einem U-Boot, das permanent beschossen wird. Es ist eng, laut und überall zischt es. Der Küchenchef darf sich da nicht aus der Ruhe bringen lassen. Sein Team ist hektisch genug. Wenn da auch noch der Kapitän Nerven zeigt, dann steuert die Küche auf die Katastrophe zu. „Es ist ganz normal, dass nach Mitternacht noch einmal 40 Couverts aufgetragen werden müssen“, sagte mir mal ein Küchenchef während der Festspielzeit. Und selbst um ein Uhr früh komme kein Teller an ihm vorbei, den er nicht höchstpersönlich unter die Lupe genommen habe.

Es ist ein Knochenjob, den diese Kochkünstler tagtäglich verrichten. Da sind auch Verletzungen wie schwere Verbrennungen und tiefe Schnittwunden nichts Ungewöhnliches. Schließlich sind die Messer fast nirgendwo so scharf wie in der gehobenen Küche. Das soll erstaunlicherweise die Gesundheit schonen. Denn ein scharfes Messer zerschneidet das eigene Fleisch bei einem Fehler sauber und zerfetzt es nicht. Also verheilen die Wunden viel schneller. Natürlich fällt die Arbeit mit einem scharfen Messer auch viel leichter. Sagen Sie zu einem Koch also bitte nicht, er sei ein Künstler. Ein wirklich guter Koch ist ein Gesamtkunstwerk!

Macht und Ohnmacht der Gourmetführer

Es wird sehr viel hineininterpretiert in die Auswirkungen einer Aufnahme in Gourmetführer und erst recht in die Auf- oder Abwertung. Selbstverständlich werden sich gute Bewertungen in einer erhöhten Gästefrequenz niederschlagen und somit hoffentlich auch in den Bilanzen der Restaurants. Selbstverständlich gibt es auch Skandale, wenn einer der großen Namen plötzlich deutlich abgewertet wird.

Wirtschaftliche Probleme eines Unternehmens mit einer Abwertung in einem Gourmetführer zu verbinden, das scheint mir in manchen Fällen aber auch oft eine willkommene Ausrede der Gastronomen zu sein. Seit dem 11. September 2001 ist die Flut der Ausreden bei den Verantwortlichen schlecht geführter Wirtschaftsbetriebe nicht mehr abgerissen. Schuld am Misserfolg waren seitdem die Flutkatastrophe, der Tsunami, die Hitze oder andere Dinge. Bei den Gastronomen kommen eben auch noch die Essführer hinzu. Aber wenn man sich die Hintergründe ansieht – glauben Sie mir, die kenne ich als Steuerberater sehr genau –, stellt man immer wieder fest, dass das nur vorgeschobene Ursachen sind. Im einen oder anderen Fall mag es ja stimmen, aber generell nicht.

Glauben Sie etwa, dass beim Meinl am Graben durch die Nichtaufnahme in den Guide Michelin ein Gast weniger gekommen wäre? So etwas ist eher peinlich für den Führer als für den „Nichtgeführten“.

Es scheint mir heute eher so zu sein, dass die Aufnahme oder eine höhere Bewertung in einem Führer längst nicht mehr den erhofften Gästestrom bringt, den sich ein Gastronom dadurch erwartet. Im Umfeld der Salzburger Festspiele lässt sich das im

Sommer immer wieder gut beobachten. Ein gut geführtes Dreihaubenrestaurant etwa, nicht allzu weit weg vom Festspielhaus, kann sich nach den Aufführungen kaum vor Gästen retten. Dass das (leider) auch einen deutlichen „Absturz“ in der Qualität bringt, ist bedauerlich – sind es doch die meist recht gut situierten Festspielgäste, die zusätzlichen Schwung in die Gastronomie bringen. Wer da an einem Festspielabend tafelt, der muss entweder an der Kompetenz der Tester oder an seinem eigenen Geschmack zweifeln. Da verdient das Essen maximal eine Haube. Ein Teller mit Flusskrebsen kostet dafür 50 Euro. Man is(s)t ja im Dreihaubenrestaurant. Dass selbst einem als Gastgeber auftretenden Hauptsponsor der Salzburger Festspiele anlässlich der total überzogenen Mineralwasserpreise dabei das Lachen vergeht, zeugt von der Unsensibilität der Gastronomen. Die schlachten während der Festspiele die Kuh, die sie eigentlich melken wollen.

Dabei wird in diesem Restaurant sonst hervorragend gekocht. Offensichtlich ist man aber einer Doppelbelegung am Abend nicht ganz gewachsen. Andere Lokale in Salzburg wären dies durchaus – es verlieren sich aber deutlich weniger oder gar keine Festspielgäste dorthin. So sind offensichtlich zwei Hauben in einem Lustschloss ganz in der Nähe Salzburgs nicht genug, um die Gäste dorthin zu locken. Das ist schütter besetzt, trotz allerbester Qualität.

Das zeigt eben auch die Ohnmacht der Führer: Eine gute Bewertung allein garantiert noch lange keine Gäste.

Und eine letzte Frage sei zum Abschluss dieses Kapitels auch noch gestellt: Gehören jetzt eigentlich die überraschend gute Bewertung des Hotels Sacher im Gault Millau 2006 und die Tatsache, dass der Gault Millau Ballspende beim Opernball war, zur Macht oder zur Ohnmacht der Gourmetführer?

Emanuel Weyringer – Vom Schwiegervater auf Eis gelegt?

Herrlich liegt er, der kleine Ort St. Agatha Sui Due Golfi, auf einem Hügel zwischen dem Golf von Neapel und der Bucht von Sorrent. Dort regiert ein Besessener: Don Alfonso Iaccarino, einer der höchstgelobten Köche Italiens. Dieses damals von Michelin mit drei Sternen ausgezeichnete Lokal war das Ziel eines unserer Essausflüge. Pünktlich angekommen, besichtigten wir das Anwesen, ein kleines Hotel, eine herrliche Bibliothek mit Kochbüchern aus aller Welt, das gepflegte Restaurant. Auf dem Hof kam uns ein junger schlanker Mann mit kurzem, schwarzem Haar entgegen – Emanuel Weyringer, der damals Chefkoch des Restaurants war. Als ich ihn ansprach und ihm erzählte, dass wir nicht nur aus seiner Heimat Salzburg seien, sondern dass ich auch mit seinem Vater schon einige Wochen bergsteigend in Nepal verbracht hätte, war die Freude groß. Er fragte mich, ob er uns ein bisschen etwas von seiner Küche zeigen dürfe. Das durfte er!

Weyringer bereitete uns ein Essen, wie es feiner nicht hätte sein können. Von allem, was es im Haus zu dieser Zeit auf der Karte gab, wurde uns eine klitzekleine Portion gekocht, die uns von einem Entzücken zum anderen brachte. Erstaunen auch an den Nachbartischen, denn deren Degustationsmenü hatte nicht einmal halb so viele Gänge wie das unsere.

Als ich Emanuel Weyringer nach dem Essen fragte: „Ich kann mir nicht vorstellen, dass du nicht Nudeln kochen kannst, aber warum waren diese Spiralen so hart?“, da lachte er und antwortete: „Wenn unsere Gäste aus Südtirol oder nördlich davon kommen, machen wir sie immer weich. Aber ich hab mir gedacht, du hältst es im Original aus.“ Grund der Anfrage waren steinharte handgedrehte Spiralen, die mit herrlichen Kräutern der amalfitanischen

Küste und einem wunderbaren Fisch serviert wurden. Klar, bei uns würde man solche Nudeln glatt in die Küche zurückschicken – aber in Süditalien? Und geschmeckt haben sie einfach großartig. Seitdem gibt es auch auf meinem Tisch immer wieder einmal harte Nudeln. Aber eine Erklärung braucht es jedes Mal. Denn von Neapel hat sich das bis zu uns noch nicht ganz herumgesprochen.

Zum Abschluss gab es noch eine Führung durch den Weinkeller. Der Sommelier und Emanuel Weyringer führten uns in ein Nachbargebäude, in dem sich in zwei Räumen vom Boden bis zur Decke allerfeinste Weine türmten. Die wahre Überraschung gab es erst hinter einer Türe. Da führte ein steiler Gang bergab. Don Alfonso hatte einen alten Etrusker-Gang entdeckt und diesen teilweise freigelegt. In diesem Gang lagert er seine teuersten Weine. Angeblich soll dieser Gang früher bis zum Meer hinuntergeführt haben, aber davon ist nichts mehr erhalten. Wir gingen tief hinein in den Hügel und nach einer ordentlichen Strecke kamen wir zu einer Zisterne. Eine steile Wendeltreppe führte nach unten. Unten angekommen – Provolone! Der süditalienische Käse reift hier in einer Umgebung, die ihm offensichtlich ganz besonders gut tut. Feuchtes, dunkles, ausgeglichenes Klima, den Blick nach oben gewandt, sah man eine kleine Öffnung der Zisterne mit ein bisschen Tageslicht. Man war immerhin 30 Meter unter der Erdoberfläche. Auf dem Weg zurück fiel das Licht aus. Der Sommelier drückte sich hilfreich an mich (ich unterstellte ihm mehr als nur die bloße Hilfestellung, aber dann ging das Licht ja wieder an und damit war diese Sache auch ausgestanden).

Ein Jahr später war ich wieder bei Don Alfonso. Diesmal sogar mit Nächtigung im Hotel. Emanuel Weyringer war nicht mehr im Haus. Er war weitergezogen nach Fernost, um dort seine Ausbildung zu komplettieren. Das Essen war aber nach wie vor ein Gedicht. Die unendliche Vielfalt der Geschmäcker, der fast spielerische Umgang mit den Produkten, die zum Großteil aus der Region oder sogar aus eigenem Anbau stammten und das große handwerkliche Geschick begeisterten alle. Unsere Blicke galten allerdings nicht nur dem Essen: Denn am Nachbartisch saß ein überaus fesches Pärchen, von dem uns vor allem die Frau begeisterte. Wir waren vier Männer! Auffällig war nicht nur deren äußere Erscheinung, sondern auch das ungewöhnlich gute und doch irgendwie andere Benehmen der beiden. Einziger Wermutstropfen: Sie tranken Coca Cola zum hervorragenden Essen – ob das wirklich gut geschmeckt hat? Zwei Tage später wussten wir aus der Zeitung, wer neben uns gesessen war. Der junge König von Marokko mit seiner damaligen Verlobten.

Von Emanuel Weyringer hörte ich erst rund eineinhalb Jahre später wieder etwas. Er war nach Salzburg zurückgekehrt. Irgendwie hatte er entdeckt, dass die seinerzeitige Sandkastenspielgefährtin auch heute noch der Traum seiner schlaflosen Nächte war. Wenn die ganze Sache in der Türkei stattgefunden hätte, wäre man glatt versucht zu sagen, die Eltern hätten die Hochzeit vereinbart. Sind doch der Brautvater Rudi Bauer und Emanuels Vater Johann Weyringer schon ewig Freunde.

Der wohl bekannte Maler und der Gastronom verstehen sich auf den verschiedensten Ebenen ganz prächtig und leeren nicht nur so manches Glas miteinander, sondern gehen auch durchaus gerne einmal Arm in Arm in die „Römische Botschaft“, wie der Roma-Club in Salzburg von beiden genannt wird. Weyringer war dort länger als ein Jahr „Puffmaler“, wie er mir selber erzählte und seine durchaus attraktiven Aktbilder sind unter anderem auch bei den Obauer-Brüdern in Werfen zu sehen.

Aber zurück zum hochtalentierten Emanuel. Der heiratet also seine Spielgefährtin aus Kindertagen und wird damit sofort auch der neue Schnecken-Winkler, wie das Fischrestaurant Winkler am Wallersee heißt. Schnecken gab es dort seit jeher zu essen und Fisch und sonst eigentlich nichts. Wobei man auf die hauchdünnen Marillenpalatschinken, die die Chefin (Seniorchefin) des Hauses zubereitet, nicht vergessen sollte. Bauer Rudi – wie er von Freunden genannt wird – hat immer diesen gewissen „Ich weiß wirklich, wie es geht“-Blick und das verschmitzte „Und das werde ich euch noch beweisen"-Lächeln um den Mund. Und so erklärte er seinem Schwiegersohn Emanuel kurzerhand, dass Fischbraten und Weinverkaufen das bessere Geschäft seien als Haubenküche mit Firlefanz. Und das scheint er ihm dermaßen intensiv klargemacht zu haben, dass sich Weyringer nun darauf beschränkt, Fische zu erschlagen und diese dann in der Pfanne zuzubereiten. Das macht er sehr gut, das sei an dieser Stelle ehrlich zugegeben. Aber er macht es eben auch nicht viel anders, als es die Bauers schon seit Jahrzehnten getan haben. „Dass du mir hier ja nichts änderst", wird ihm der Bauer Rudi bei der Hochzeit in sein Stammbuch geschrieben haben und der sanfte Emanuel Weyringer hat brav gefolgt. Zumindest bis jetzt.

Im Jahr 2005 schrieb ein durchaus unwissender Tester des Gault Millau zum Abschluss seines Berichts über das Fischrestaurant Winkler: *„Wir sind schon gespannt, in welche Richtung sich die Küche unter Schwiegersohn Weyringer, der u. a. auch bei den Obauers volontierte, ändern wird, hoffentlich in gar keine."*

Und im Jahr 2006 schluchzt – sicherlich derselbe Tester wie 2005 – in seinem Bericht richtig auf: *„Wir dürfen alle, die heuer noch nicht dort waren, beruhigen. Es bleibt alles beim Alten und Guten im Fischrestaurant Winkler."* Und vorher phantasiert er im Text noch etwas von *„… statt mit einem Prachtkerl eines gebratenen Hechts mit Speckscheiben – mit Hechtpüree, kalt und warm, serviert in einer Eprouvette mit Specksorbet …"*, als ob ihm auf der Terrasse des Fischrestaurants Winkler die Sonne zu heiß geworden wäre und Veränderung und Weiterentwicklung grundsätzlich zu verteufeln wären. Solche Wünsche entspringen den Köpfen derer, die es leider nicht wissen. Hoffen wir also alle gemeinsam, dass Emanuel Weyringer sich irgendwann einmal eines Besseren – und zwar seiner Fähigkeiten – besinnen wird und wenigstens ein ganz kleines bisschen seines großen Könnens auf die Speisekarte des Restaurants bringt. Er muss ja deshalb nicht gleich auf die Fische verzichten, aber das Talent so zu vergeuden?

3. Kapitel
Mit fliegenden Fahnen in den Untergang

Emanuel Weyringer ist ein gutes Beispiel. Ich würde aber nicht denselben Schluss daraus ziehen, wie es mein lieber Freund und Koautor Wolfgang Hoffmann im vorigen Kapitel getan hat. Mir hat er vor zwei Jahren im persönlichen Gespräch gesagt, er habe sich eben entscheiden müssen, ob er in Hongkong Karriere macht oder in Neumarkt am Wallersee seine große Liebe doch noch erobert. Dieses Ziel, so bin ich überzeugt, ist es durchaus wert, ein Leben lang darauf zu verzichten, es irgendwelchen Gourmets recht zu machen. Und auf Vorbestellung kocht er auch im Schnecken-Winkler noch sein berühmtes „Amalfi-Menü" nach. Er will heute selber entscheiden, wann er bereit ist, ein teures Menü zu kochen.

Glück ist eben relativ. Johanna Maier etwa ist relativ glücklich, wenn sie nach einem harten Tag eine Freizeitjacke über ihr weißes Dirndl, das zu ihrem Markenzeichen wurde, hängen kann und eiligen Schritts in Richtung Pizzeria hastet. Die Pizzen für ihr Team sind vorbestellt. Sie holt sie persönlich. Da ist der Pizzabäcker stolz und sie atmet kurze Zeit die Luft einer Küche, in der Perfektion ein Fremdwort ist. Fragen Sie einen Koch, wie oft er im Jahr wirklich gut isst. Sie kochen den ganzen Tag über Hummer, hobeln Trüffeln, knacken Austern und braten Taubenbrüste. Kein Wunder, dass sie das Zeug gegen Mitternacht nicht mehr sehen können. Erst da kommen sie innerlich zur Ruhe. Haubenküche und Sterneküche ist wie eine große Oper. Maiers Ehemann

Dietmar, der Patron des Hauses, sieht das ähnlich: „Nur sitzen die Gäste bei uns fußfrei", sagt er, „und können jederzeit aufs Klo gehen, ohne entsetzte Blicke von ihren Sitznachbarn einzuheimsen." Dietmar Maier lebt in zwei Welten. Einerseits muss er wegen der Gourmetführer für formvollendeten Service sorgen. Andererseits spielt er gern den Hofnarren. Für mich ist er auf jeden Fall der beste Gastgeber der Welt. Weil er bei seinen Gästen keinen Unterschied macht. Ihre gesellschaftliche Stellung ist ihm so was von egal, dass er stets ein Risikofaktor für die Maßstäbe von Guide Michelin und Gault Millau ist. Einmal hat er vor meinen Augen einem millionenschweren deutschen Verleger die Zigarette im Restaurant ausgedrückt. Mit den Worten: „Do riachst ja net, was die Johanna für dich kocht! Wenn du rauchen willst, dann geh an unsere Marlboro-Bar." Die anderen Gäste dankten es ihm. Nikotingeruch stört in diesem Umfeld wirklich. Ich darf so politisch korrekt schreiben. Weil ich selbst ein starker Raucher bin. Ein andermal servierte er einer Schickimicki-Truppe aus Salzburg ihre „Ente in zwei Gängen". Zuvor ließen die Gäste keine Gelegenheit aus, um dem Personal zu zeigen, dass es für sie einer Bevölkerungsgruppe dritter Klasse angehörte. „Also liebe Freunde", sagte Dietmar Maier, während er die knusprige Ente zerteilte und am Nachbartisch endlich einmal gerade niemand beleidigt wurde, weil es einfach nur noch himmlisch roch, „also das hier ist das Henderl vom letzten Feuerwehrfest. Das wollte dort keiner mehr. Die Filzmooser Feuerwehrleute sind sehr wählerisch. Aber ihr habt eh noch Hunger, gell?" Wären die versnobten Gäste Tester gewesen – und ihre Arroganz gab Anlass, das anzunehmen – die vierte Haube wäre sicher futsch gewesen. Denn der Gast ist im Restaurant König – auch wenn er sich noch so danebenbenimmt.

Dietmar Maier läuft garantiert auch nicht in die Küche und macht seine Frau verrückt, wenn es Anlass für einen Testeralarm gibt. Eher schon seine Gäste. „Achte auf französische Gäste", habe ich ihm einmal geraten, als der Guide Michelin seine erste Österreich-Ausgabe vorbereitet hatte. Der damalige redaktionelle

Leiter des Guide Michelin, Alfred Bercher, sagte mir damals, dass die erste Österreich-Ausgabe ausschließlich von Franzosen getestet werde. Und was macht Dietmar Maier? Neben mir am Tisch sitzt ein französisches Paar und zeigt sich sehr interessiert am Gebotenen. Zugegeben: Bei der Essleidenschaft der Franzosen ist das noch nicht unbedingt ein Alarmzeichen. Dietmar Maier schenkt den beiden also Wein nach und lügt ihnen in seinem besten Französisch und mit einer oscarverdächtigen schauspielerischen Leistung vor, dass er in den sechziger Jahren in Algerien als Fremdenlegionär für Frankreich gekämpft habe („Pour la France! Pengpeng!"). Mein zaghaftes Winken interpretiert er so, dass ich mich in die Unterhaltung einmischen wolle. „Der da kann auch Französisch", sagt er ihnen. „Der kommt alle paar Jahre nur wegen des Filzmooser Kindls. Jetzt hat er schon zwei Kinder, bald werden es drei sein." Uff.

Das Schöne an dieser Anekdote: Die beiden Franzosen waren außer sich vor Freude. Auf diesem Niveau zu essen und sich dabei noch so köstlich mit dem Patron zu amüsieren – das gebe es in Frankreich nicht, haben sie mir später an der Bar erzählt. Dann ließen sie sich noch die Bedeutung des Filzmooser Kindls in der Wallfahrtskirche als Fruchtbarkeitssymbol detailliert erklären und brachen freudestrahlend in ihr Zimmer auf. So schön kann das Leben sein – wenn gerade kein Tester da ist.

Aber Köche, die in der Liga einer Johanna Maier sind, haben zu viel zu verlieren, als dass sie sich auf die Unverkrampftheit ihrer Gäste verlassen könnten. Sie werden nach und nach von den Gourmetführern zu Zombies gemacht. Der Einstieg mit der ersten Haube im Gault Millau, ja sogar dem ersten Stern im Guide Michelin, ist relativ leicht. Da lecken sie Blut. Plötzlich schreibt die Zeitung über ihr Restaurant. Als die Obauer-Brüder etwa ihre zweite Haube erhielten (was heute keinen mehr interessieren würde), kam sogar der Salzburger Landeshauptmann mit Hofstaat zur Verleihung. Auch die zahlenden Gäste kamen plötzlich von überall her. Gut, die Stammgäste bleiben aus. Aber das Geschäft zieht trotzdem etwa um 40 Prozent an. Diese Zahl nennen die Gastronomen ganz stolz – und schon sind sie drin im Teufelskreis. Denn wenn sie ihre Auszeichnung verlieren, geht der Umsatz mindestens im selben Ausmaß zurück. Was bleibt, ist die Schadenfreude der ehemaligen Stammgäste, die hier keinen Fuß mehr reinsetzen.

Außerdem gibt es ja vom Gault Millau so lukrative Angebote. Im Juni 2006 flatterte etwa den Haubenlokalen vom Gault Millau ein schön formulierter Brief ins Haus. Da wurde die XY-Card eines deutschen Automobilherstellers beworben (ich nenne die Marke nicht, weil dieses Beispiel nur exemplarisch ist und wohl alle anderen noblen Automobilkonzerne ihren Kunden ähnliche Zuckerl bieten, was die Gewinne der Restaurants weiter drastisch schmälert). *„XY-Card-Besitzer sind eine Zielgruppe mit sehr dynamischen, qualitätsbewussten und reisefreudigen Menschen“*, schrieb der neue GM-Herausgeber Karl Hohenlohe in dem Brief journalistisch einwandfrei. Dann ging es ans Eingemachte: *„Ihr Betrieb wird im XY-Magazin vorgestellt, der hochwertigen Zeitschrift für XY-Fahrer und XY-Card-Besitzer. Weiters folgt eine permanente Auslobung der Kooperation im XY-Card-Forum.“* Eine bestellte Lobeshymne in einer hochwertigen Zeitschrift über das Lokal? Permanente Auslobung der Kooperation? Wer will das nicht? Obwohl man sich schon fragen muss, wie kritisch die hochwertige permanente Auslobung in der Praxis ist. Das sollte man sich vor allem als XY-Fahrer fragen. Denn wenn der Gault Millau tatsächlich kritisch ist, dann könnte es ja durchaus möglich sein, dass der permanent ausgelobte Haubenkoch schon im nächsten Jahr – also zum Beginn der Kooperation – zu den Absteigern des Jahres zählt (So etwas soll ja vorkommen. Ich würde nämlich dem Gault Millau niemals unterstellen, dass er die „kooperierenden“ Restaurants sicherheitshalber schont …). Da wird man doch keinen zielstrebigen und qualitätsbewussten Autofahrer hinschicken wollen. Auch wenn er reisefreudig ist – oder? Und kritisch mit dem Küchenchef könnte der Gault Millau ja auch deshalb geworden sein, weil der Koch beim Einkauf seiner Produkte plötzlich sparen muss. Denn dem zukünftigen Gast, der mit seinem XY anreist, muss er nämlich zehn Prozent Nachlass auf seine Rechnung gewähren, lautet die Bedingung des Gault Millau. Umsonst ist eben nur der Tod. *„Dies sollte in beiderseitigem Einvernehmen reibungslos und diskret ablaufen“*, steht noch in dem großzügigen Angebot. Reibungslos und diskret? Was heißt denn das jetzt schon wieder? Um Licht in das Angebot zu bringen – das sieht in der Praxis so aus: Der dynamische XY-Fahrer zeigt dem Wirt unauffällig seine XY-Card. Das sollte er mindestens so lässig machen wie Sonny Crocket alias Don Johnson, wenn der einem Verdächtigen ins Ohr haucht: „Miami Vice.“ Muss ja auch diskret ablaufen. Was würden denn die anderen Gäste im Lokal sagen, wenn diese Zweiklassengesellschaft im Hochpreissegment ruchbar würde. So in der Art: „Jetzt stehe ich kurz vor dem Privatkonkurs, nur weil ich mir eine Luxuslimousine angeschafft habe und jetzt kommt dieser XY-Fahrer und bezahlt einen Batzen weniger für sein Haubenessen als ich.“ Oder ist es vielleicht doch so, wie ich vermutet habe und jeder Besitzer einer Luxuslimousine kriegt solche Zuckerl? Das würde auch erklären, warum in Haubenrestaurants alle Gäste immer nur flüstern. Gehen Sie also ruhig einmal davon aus, dass Gäste in Haubenrestaurants, die sich ungezwungen unterhalten, wahrscheinlich mit ihrem gebrauchten Skoda angereist sind.

Und überhaupt: Zehn Prozent? Nicht schlecht. Wenn ich an all die Haubenwirte denke, die mich täglich mit ihren Anrufen nerven, wie schlecht es ihnen gehe, weil wir nicht schrieben, dass ihre Menüs immer noch viel zu billig seien. Wenn all die Geschichten stimmen, die sie mir erzählen, dann kalkulieren sie so was von knallhart, dass ihnen kaum was zum Leben bleibt. Sie kennen diese Geschichten sicher: „Die Franzosen, die Deutschen, die Schweizer und die Italiener sind ja so viel teurer als wir Österreicher. Wir müssten längst rauf mit unseren Preisen.“ Wer in diesem österreichischen alpinen Jammertal dann plötzlich locker zehn Prozent auf sein Haubenessen nachlassen kann, weil er hofft, dass sich ein paar XY-Fahrer einen Umweg von 30 Kilometern leisten, um Prozente zu sparen, der hat entweder vorher gelogen – oder ihm steht das Wasser ohnehin schon bis zum Hals, so dass er sich auch noch an diesen Strohhalm klammern muss.

Es könnte ja tatsächlich sein, dass der Gastronom zuvor wirklich beinhart kalkuliert hat. Dann müsste er mächtig sparen (zehn Prozent sind in dieser Liga wirklich ein satter Betrag, wenn man bedenkt, dass die Branche ausdauernd über magere Gewinnmargen von drei Prozent klagt). Die Gault-Millau-Tester sind aber bekanntermaßen nicht nur unbestechlich (das nehme ich ihnen übrigens wirklich ab: Wer kann sich denn noch die Fülle der Kooperationen mit all den Firmen merken, die der Gault Millau im Laufe der Jahre eingegangen ist?). Vielleicht heißt es dann für den Haubenwirt also im nächsten Jahr: „Absteiger." Oder „Note ausgesetzt". Und was es bedeutet, in den Medien nach Erscheinen des Gault Millau in der Rubrik „Absteiger" geführt zu werden, das weiß nur jemand, der 320 Tage lang 14 Stunden am Tag in der Küche steht. An Sonn- und Feiertagen, wenn die Kinder lieber einen Ausflug mit ihrem Vater machen würden. Plötzlich also: Absteiger. Dann ist es nur gut, wenn die Kinder noch nicht lesen können.

Um das seelische Leid des Kochs perfekt zu machen, kommt nämlich auch noch oft die Häme des Gault Millau dazu, der für seine zynischen Texte berüchtigt ist. Der ehemalige deutsche Koch Till Ehrlich formulierte das in einem Beitrag über den Gault Millau in der taz so: „Da wird schon mal kühn von der gedünsteten Karotte auf die Psyche des Kochs und den Zustand der Welt geschlossen." Wie „gaga" die Gault-Millau-Tester hin und wieder schreiben, das liest sich in einem von Ehrlich zitierten Testbericht folgendermaßen: *„Empfehlen wir die Essenz von der Taube unter einer Blätterteighaube, veredelt mit Gänseleber-Ravioli, tun wir dem Curry-Zitronengras-Süppchen mit gebratener Jakobsmuschel Unrecht. Rühmen wir, wie filigran und farbenprächtig die Salate daherkommen, stellen wir vermaledeiterweise hintan,* *wie subtil alles gewürzt ist.*“ Kein Wunder, dass die Gault-Millau-Tester anonym bleiben möchten. Die Kritiken dieser Gourmets lesen sich manchmal dermaßen durchgeknallt, dass es ein Leichtes wäre, für sie vor Gericht einen Sachwalter zu verlangen. Vielleicht gibt der ja auch zehn Prozent Mengenrabatt …

Dabei könnte man die Gourmetkritik jederzeit – das ist kein Scherz – auch Schafen überlassen. Dann wären die Köche nicht mehr von übel gelaunten Selbstdarstellern abhängig. Im Frühjahr 2006 fanden australische Forscher heraus, dass diese blökenden Tiere durchaus auch über kritische Gaumen verfügen. Denn wie menschliche Gourmets lassen sich auch Schafe von der Vielfalt der Aromen verführen, fiel Iain Gordon vom CSIRO Davies Laboratory in Aitkenvale auf. Das Forscherteam testete die kulinarischen Vorlieben des Weideviehs, indem hungrigen Schafen aromatisierte Futterpellets vorgesetzt wurden. Und siehe da: Die Vierbeiner entpuppten sich als Gourmets im Schafspelz. Sie wählten erdige Aromen wie Trüffel, Knoblauch und Zwiebel, dazu ein wenig Apfel. Die Fusionsküche war perfekt, als sie ihr Menü auch noch mit Pellets mit Karamell-, Walnuss- und Orangenaromen bereicherten. Die Erdbeer-Pellets ließen sie links liegen. Die passten auch wirklich nicht dazu. Was die Schafe den menschlichen Testern übrigens voraus zu haben scheinen: Ihre Zusammenstellung wurde sogar als sehr gesund bewertet. Dieser „Gourmet-Test“ sollte der Futterindustrie helfen, den Tieren auf Anhieb die appetitanregendsten Aromen beizumischen.

Solange aber Schafe nicht als Tester eingesetzt werden, müssen die Köche weiter unter der Diktatur blökender Tester auf zwei Beinen leiden. Trotzdem machen sie alle gerne mit: Weil die Versuchung einfach zu groß ist, eine Karriere zu starten. Wenn alles gut läuft, dann könnte eines Tages ein Werbevertrag mit einem Nahrungsmittelkonzern winken. Und diese Senkrechtstarter predigen dann das, wovor sie ihre Kinder daheim warnen. „Haubenküche in drei Minuten“ aus der Mikrowelle etwa. Oder erinnern wir uns an Helmut Österreicher. Der ehemalige Koch des Steirereck in Wien warb damit, dass im Grund jeder daheim ein Vierhaubenmenü zubereiten kann, der zuvor beim Discounter eingekauft hat. Heute gräbt er für sein Restaurant „Österreicher im MAK“ uralte österreichische Rezepte wie „Pastinakensuppe“ aus und verfeinert sie schwachsinnigerweise mit Garnelen (!). Und wenn Vierhaubenküche schon so billig wie bei Hofer sein kann, dann sollte der Konsument nicht darüber verwundert sein, dass Österreichers Kollege Reinhard Gerer seinen Namen gleich für Katzenfutter hergab. Was wiederum glaubwürdig ist. Denn Katzen fressen auch nicht alles.

All das haben diese Köche vor Augen, wenn sie ihre erste Auszeichnung erhalten haben. Nicht wenige dieser vom Ehrgeiz zerfressenen Gesellen gehen Pleite. Alkohol- und Drogenprobleme sind in der Szene genauso verbreitet wie in der Popbranche. Der Bankrott-Erklärung des Charakters folgt – wie das Amen im Gebet – die wirtschaftliche. Dabei haben sie jahrelang alles gegeben. Aber dann passiert es: Einmal, beim einzigen Testerbesuch pro Jahr, die Wachtel zu lange gebraten und schon ist die Katastrophe da. Aber da wurde schon das Personal aufgestockt, die Preise sind auch schon oben und die Weinkarte ist so dick wie drei gebundene Ausgaben des Weinmagazins „Falstaff“. 100 bis 200 Positionen sollten darin schon zu finden sein, um die Damen und Herren von den Gourmetführern zu beeindrucken. Auch für das Brimborium rundherum wird viel Geld ausgegeben. „Ein Tischchen für die Handtasche der Damen sollte schon vorhanden sein“, monierte einmal ein Tester. Designer-Lesebrillen für kurzsichtige Gäste sollten auch vorausschauend bereitgehalten werden. So was kann nie schaden: Ich war mal mit Rainhard Fendrich im Salzburger Nobelschuppen Goldener Hirsch zum Abendessen (übrigens kurz nachdem er von der Bild-Zeitung zum „Jahrhundert-Hirsch“ gekürt wurde. Der Ort sollte das Interview um eine Spur origineller machen …). Fendrich borgte sich vom Kellner eine Lesebrille aus, um die Speisekarte lesen zu können. Ein paar Minuten später kam der Kellner zurück und sagte: „Herr Fendrich, könnte ich bitte meine

Brille wiederhaben. Denn Brillen sind das Einzige, was ich ständig verliere." Fendrich, der zu diesem Zeitpunkt frisch geschieden war, schaute den Kellner zunächst mit großen Augen an und brummte dann: „Der regt sich auf, weil er Brillen verliert. Ich verliere Häuser!" Solche Bemerkungen spart man sich als Kellner, wenn der Chef ein paar Brillen „aufs Haus" verleiht.

In anderen Restaurants steht dafür wieder alles herum, was der Mensch garantiert nicht braucht: Im neuen Steirereck im Wiener Stadtpark sieht man manchmal vor lauter Geschirr das Essen nicht mehr. Dabei wird dort sogar der Schweinsbraten (oder war es der Kalbskopf?) mit Kaviar serviert. „Weil das noch nie jemand gemacht hat", erklärte mir der Koch. Ich wollte ihm noch sagen, dass es dafür wohl gute Gründe gegeben haben mag, war aber zu müde und versuchte den fünften Gruß aus der Küche (irgendein Sushi aus dem Pazifik) mit dem überdimensionierten Eislöffel aus dem verglasten Designer-Gewürzblock zu schälen. Da ärgert man sich zwar darüber, dass es so kompliziert ist. Aber andererseits war ich auch unendlich stolz, dass ich die Miniportion überhaupt gefunden hatte.

Was bleibt dem armen Koch denn auch sonst übrig? Er tut nichts anderes als den Gault Millau aufmerksam zu lesen. Und das seit Jahren. Er will es den aufgeblasenen Gockeln eben recht machen. Für die Präpotenz, die der Gault Millau im Laufe der Jahre entwickelt hat, habe ich ein Lieblingsbeispiel. Das fand ich im deutschen Gault Millau („Den habe ich auch aufgebaut", sagt Michael Reinartz gern bei jeder Gelegenheit). Bei der Beurteilung des frisch renovierten Betriebs von Heinz Winkler, der die Residenz in Aschau zu einem protzigen Sterne-Pipapo-Palast umbauen ließ, finden wir folgenden Eintrag im Gault Millau: *„Wir verneigen uns in Ehrfurcht vor Heinz Winkler. Als Koch imponierte er uns ja schon länger, nun verblüffte er uns mit seinem atemberaubenden Sprung in die Selbstständigkeit – über zehn Millionen Mark (fünf Millionen Euro), manche sprechen sogar von fünfzehn, für einen glanzvoll gelungenen Um- und Neubau* *der verwahrlosten Post in Aschau locker zu machen.*" Ja: So etwas gefällt ihnen natürlich. Aber weiter geht's – und jetzt wird es richtig untergriffig: „*Welchen Traum sich der 42-jährige Heinz Winkler erfüllte, das konnte man während der Eröffnungsgala am eindrücklichsten an den Augen des 50-jährigen ...*" Na an wessen Augen wohl? An den Augen des Bankbetreuers? Nein! Also weiter im Originaltext: Man konnte es an den Augen des „*50-jährigen Eckart Witzigmann ablesen ...*" Wohl gemerkt: Wir befinden uns in einer Kritik über die Residenz in Aschau von Winkler, die natürlich die Höchstnote brachte. Aber jetzt bekommt sein Konkurrent – und zu so einem wurde er vom Gault Millau eben gemacht, er durfte nicht bloß Kollege bleiben – Eckart Witzigmann vom Münchener Luxusrestaurant Aubergine sein Fett ab. Weiter im Text: „*Der umtriebige Südtiroler Winkler, jüngstes von elf Kindern eines Bergbauern aus Brixen, hat eben auch dann für die Selbstständigkeit in großem Stil gerackert, wenn der resignative Österreicher Witzigmann lieber Ski fahren ging oder sich im Granteln darüber erschöpfte, wie mühselig es ist, mit elf Tischen Geld zu verdienen.*"

Ein paar Absätze weiter flippten die Tester dann noch wegen der einzigartigen Weinkarte aus: „*Die Weinkarte ist nicht nur für ein neu eröffnetes Lokal gewaltig. Wir kennen kaum ein besseres Angebot an halben Flaschen in großen Bordeaux-Jahren.*" Dann wird noch kurz mal nachgedacht: „*Bei genauerem Hinsehen könnte man ins Grübeln darüber kommen, ob auf einer Karte so viele Weine über 1000 DM (500 Euro) kosten sollten ... aber das sind nur Sorgen, die man sich macht, wenn man sonst keine hat.*"

Formulierungen wie diesen eifert jeder mitteleuropäische Koch seit gut zwei Jahrzehnten hinterher. Sie lassen sich zwar bei zahlreichen Galaempfängen von den Gourmetführern ehren und feiern, bedauern schadenfroh aktuelle Absteiger, fürchten sich allerdings selbst vor der drohenden Pleite. Die sich androhende Krise nahm im Jahr 2004 in Deutschland bereits erschreckende Ausmaße an. Da hat das Koch-Urgestein Bertold Siber etwa sein

Seehotel in Konstanz geschlossen und seinen Ferrari und seinen Rolls-Royce via Ebay versteigert. Frank Schicker hatte in seinem Restaurant im hessischen Meisungen offenbar auch die Nase voll. Er wechselte von der Selbstständigkeit in eine fixe Anstellung nach Mecklenburg. Der Hannoveraner Superkoch Heinrich Stern gab sein Restaurant auf, Sepp Viehhausers Le Canard an der Elbchaussee in Hamburg legte fast schon eine rekordverdächtige Pleite hin, Sven Messerschmidt schloss in Freiburg seine Traube, der junge Juan Amador musste die Pleite seines Caréme immerhin nur als Angestellter erleben, Jens Dannenfeld meldete in Braunschweig Insolvenz an: Einst als Leuchtturm des deutschen Küchenwunders gefeiert, ging in seinen Schweizer Stuben urplötzlich das Licht aus.

Wie man sich als angestellter Koch trotz eines Konkurses noch fein rausputzen kann, das exerzierte der österreichische Haubenkoch Harald Brunner dieses Jahr vor. Als der Konkurs seines „Brunners" in Wien bekannt wurde, wurde kurz darauf von seiner PR-Agentur eine Erklärung Brunners an die Zeitungen geschickt. Darin war sinngemäß zu lesen, Brunner habe nicht das Geringste mit dem Konkurs zu tun, weil er ja nur dort gekocht, aber nicht die Geschäfte geführt habe. Ob die hohen Kosten der Küche, die er zu verantworten hatte, etwas mit dem Konkurs zu tun hatten, darüber wurde keine Auskunft erteilt. Da taten sich die „Feuerwehrleute" nach dem Rekordkonkurs vom Hotel Schloss Mönchstein im Oktober 2004 noch leichter. Die Haubenküche habe dort täglich 3000 Euro Verlust eingefahren, ließen der Masseverwalter Christoph Brandweiner und der zu Hilfe gerufene Tourismusexperte Jakob Edinger ausrichten. Angesichts der Entwicklung der letzten Jahre wundert es kaum, dass immer mehr bekannte Köche die Auszeichnungen der Gourmetführer freiwillig zurückgegeben haben. Reinhold Kettner etwa, ein renommierter Küchenchef im badischen Vöhrenbach, gab für den Verzicht auf seinen Stern im Guide Michelin folgende Erklärung ab: „Viele verbinden mit dieser Auszeichnung Luxus, Etikettenzwang und ein hohes Preisniveau. Bei uns sind selbst Familienfeiern und Geschäftsessen immer seltener geworden. Selbst gute Bekannte feierten ihre Hochzeit plötzlich woanders.“ Auch Hoteliers schalten jetzt immer öfter einen Gang zurück. In Frankfurt etwa verlor der Küchenchef Volker Drkosch von einem Tag auf den nächsten seinen Job, nachdem das Restaurant Brick Fine Dining von der kulinarisch ambitionierten Althoff-Gruppe an die Firma Lindner verkauft wurde. Vorstand Otto Lindner begründete den Kurswechsel in der Küche so: „Wir möchten unsere Businessgäste, die abends nicht unbedingt in einem Sternerestaurant speisen wollen, nicht wegschicken müssen.“

Den Gourmetführern sind diese „Rebellen“ freilich egal. Was die Verweigerer vielleicht durchaus bei ihrer Entscheidung einkalkulieren. Sie hatten ihre mediale Aufmerksamkeit und zu guter Letzt kriegen sie in der nächsten Ausgabe der Gourmetführer wahrscheinlich ohnehin wieder eine freundliche Beurteilung. Denn die können es sich nicht leisten, solcherart populär gewordene Restaurants tatsächlich zu ignorieren. Es gibt wohl kaum einen Spitzenkoch, der dieses Thema so entspannt betrachtet wie Gerhard Brugger in seinem Restaurant Zur Plainlinde in Salzburg. Der wurde mit zwei Hauben im Gault Millau und einem Stern im Guide Michelin ausgezeichnet. „Ich freue mich über Gäste, die wegen der Führer von weither anreisen“, sagt er. Im Lokal sind seine Auszeichnungen allerdings nirgendwo zu sehen. Denn das würde die einheimischen Stammgäste wohl tatsächlich abschrecken, erklärte er mir.

Gerechte Ungerechtigkeiten

2004 war nicht mein Jahr. Nachdem ich normalerweise bei meinen Tests wirklich verwöhnt wurde – immer feine Lokale und immer nur ein bisschen nachjustieren –, bekam ich in diesem Jahr doch einige „schwierige Fälle“ zugeteilt. Damit meine ich eigentlich diese „Borderliner“, also Lokale, die immer an der Grenze zwischen keiner und einer Haube hin- und herwechseln und von denen du nie weißt, ob du sie jetzt gerecht oder ungerecht beurteilt hast.

Ein typischer Fall war das Restaurant Dogana in Feldkirch in Vorarlberg. Ein ewiger Spagat zwischen Geldverdienen im Parterre und für die Seele (so nehme ich zumindest an) ein Restaurant im ersten Stock. Dort mutete man sich Haubenqualitäten zu und forderte prompt auch einen Test ein. Dieser wäre so besonders nicht ausgefallen, hätte es nicht eine dieser gerechten Ungerechtigkeiten gegeben. Wir waren zu einem Zeitpunkt testen, zu dem Hotelfachschüler ihr Praktikum abdienen mussten. Während das Essen nicht unbedingt überzeugen konnte, waren wir vom Elan des lernenden Servierpersonals so begeistert, dass wir beschlossen, dieses zu motivieren.

Ich fragte daher nach dem Namen des Jungkellners. Der hieß Sebastian und ich erwähnte ihn in der Restaurantkritik. Somit kam das Dogana im Gault Millau 2005 zu Haubenehren und Sebastian zu seiner verdienten lobenden Erwähnung. Ohne ihn hätte es zumindest im Jahr 2005 keine 13 Punkte und somit keine Kochhaube gegeben. Gerechte Ungerechtigkeit?

Ein anderes Beispiel zeigt, wie man fast zu einer Haube kommt, obwohl man nur eine Sternschnuppe ist. Im August 1994 ging ich – entweder vom Wahnsinn geplagt oder von der Nähe zu meinem Büro verführt – in das Restaurant Zeppelin im damaligen Radisson-Center-Hotel am Flughafen Salzburg. Meine Erwartungen waren sehr niedrig gesteckt. Angepasst an die etwa 98 Prozent aller Hotelrestaurants in Österreich, die einfach schlecht sind. Und dann: Plötzlich ein super Essen. Ein Carpaccio, an das ich mich heute noch erinnern kann, herrliche Filetspitzen mit Pfifferlingen, eine traumhafte Nachspeisenvariation, also Überraschung pur. Ich habe ein neues Restaurant entdeckt! Also sofort an Michael Reinartz gemeldet, getestet und rein in den Gault Millau. Mit 12,5 Punkten – Gott sei Dank. Denn sonst hätte ich mich ein ganzes Jahr lang schämen müssen.

Irgendwie hatte es hier für eine ganz kurze Zeit Gerhard Fuchs in die Küche verschlagen. Ja, diesen Gerhard Fuchs, der später im Tanglberg und dann in den Saziani Stub'n in der Steiermark für Furore sorgte. Das Zeppelin beim Flughafen Salzburg kommt in seiner Biographie nicht einmal vor. Ich weiß auch nicht, wie lange er dort war, aber für zwei Abendessen und einen Test für Gault Millau hat es gereicht. Wäre das Umfeld nicht so grausam gewesen – die Haube hätte er sicher bekommen.

Im Folgejahr „durfte" ich das Zeppelin wieder testen. Mittlerweile von den Gebrüdern Haslauer – „gastronomische Großabenteurer" aus Salzburg mit diversen und wechselnden Abenteuerspielplätzen in Wien – übernommen. Gerhard Fuchs war nicht mehr da. Aus der niemals gedruckten Kritik: *„Die Olivenkruste am extrakleinen Lammrücken hatte entweder keine Oliven in sich, oder es waren die ersten geschmacksfreien Oliven, die wir gegessen haben."* Und weiters konnte ich es mir nicht verkneifen, die Weinbeschreibung eines Grünen Veltliners im Originaltext wiederzugeben: *„Ein unkomplizierter von Reinheit gezeichneter Wein"*, der Test endete mit dem klaren Resümee: *„… für eine Halbpension mag es reichen – für mehr sicherlich nicht!"*

PS: Gerhard Fuchs ist natürlich keine Sternschnuppe – ganz im Gegenteil, aber dazu später.

4. Kapitel: Horizont Tellerrand

In der Küche zieht nach dem Einstieg in die Formel 1 der Restaurants der Größenwahn ein. Da wird fortan nur noch das verarbeitet, was Gault Millau und Guide Michelin für Luxus halten. Das sind etwa Trüffel aus dem Piemont, Gänsestopfleber aus dem Perigord, bretonischer Steinbutt, Hummer aus Kanada und Riesengarnelen aus Australien. Wer daran wirklich verdient, das dürfte wohl ein Rätsel bleiben. Die bretonischen Fischer brannten vor 20 Jahren sogar ihr Parlament in Rennes ab. Das war ein Unfall. Einer der Fischer, der dabei war, erzählte mir, dass sie eigentlich nur für vernünftige Fischpreise demonstrieren wollten. Weil ihre Existenz auf dem Spiel stand. Verdiente der Rungis-Express, der täglich Delikatessen vom Meer bis in das letzte Alpental karrt, am Haubengeschäft? Wohl auch nicht richtig.

Der ging vor zwei Jahren auch Pleite. Der Österreicher Miguel Spitzy sollte den Laden wieder flott machen. „Die haben jemand gesucht, der den Unterschied zwischen einer Taubenbrust und einer Forelle kennt“, sagte mir Spitzy damals. Nur ein Jahr später stieg er allerdings wieder aus dem Rungis-Express aus. Seitdem kocht er mit dem Gourmetexpress R+S wieder sein eigenes Süppchen. Und das gar nicht schlecht – wie an dieser Stelle betont werden muss. Gründe für seinen Ausstieg nannte er mir damals keinen. „Da müssen Sie sich schon in Köln schlau machen“, riet er mir. Dort lohnte sich das Nachfragen allerdings wirklich. Meine Recherchen ergaben, dass während der Insolvenz des Rungis-Express allerlei Ungereimtheiten vor sich gingen: Vor allem im Fleischlager. Nach den

Darstellungen des Fleischmeisters des Rungis-Express, Norbert Ulrich, handelte es sich dabei sogar um einen handfesten Lebensmittelskandal. Während der „Gammelfleischskandal" eines bayerischen Erzeugers für die Billiggastronomie von den Medien rauf und runter gespielt wurde, lag der Fall „Rungis-Express" bereits ein Jahr lang der Staatsanwaltschaft Bonn vor, ohne dass die Öffentlichkeit davon in Kenntnis gesetzt wurde. Was die Beamten dort (immer noch) zu bearbeiten haben, schlägt einem Gourmet kräftig auf den Magen. Ich zitiere aus der Sachverhaltsschilderung (datiert mit 9. August 2005) von Norbert Ulrich:

„1. Am 1. März 2005 wurde uns durch die Firma Maredo Transmeat tiefgefrorenes Fleisch angeliefert. Laut Lieferschein handelte es sich um

a) 181 Kartons mit insgesamt 3.729 kg argentinischem Fleisch der Marke Anchorena mit der Partienummer 2514.

b) 300 Kartons mit insgesamt 3.775 kg brasilianischem Fleisch, Partienummer 2706.

Nach erster Überprüfung der Lieferungen stellte sich heraus, dass das Fleisch aus dem Jahr a) 2000 und b) 2002 stammt. Es wurde gemäß der Chargenpapiere als Frischfleisch bei Maredo angeliefert. Nachfolgend wurde es dort mit der üblichen Verlängerung der Mindesthaltbarkeit tiefgefroren und in den Kühlhäusern des Lieferanten im Auftrage und im Namen der Rungis-Express GmbH & Co.KG gelagert. Gemäß der aufgedruckten MHD-Werte belief sich die Mindesthaltbarkeit bei a) auf den 28. 9. 2002 und bei b) auf den 1. 9. 2004.

Wann das Fleisch tiefgefroren wurde, konnte von mir nicht erkannt werden. Das Fleisch wurde in unseren Tiefkühlhäusern im April eingelagert und stand für die üblichen Kontrollen jederzeit zur Verfügung.

2. Der in geschäftsführender Funktion tätige George W. K. informierte mich sowie den Versandleiter, Herrn Stefan Kissling, am

3. März 2005, dass einige Chargen des argentinischen Rindfleisches (a) verkauft werden sollen und wir sukzessive dieses gemäß den Anweisungen des Verkaufs auftauen sollten. Er bat mich, zunächst einige Stücke herauszunehmen und aufzutauen. Als das Fleisch vollständig aufgetaut war, kam Herr K. in die Fleischabteilung. Er ordnete an, dass alle weiteren Mitarbeiter der Fleischabteilung sowie einige Lehrlinge anwesend sein sollten. Nachfolgend zeigte er uns, wie wir die vakuumierten Verpackungen öffnen sollten. Nach Begutachtung des Fleisches, das sichtbar einige grüne Stellen aufwies, zeigte uns Herr K., wie wir das Fleisch ausputzen und zuschneiden sollten. Dabei wies er darauf hin, dass wir alle sichtbaren Qualitätsmängel zu beseitigen hätten und Stücke von ca. 1,5 bis 2 Kilo (aus Stücken von 4 bis 5 Kilo im Original, Anm.) herstellen sollten. Die fertigen Stücke seien, so seine Anweisung, neu zu vakuumieren und zu etikettieren. Das MHD sollte 10 Tage umfassen. Herr Kissling und ich wiesen Herrn K. nach seiner Anweisung in einem separaten Gespräch darauf hin, dass das MHD bereits vollständig abgelaufen sei. Herr K. ordnete unmissverständlich an, dass in der von ihm gezeigten Weise 100 Kilo Ware aufzutauen und fertig zu verpacken seien.

3. Der Vorgang wiederholte sich ab Mai im Zwei-Wochen-Rhythmus. Die Ware wurde immer für den gleichen Kunden verpackt und zur Auslieferung bereit gestellt. Zudem wurden auf Weisung von Herrn K. einige Stücke für den Verzehr durch Mitarbeiter vorbereitet. Der zuständige Mitarbeiter des Insolvenzverwalters wurde von uns auf diesen Vorgang nicht weiter aufmerksam gemacht, da wir davon ausgingen, dass Herr K. dies abgesprochen hätte.

4. Ich weise an dieser Stelle explizit darauf hin, dass ich Herrn K. darüber informiert habe, dass Rungis-Express nicht als Zerlegebetrieb zugelassen ist.

Das Protokoll wurde anhand meiner mündlichen Schilderung

erstellt durch Herrn Dr. Michael Späth und mir zur Korrektur und Ergänzung vorgelegt. Die wiedergegebenen Fakten entsprechen den vorgefallenen Tatsachen und können durch weitere Zeugen belegt werden.

Gezeichnet: Norbert Ulrich   Als Zeuge: Pierre Treudler

Als ich Miguel Spitzy mit diesem Papier konfrontierte, gratulierte er mir freundlich zu meiner Arbeit. „Jetzt kennen Sie auch einen der Gründe, warum ich mich vom Rungis-Express so schnell wie möglich wieder verabschiedet habe“, sagte er. Spitzy erwies sich später in mehreren Gesprächen über die Gourmetszene als rühriger Genussverfechter. „Qualität kostet eben“, sagte er einmal zu mir. Aber er habe es bei der Konkurrenz der Billiganbieter auch nicht leicht. „Die Auflagen, die in meinem R+S-Express herrschen, sind enorm.“ Das sei bei den Gourmetgroßmärkten etwas anders. „Ich liefere meine Produkte fachgerecht bis vor die Haustür“, sagte er. Und seine Kunden seien ausnahmslos Profis. Spitzenköche eben, die perfekte Qualität erkennen würden. Was die Großmärkte betrifft, schilderte er mir ein Beispiel: „Da kommt ein Haubenkoch aus dem Pinzgau mit dem Auto nach Salzburg, geht zuerst in die Fischabteilung eines Großmarkts, weil er sich die besten Stücke sichern will, kauft dann noch in aller Ruhe seine Getränke ein und für seine Frau sucht er im Non-Food-Bereich noch ein paar Lockenwickler aus. Dann steht er an der Kassa in der Warteschlange, zahlt, spaziert auf den Parkplatz, räumt gemütlich sein Auto ein und tuckert heim in den Pinzgau. Bis dahin ist die Kühlkette, die maximal 20 Minuten lang unterbrochen sein dürfte, wohl schon arg überstrapaziert worden.“

Dass sich ein Koch die Qualität und Dienstleistung von R+S aber erst einmal leisten können muss, das ist die andere Seite der Medaille: Ein Haubenkoch erlaubte mir einmal einen Blick in seine Buchhaltung. Da fiel mir eine R+S-Rechnung in die Hände, die nicht gerade von schlechten Eltern war: Da fanden sich Posten wie „Radicchio Castelfranc“, „Steinbutt“, „Hummer“, „Gänsestopfleber“, „Gelbe Forelleneier“, „Taube royal ohne Kopf“, „Jakobsmuschel in der Schale“, „Entenbrust, weiblich“ – in vier Wochen wurden da Edelprodukte um 17.000 Euro verbraten. Ich muss an Rudi Obauer denken. Der gilt seit bald zwei Jahrzehnten als kulinarisches Gewissen Österreichs, weil er ständig mehr „Sepp-Forcher-Denken“ von den Köchen einfordert. Was er damit meint? „Schuster, bleib bei deinem Leisten.“ Er sagte mir einmal, er müsse dieses Spiel natürlich auch mitspielen, um seine Spitzenposition nicht aufs Spiel zu setzen. „Aber verdammt nochmal“, fügte er an, „warum servieren die Spanier in ihren Restaurants am Meer keinen Rehrücken? Warum keinen Saibling?“

Wie sehr das alles von der jeweiligen Mode abhängt, das illustriert das Beispiel Hummer sehr gut. Der galt noch zu Beginn des 20. Jahrhunderts als „Arme-Leute-Essen“ in Küstenregionen. Warum sollte sich auch jemand die Mühe machen, mit einem Werkzeugkoffer einem blöden und aggressiven Tier zu Leibe zu rücken? Noch dazu, wo dessen Fleischgeschmack von einem Gault-Millau-Tester ausnahmsweise mal treffend mit „einem Hähnchen nicht unähnlich“ beschrieben wurde. Oder nehmen Sie Froschschenkel – whatever. Ganz abgesehen von der damit verbundenen Tierquälerei: Ein Koch erzählte mir einmal, dass französische Kollegen in der Karibik Hummern mit der Bandsäge zu Leibe rückten. Den lebenden Hummern versteht sich. Man sollte sie in kochendes Wasser werfen, sagen die Kochgötter fürsorglich. Aber was nützt das? Wenn meistens gleich mehrere Hummer in einen Topf geworfen werden, sich das Wasser dementsprechend abkühlt und die Hummer einen langsamen, qualvollen Tod sterben. Diesem Bild kann man sich nur schwer entziehen, wenn etwa einmal im Jahr die angeblich besten Köche der Welt im Salzburger Hangar-7 anrücken, um für einen karitativen Zweck eine Nacht lang Hummer zu kochen – um sie anschließend gemeinsam mit den geladenen VIPs zu verspeisen.

In Deutschland füllt die Rolle des strahlenden Hummerpapstes der Gastronom Jörg Rauschenberger aus. Er betreibt in Stuttgart mit dem Cube im neuen Kunstmuseum und dem Pier 51 zwei Szenerestaurants und beschäftigt 135 Mitarbeiter, die in den Bereichen „Gastronomie“, „Services“ und „Consulting“ tätig sind. Die beiden Restaurants verfügen – laut Eigendefinition – trotz extremer Gegensätze über eine schöne Gemeinsamkeit: Ihre „Internationale Crossover-Küche“. Im Pier 51 konzentriert sich der (auch laut Eigendefinition) „wie wir meinen, geniale Koch Zlatko Stepanovic“ auf Meeresfrüchte aller Art. Wie genial der Mann ist, das liest man unter anderem auf der Homepage der Rauschenberger-Gastronomie: „Einen großen Hummer tranchieren wir für Sie auch gerne mittig und servieren ihn für zwei Personen. Das ist zwar nur die halbe Menge, dafür aber das doppelte Vergnügen.“ In der Küche des Museum-Cubes wiederum wirbt Rauschenberger mit seinem „kongenialen Küchenchef-Duo Michael Bahn & Patrick Giboin“. Vom neuen Stuttgarter Kunstmuseum aus muss die Aussicht phänomenal gut sein: „Sie kombinieren dabei treffsicher die Küchenstile rund um den Pazifik. Fine Dining mit Aussicht“, heißt es weiter. Die größte Freude aber scheint den Rauschenbergern allerdings ihr Hummerbecken zu machen. „In Stuttgart gibt es nur bei uns immer frischen Hummer“, lobt sich der Gastronom auf seiner Homepage selbst.

Beide Läden laufen vorzüglich. Wenn da nur die lästigen Tierschützer nicht wären. Die sind tatsächlich ein unberechenbares Volk und strahlen nicht selten auch die Aura von Sektierern aus. Wie viele das sind, das sieht man allein schon am Erfolg des Gnadenhofs Aiderbichl, der nicht weit von Salzburg von dem Salzburger Exmanager Michael Aufhauser als profitabler Wirtschaftsbetrieb aufgebaut wurde. Da kommen jährlich bereits 250.000 Besucher, um ehemals geschundene Pferde zu streicheln und über lustige Schweine zu lachen. Mehr Besucher hat der Zoo Hellbrunn bei Salzburg auch nicht. Tierschützer haben aber auch ein grundlegendes Problem. Weil sie meistens irgendwie wirklichkeitsfremd argumentieren. Das weiß auch Aufhauser, der seine Arbeit selbst als „permanenten Eiertanz“ interpretiert. Als er etwa während der Diskussion um den Problembären Bruno, der im Sommer 2006 ein paar Schafe gerissen hatte und menschlichen Behausungen in immer kürzeren Abständen bedrohlich nahe kam, Partei für Bruno ergriff, hatte er sich ein typisches Problem eingehandelt. „Da trat sofort eine Dame aus unserem Aiderbichl-Verein aus“, erzählte er mir. Denn die war Patin eines glücklichen Schafs auf Aiderbichl und deshalb ziemlich böse auf den bösen zähnefletschenden Kuschelbären.

Das Beispiel illustriert aber auch gut: Wer von ganzem Herzen Tierschützer ist, der ist besonders hartnäckig. Und wohl keine Gruppe von Tierschützern ist so hartnäckig wie die Organisation PETA. Die gilt sogar als eine Art Eliteeinheit. Im Juli 2006 brachte PETA etwa einen österreichischen Hauben- und Sternekoch an den Rand eines Nervenzusammenbruchs. Der betreibt in Fellbach (Baden-Württemberg) das Restaurant Zum Hirschen. Armin Karrer heißt der arme Mann. Sein Vergehen: Er hat Gänsestopfleber auf der Karte. Dazu muss angemerkt werden, dass ich dem Stopfen von Gänsen bei einem Bauern im Perigord schon einmal zugesehen habe. Der machte das in Sekundenschnelle mithilfe eines Trichters. Dann watschelte das Tier – zwar etwas betrippelt – wieder zu seinen Kolleginnen in die dort übliche Freilandhaltung. Sicher: Das Tier wird mit Methode schwerkrank gemacht. Ich habe nach diesem Erlebnis aber nicht darauf verzichtet, hin und wieder Gänsestopfleber zu essen. Aber ich habe auch Hühnerbatterien und Schweinezuchtbetriebe gesehen, deren Produkte von einem Großteil der Bevölkerung fast täglich konsumiert werden. Seitdem rühre ich kein Fleisch mehr an, das in Supermärkten zum Niedrigstpreis angeboten wird. Gegen die Methoden, die von diesen landwirtschaftlichen Zuchtbetrieben angewandt werden, erschien mir der Umgang des französischen Bauern mit seiner Gans fast schon wie väterliche Fürsorge.

Fakt ist auch, dass Gänseleber bereits industriell in Frankreich und Ungarn produziert wird. Und wer das einmal gesehen hat, dem vergeht garantiert der Appetit. Diese Tiere stecken in

Käfigen und das Futter wird ihnen mittels eines Metallrohrs in den Magen gepumpt. So lange, bis sie fast platzen. In zwei bis drei Wochen schwillt die Leber auf das Zehnfache ihrer ursprünglichen Größe an. Dabei sollen laut PETA nicht wenige Tiere an Atemnot und zerfetzten Mägen verenden. Dass sich PETA gerade Armin Karrer für ihre Aktionen im Sommer 2006 herausgepickt hat, das ist wohl kurioserweise ausgerechnet auf seine Ehrlichkeit zurückzuführen. Karrer stand eben zu seiner Gänseleber. Denn PETA nahm sich für ihre Aktion gleich mehrere Restaurants im Raum Stuttgart vor. Jörg Rauschenberger etwa ließ die Gänseleber bei dem sich androhenden Ungemach sofort zumindest von der Karte des Pier 51 streichen. „Das war aber auch nur ein Teilerfolg", sagte Tanja Breining, die die Aktionen für PETA koordinierte. Denn nach ein paar Wochen habe sie mehrere E-Mails erhalten, dass im Pier 51 die Gänseleber seitdem vom Personal eben mündlich empfohlen worden sei. Im Stuttgarter Nobelrestaurant Fresko wurde dagegen gleich auf Zeit gespielt. „Die erbaten sich Bedenkzeit", sagte Breining. Karrer dagegen fühlte sich zu Unrecht unter Druck gesetzt. Er beteuerte, dass die bei ihm angebotene Gänseleber ausnahmslos aus dem Betrieb eines sympathischen elsässischen Bauern stamme, der seine Tiere artgerecht halte. Dass er dem Angebot von PETA nicht zugestimmt hatte, diese „artgerechte Haltung" doch bitte filmen zu dürfen, brachte ihm aber auch keine Pluspunkte ein. Wenngleich sein Argument, dass er den Bauern, mit dem er befreundet sei, vor zukünftigem Ungemach schützen wolle, auch nachvollziehbar ist.

Dass Karrer just auf seine Gänseleber nicht verzichten will, das dürfte aber nicht nur mit der sensationellen Nachfrage nach diesem Produkt zu tun haben. Denn die beiden wichtigsten Gourmetführer, also der Guide Michelin und der Gault Millau, listen Gänseleber nach wie vor als unverzichtbares Edelprodukt, wenn es darum geht, Höchstnoten zu erzielen. Mit seiner starrköpfigen Art hat der Koch aber die Rechnung ohne den – entschuldigen Sie den Kalauer – Wirt gemacht. Die selbst ernannte „Tieranwaltsgruppe" tauchte im Verlauf einiger Wochen jeweils am Samstag, wenn das größte Geschäft für das Restaurant zu erwarten war, vor Karrers Restaurant auf. Die Aktivisten standen nicht nur so da. Sie drehten den Spieß um und meldeten unter dem Motto „Sternekoch wird von Gans gestopft" ordnungsgemäß eine Demonstration an. Ein Demonstrant doubelte Armin Karrer und der wurde symbolisch von einer „Gans" mit zwölf Kilogramm Spaghetti gestopft – das ist das Äquivalent einer Portion Maisbrei, die einer Gans verabreicht wird. Das Fellbacher Ordnungsamt genehmigte die Demonstration unter der Auflage, dass Karrers Gäste nicht belästigt oder beleidigt werden durften. Darauf konnte aber gut verzichtet werden. Denn nach dem Anblick dieses Spektakels verging ohnehin den meisten Gästen der Appetit. Karrer sagte der Stuttgarter Zeitung, dass die Kampagne für ihn schön langsam zu einer Existenzfrage werde, weil Gäste seitdem ausblieben und er schon hunderte E-Mails und Beschwerdebriefe von erbosten Gästen erhalten habe. Im Juli schloss er erstmals sein Restaurant, als sich die Demonstranten wieder ankündigten. Aber erpressen wolle er sich von den Aktivisten auch nicht lassen. Dass er kein Tierquäler sein könne, das beweise außerdem schon die Tatsache, dass er daheim fünf Haustiere habe.

Vom Teilerfolg an der Gänseleber-Front beflügelt, nahmen sich die Aktivisten ihren nächsten „Freund" vor. Jörg Rauschenberger, den Stuttgarter Hummerkönig. Rauschenberger reagierte raffiniert. Er vertröstete PETA zunächst einmal damit, dass er unter seinen Gästen eine Umfrage durchführen wolle, um den Stellenwert des Hummers unter ihnen zu erfragen. So eine Umfrage interessiert natürlich auch PETA. Die Krieger zogen sich in ihre WGs zurück und futterten währenddessen wohl brav Tofulaibchen mit Sojabohnen. An Auswahl hätte es den Gästen im Pier 51 bei dem riesigen Angebot an exotischem Meeresgetier wohl nicht gefehlt. Denn dort gibt es vom Tunfisch über Barramundi bis zum Papageienfisch wirklich ausnahmslos Fische, die garantiert noch nie in deutschem Gewässer geschwommen sind. Umso beeindruckender fiel die Antwort von Rauschenberger an Breining aus: *„Hallo Frau Breining“*, schrieb Rauschenberger. *„Ich habe eigentlich schon lange damit gerechnet. Die Befragung wurde am 30. 06. abgeschlossen. Das Ergebnis ist eindeutig: Lobster ist mein USP, auch wenn große Teile der Kundschaft schon aus Kostengründen nicht daran denken, Hummer zu essen. Wir haben über die Jahre ein sehr starkes Image aufgebaut, wie stark, war mir nicht ganz klar. Lobster und Seafood ist unsere nach außen kommunizierte Kernkompetenz, und anhand dieses Angebots werden wir als ‚besonders‘ wahrgenommen. Die Gäste suchen etwas Besonderes bei ihren Ausgehentscheidungen, unser geschaffenes Image hebt uns aus vielen austauschbaren Konzepten deutlich heraus. Ein wichtiger Grund für unseren Erfolg … Wie ich weiter verfahren möchte, sollte Gegenstand eines zweiten Gesprächs sein …“* Oh, là, là! Da sehe ich die PETA-Aktivisten schon vor mir, wie sie ein Hummerkostüm schneidern. Dabei muss angemerkt werden, dass PETA in diesem speziellen Fall nicht gegen das Produkt Hummer zu Felde zieht. Es geht ihnen vielmehr darum, die Hummer nicht sinnlos zusätzlichen Qualen auszusetzen und deshalb nur das Hummerbecken im Stuttgarter Szenerestaurant abzuschaffen. Wenn die Tiere vor Ort getötet und dann tiefgekühlt versendet würden, hätten die Aktivisten ihr Ziel schon erreicht. Was das Pier 51 in den Augen der Gäste so besonders macht, das ist das Gefühl der zur Schau gestellten Frische und vor allem der gewisse Kick, den der gelangweilte Gourmet dort erleben kann. So nach dem Motto: „Da. Der da. Den kille man für mich.“

Dass die Fleischqualität nach dem Stress des Gefangenwerdens und des langen Transports in das Bassin enorm gelitten hat, das dürfte diesen Feinschmeckern entgangen sein. Mir verging im Frühjahr 2006 übrigens in Arcachon in einem Meeresfrüchterestaurant gehörig der Appetit. Obwohl es nichts Schöneres gibt, als Meeresfrüchte dort zu konsumieren, wo sie gefangen werden: direkt am Atlantik eben. Die Hummer in dem (übrigens trotzdem exzellenten) Restaurant Chez Yvette wurden auch in einem Wasserbecken zur Schau gestellt. Dabei sind ihre Scheren stets mit Klebebändern umwickelt. Sie würden sich sonst gegenseitig töten. Weil sie dort drin diese Mischung aus Stress und Revierdenken nicht mehr verkraften. In dem Becken kauerten also vier Hummer in den Ecken. Sie versteckten sich so gut es ging hinter Steinen. Nicht wegen der Gäste, die sich hier ihre Prachtexemplare aussuchen konnten. Einer der Hummer war offensichtlich der Chef und der hatte offensichtlich auch Hunger. Innerhalb einer Minute stob das weiße Fleisch von gleich zwei seiner Artgenossen wild im Wasser. Er fraß sie einfach vom Kopf weg auf.

Wenn es schon nicht ethische Gründe sind, die die Köche zum Umdenken bewegen können, dann könnten sie sich immerhin wirtschaftliche Gedanken machen. Denn es sind nicht nur die Edelprodukte, die ihre Budgets arg belasten. Etwaige Mietkosten sowie Betriebs- und Personalkosten werden in dieser Liga schnell ruinös. Die Lohnnebenkosten für das Personal machen in der Gastronomie 110 Prozent aus. Das heißt im Klartext: Ein Mitarbeiter, der 1500 Euro netto verdient – und das ist in dieser Branche schon außergewöhnlich viel –, kostet den Gastronomen 3100 Euro. Bei Küchenbrigaden von bis zu 15 Mitarbeitern und einer Servicebrigade, die ebenfalls aus mindestens 10 Mitarbeitern besteht, muss man schon viele Hummerschaumsüppchen verkaufen, um wirtschaftlich arbeiten zu können.

Die Restaurants, die in den Gourmetführern gelistet sind, werden natürlich auch systematisch von Lieferanten beackert. Im mittleren Segment, also etwa im Bereich von zwei Hauben, gibt es Firmen wie „seeve Fleisch und Meer“. Die schießen mit ihren Angeboten wirklich aus allen geografischen Rohren unseres Planeten. Die bieten den österreichischen Sterne- und Haubenköchen zum Beispiel „Grönland Luxusshrimps in Lake“ feil, „Muschelfleisch gekocht aus Chile“, „Lammlachse ohne Silberhaut aus Australien“ oder gleich „Seafood-Convenience“ wie „Limandesröllchen mit Lachsmousse“. Die „Lamm-Racks“ kommen aus Neuseeland, der „Gefüllte Hecht“ aus Frankreich, das „Angus-

Ochsenfilet“ aus Argentinien und für den ganz faulen Haubenkoch gibt es auch noch „Convenience vom Wild“: Achten Sie bei ihrem ganz persönlichen Wunderkoch zum Beispiel darauf, ob er „Zartes Hirschrückenfilet in einer raffinierten Farce umwickelt mit Wirsingblättern“ auf der Karte hat. Es könnte sein, dass es „seeve Fleisch und Meer“ für Sie komponiert hat.

„Muss ja keiner kaufen“, könnten Sie jetzt sagen. Stimmt schon. Aber dann liest der ambitionierte Haubenkoch wieder einmal eine Lobeshymne auf ein Restaurant wie das Le Siecle in Wien. Auszug aus dem Gault Millau (2006): *„Wenn wir es uns aussuchen könnten, würden wir hier fortwährend Wolfsbarsch in der Meersalz-Algen-Kruste essen. Es ist ein Vergnügen für alle, die beim Thema Meergetier nicht bei panierten Fischrechtecken stehen geblieben sind.“* So weit, so gut. Dann fällt diesem offensichtlich gerne nach Fisch duftenden Filou aber auf, *„dass der Fleischanteil im Vergleich zu früher deutlich erhöht wurde. Ein Hinweis darauf, dass die Meere demnächst leer gefischt sein könnten?“*, fragt er folgerichtig. Und während der Leser schon zu hoffen wagt: „Jessas. Da denkt einer mit!“, kommt schon der Handkantenschlag hintennach: *„Wir hoffen nicht, schließlich wollen wir auch weiterhin St. Pierre mit Sauce Vin blanc und Kaviar oder gefüllte Seezunge mit Walnussöl genießen.“* Was will uns dieser nette Mensch sagen? Ich übersetze das einmal ganz vorsichtig so: „Gourmets aller Länder, vereinigt euch! Gemeinsam fressen wir den Ozean sicher noch einmal leer.“

Welche Blüten das treibt, das durfte ich erst im Sommer dieses Jahres erfahren, als ich für eine Serie unserer Zeitung kulinarische Rundfahrten durch das Salzburger Land machte. Meine Erfahrung: Die Köche flippen völlig aus, wenn ein „Sänger“ der Zeitungen bei ihnen auftaucht. Dabei fuhr ich bewusst nur Lokale an, bei denen ich sicher war, dass hier ausnahmslos kulinarische Spezialitäten aus der Region zu finden sein würden. Als ich mich bei den Köchen vorstellte, geschah Seltsames: Eine Station war etwa eine alte „Holzfäller-Wärmestube“, versteckt im Flachgauer Hügelland. Ich sagte dem Koch, er solle eine seiner Spezialitäten für ein Foto vorbereiten. Und womit kam er dann daher? Mit Garnelen. Die nächste Station war eines der besten Fischrestaurants Salzburgs. Dort habe ich schon einmal den besten Wels meines Lebens gegessen. Dieser Fisch hüpft hier ja praktisch fast schon aus dem See auf den Teller. Der Koch hüpfte auch vor Freude, als ich mich vorstellte. Er brachte Carpaccio vom Tunfisch daher. Mit einem Ausdruck der Freude im Gesicht und dem Satz: „Wir haben jetzt auch Tunfisch. Schreiben Sie das eh in Ihrer Zeitung …"

Vielleicht flippen die Köche aber auch nur deshalb beim Thema Meeresgetier so aus, weil es ihnen der Gault Millau seit Jahren ins Gewissen schreibt. Wie das funktioniert, das soll das folgende Bespiel illustrieren. Ich präsentiere Ihnen exemplarisch zwei Beurteilungen aus dem Gault Millau des Jahres 2002. Die Auflösung, also wie viele Punkte die jeweilige Performance den Testern wert war, und um welche Betriebe es sich gehandelt hat, verrate ich Ihnen anschließend.

Kritik Nummer 1 (Auszug): *„Im Winter der Rolls Royce, im Sommer der Mittelklassewagen – so präsentierte sich die Küche dieses fashionablen Hotels im letzten Jahr … Während zur Winterzeit Trüffelhobel und Hummerschere zu den wichtigsten Instrumenten zählen (und trotzdem einigen Lesermeldungen zufolge letztes Jahr in der feinen À-la-carte-Stube mit der Leistung nicht immer alles zum Besten gestanden wäre), gibt man sich im Sommer weniger mondän, sondern bieder, bürgerlich … Das Jourgebäck geht dem Service schon mal während des Abends aus, aufs Nachschenken wird gerne vergessen (schade, wo doch die Weinkarte so viele Flaschen anführt, aus denen wir uns noch gerne nachschenken ließen) … Ja, im Sommer pflegt man hier Kräfte – und Pilze – für die Wintersaison zu sammeln."*

Kritik Nummer 2 (Auszug): *„Wir nahmen auf der Terrasse mit Blick auf den See und die unvergleichliche Bergkulisse Platz. Nach einem erfrischenden Aperitif gefiel uns eine Fischsuppe aus Mondseefischen mit Olivenöl und Thymian sowie ein Carpaccio* *vom Bio-Angus-Rind. Selbiges (perfekt à point) erfreute uns auch als Filet mit Eierschwammerl und Polenta ... Leider sind nicht alle angebotenen Fische immer verfügbar, was auch als Beweis gewertet werden kann, dass Fische aus dem heimischen Gewässer angeboten werden ... Würzung und Präsentation der Speisen waren ohne Fehl und Tadel, lobend möchten wir hervorheben, dass Küchenchef ... vorrangig Produkte von Biobauern aus der Region verwendet. Zu den Pluspunkten zählten der freundliche Service und österreichorientiertes Weinangebot.*“

Wo ist man jetzt besser aufgehoben? In Lokal Nummer 1? Wo es im Winter Trüffel und Hummer gibt und im Sommer motivationsbedürftiges Personal? Oder im Lokal Nummer 2? Wo fast alles aus der Region kommt und noch dazu perfekt zubereitet wird und das Ganze vor einer atemberaubend schönen Bergkulisse? Was für den Gault Millau zählt, das ist eindeutig: Lokal Nummer 1 ist das „Arlberg à la carte“, das erhielt zwei Hauben. Laut GM bedeutet das einen hohen Grad an Kochkunst (im Text beschränkte sich die Kochkunst hier auf die Verwendung von Trüffelhobel und Hummerschere, der Rest las sich eher wie ein Verriss). Das Lokal Nummer 2 war der Seegasthof Lackner in Mondsee, 12,5 Punkte, also nicht einmal eine Haube. Laut GM steht diese Wertung nur für „Gute Küche“ (beim Lesen der Kritik dachte ich noch, hier wäre alles perfekt). Wie haben sich diese beiden Lokale seitdem entwickelt? Das Arlberg heißt jetzt La Fenice, gilt als bestes italienisches Restaurant Vorarlbergs und hat immer noch zwei Hauben (vier Gänge kosten dort übrigens 70 Euro, also genauso viel wie fünf Gänge im Vierhaubenrestaurant Obauer). Der Mondseer Martin Lackner hat auch seine Lektion gelernt. Er war früher Koch auf Hawaii und erfreute die GM-Tester im Sommer mit pazifischen Wochen. Für seinen „klug komponierten Mix aus Internationalität und Heimatverbundenheit“ hält er seit drei Jahren bei einer Haube.

Dazu kommt dann noch das mediale Dauerfeuer, das diese Entwicklung auf unseren Speisekarten anheizt. Im Wiener Hotel

Imperial wurden etwa im Frühjahr 2006 wieder mit kräftigem Mediengetöse die „Imperial Kanada Wochen“ eingeläutet. So etwas funktioniert auch immer glänzend nach dem „Sänger-Prinzip“. Zunächst werden Gastrojournalisten der wichtigsten österreichischen Medien auf ein Gratismenü eingeladen. Die kanadische Botschafterin ist da, der Generaldirektor des Hotels und eine Abordnung von Agriculture und Agrifood Canada sowieso. Die schaffen ja auch die heiß begehrte Ware herbei und hoffen auf zahlreiche Nachahmer und werfen deshalb mit ihren Visitenkarten nur so um sich. Wäre doch gelacht, wenn es der kanadische Hummer nicht auch noch auf die Speisekarten der letzten unbeugsamen Dorfwirte der niederösterreichischen Gemeinde Fischamend schaffte. Der Imperial-Küchenchef Thomas Kröpfl lief natürlich zur Höchstform auf. Er bastelte ein Duett vom gebeizten King-Lachs mit Ahornsirup-Dijonsenfsauce, Spring Roll vom kanadischen Hummer auf Muschel-Ragout, Bisonsteak in schwarzer Bohnenkruste auf grünem und weißem gebratenen Spargel mit Süßkartoffel-Buchteln und einen Topfenauflauf mit Heidelbeeren und Kleehonig-Espuma. Da standen natürlich die Gourmetjournalisten der österreichischen Tageszeitungen wieder Schlange. Denn das war exotisch. So was lesen die Leute immer gern. Für das exotische Spektakel gab es dann natürlich ein paar freundliche Zeilen in den Zeitungen zu lesen – so in der Art: „Kanadische Gaumenfreuden im Hotel Imperial. Uns ward Spring Roll vom kanadischen Hummer serviert ...“ Als Leser-Info dazu: „Menü-Preis: 95 Euro. Kurier-Club-Mitglieder zahlen nur 80 Euro.“ Der Gault Millau ist jetzt im Besitz von Communication Service (CS), das ist eine 100-Prozent-Tochter der Kurier-Gruppe. Ich würde jede Wette annehmen, dass das Imperial in der neuen Ausgabe des Gault Millau exzellent dastehen wird. Man versteht sich ja schon so gut ...

Kanadische Lebensmittelproduzenten scheinen an Wien in den letzten Monaten überhaupt einen Narren gefressen zu haben: Das Luxusrestaurant Meinl am Graben kündigte ein paar Monate später (im August und September 2006) in Kooperation mit dem kanadischen Landwirtschaftsministerium gleich die nächsten Kanada-Wochen an: Laut Presse-Information sollte den Wienern hier unter anderem die Nahrung der kanadischen Ureinwohner schmackhaft gemacht werden. Die im Haubentempel beworbenen kanadischen Lebensmittel: Lachs, Wildreis, Pilze, getrocknete Früchte, Honig, Saucen, Dressings, Kekse, Schokolade, Säfte, Bier und kanadischer Wodka. Da kann sich der globalisierte Haubenkoch nach Herzenslust austoben. Ob es allerdings Sinn hat, in Haubenlokalen wie ein nordamerikanischer Ureinwohner zu speisen, darüber kann man diskutieren.

Wozu dieser Wahnsinn, frische Lebensmittel um die halbe Welt zu transportieren, dann in der Praxis immer wieder führt, das mussten wir 2005 kurz vor Weihnachten in Salzburg erleben. Da beschäftigte unsere Redaktionsstube ein veritabler Fischskandal. Nach einer anonymen Anzeige hat die Kriminalpolizei am 16. Dezember 2005 um fünf Uhr früh die Zentralwarenhalle der Firma untersucht. Von dieser Halle aus wird ganz Westösterreich mit – na ja – in diesem wirklich wohl einzigen Fall mit nicht frischem Fisch beliefert. Unter den Kunden sind auch Luxushotels und Spitzenrestaurants. Der amerikanische Koch Anthony Bourdain wurde schon von seiner Zunft arg gescholten, weil er in dem Buch „Geständnisse eines Küchenchefs“ schrieb, an welchen Tagen er keinen Fisch im Restaurant essen würde. Seine Erfahrungen gingen jedoch davon aus, dass der Fisch frisch geliefert wurde. Davon waren die Zustände in der Salzburg-Filiale von Cerny + Nordsee weit entfernt. Die Kriminalpolizei stellte folgenden Sachverhalt fest: Abgelaufener Räucherlachs wurde mit neuem Ablaufdatum versehen. Im Tiefkühlraum stießen die Beamten auf Fisch- und Fleischwaren, die bereits in den Jahren 2003 und 2004 abgelaufen waren. In Bearbeitungs-, Gefrier- und Lagerräumen fand die Polizei aufgetauten Fisch, der in Schüttkästen gelagert war. Daneben lag in einem Gitterwagen tiefgekühlter Fisch – der wurde von einem Heizstrahler aufgetaut. Und wie gut, dass es auch noch Duschen gab: Die eigneten sich auch ganz vorzüglich zum Auftauen der vor Jahren abgelaufenen Ware. Was die Zeitungen bei der Berichterstattung immerhin mit einem Anflug von Heiterkeit kommentierten: „Tiefkühlfisch heiß geduscht" titelten etwa die Salzburger Nachrichten. Einen Tag nach Auffliegen des Skandals wurde eine ganze Lkw-Ladung mit verdorbenen Spezialitäten in der Salzburger Tierkörperverwertung vernichtet. Wären die Zustände nicht anonym angezeigt worden: Die Ladung wäre wohl in österreichischen Restaurants für gutes Geld an die Gäste verkauft worden. Nach dem Motto: „Uns ward Räucherlachs an der Seite mit Krenobers serviert ..."

Kurz nach dem Auffliegen dieses Skandals meldeten sich bei mir mehrere Köche, die ihrem Frust freien Lauf ließen. „Ich habe bei dieser Firma früher auch Fisch gekauft", sagte ein Zweihaubenkoch. Dabei sei es oft vorgekommen, dass er 50 Prozent der gelieferten Ware habe zurückgehen lassen müssen, weil die Qualität nicht gepasst habe. Aber es sei eben kein Wunder, dass die Lieferanten immer öfter mit Schundware durchkommen würden. „Heute ist gut ausgebildetes Küchenpersonal doch Mangelware", schimpfte er. „Und die Küchenchefs sind die halbe Zeit der Woche bei irgendwelchen Presseterminen und Werbeauftritten." Als ich die Stellungnahme eines Spitzengastronomen einholen wollte, hat der mich nur ausgelacht: „Ja wo glaubt ihr denn, kommt in allen österreichischen Alpentälern der frische Fisch pünktlich zum Saisonstart her? Natürlich ist das keine frische Ware." Ein anderer fragte wiederum, wie denn Hochseefische in Mitteleuropa überhaupt frisch sein könnten: „Der Fisch wird von Lkw auf Lkw geladen und von einem Markt zum nächsten gefahren. Eingepackt in Gasen, tiefgekühlt, in panierten Brikettformen und alles ist scheinbar immer wunderbar frisch. Ein Fisch aus dem Meer kann in Österreich nie frisch sein. Diese Fische sind für die Ansprüche eines Feinschmeckers uralt. Der isst die Fische doch dort, wo sie gefangen werden. Aber solange die Gourmetführer Hummer und Steinbutt predigen, haben diese

Wunderwuzis Angst davor, ein Pünktchen zu verlieren, wenn sie nicht mitmachen."

Dabei muss nicht unbedingt ein Fischskandal auffliegen, um öffentlich zu machen, dass Meeresfrüchte auch ungesund sein können. Krustentiere sind für den Menschen auch in Gegenden, in denen sie frisch zubereitet werden, ein Gesundheitsrisiko. Auf ihren Schalen kann sich Histamin befinden. Das kann Allergien auslösen. Nicht selten endet ein Hummeressen mit Juckreiz und Hautausschlag. Im schlimmsten Fall führt es zum Herzstillstand.

Der Heißhunger auf Meeresgetier in den Gourmettempeln ist aber nur die Spitze des Eisbergs. Denn die Discounter der Lebensmittelindustrie sind auch nicht auf der – wie man in Österreich so schön sagt – Nudelsuppe dahergeschwommen. Garnelen und anderes Meeresgetier sind inzwischen auch schon zum Luxus der kleinen Leute geworden. Wer sich das Haubenmenü nicht leisten kann, der geht zu Hofer (in Deutschland zu Aldi). Hand aufs Herz: Wer grillt denn heute noch Schweine- und Rindfleisch? Dieses Fleisch könnte ja aus der Gegend stammen. Und da gab es ja auch schon mehr als genug Fleischskandale. Wer zeigen will, dass er ein weltmännischer Gastgeber ist, der kauft die „Meeresfrüchte-Grillpfanne". Da sind alle begeistert und wenn selbst die Kleinen schon neugierig zulangen, dann rufen die Eltern entzückt aus: „Schaut: Das sind schon richtige Gourmets!"

Es ist ja schön, dass die Kleinen neben Fast Food auch bei Meeresfrüchten experimentierfreudig sind. Aber der Hunger auf Meeresfrüchte im österreichischen Schrebergarten bewirkt andernorts schon veritable ökologische Katastrophen: Im „Schwarzbuch Markenfirmen" der freien Journalisten Klaus Werner und Hans Weiss wird Aldi konkret an den Pranger gestellt. Die Discounter hätten, um etwa Garnelen zu Dumpingpreisen anbieten zu können, ganze Küstenregionen am Pazifik und am Indischen Ozean in Garnelenfarmen verwandelt, heißt es da. Ökologisch wichtige Mangrovenwälder seien der Profitgier des Discounters zum Opfer gefallen. Etwas Geldverdienen kann ja auch nicht schaden. Immerhin gelten die Besitzer der Handelskette (die Albrecht-Brüder) laut Forbes-Magazin als reichste Familie Europas und fünftreichste der Welt. Geschätztes Privatvermögen: 21 Milliarden Euro. Zwar wachse bereits der Widerstand der Bevölkerung in den betreffenden Küstenregionen, weil die Bewohner ihre Lebensgrundlagen gefährdet sähen. Staatliche Organe gingen allerdings mit Gewalt dagegen vor. In Bangladesch, Indonesien, Malaysia und Indien sei es deshalb zu gewaltsamen Vertreibungen der Bevölkerung durch die jeweiligen Regierungen gekommen. Sogar von fingierten Anklagen, Verhaftungen und Folterungen wird berichtet, um der Garnelenzucht den Weg in die europäischen Tiefkühlregale zu ebnen.

Dabei betreffen die Auswirkungen dieser Aquakulturen schon länger auch unsere Gesundheit. Das deckte DER SPIEGEL im Sommer 2006 auf: Die Züchter in Südostasien etwa würden sich keinen Deut um die Gesundheit ihrer Kundschaft scheren. Warum sollten sie auch? Die lebt tausende Kilometer entfernt. Lebensmittelkontrolleure finden immer öfter Meeresgetier, das mit Malachitgrün belastet ist. Dabei handelt es sich um ein in der Nutztierhaltung streng verbotenes Gift. Es steht im Verdacht, beim Menschen Krebs auslösen zu können. Aber für die Züchter in Südostasien ist es ein effektiver Parasitenkiller. Allein Deutschland importiert jährlich 60.000 Tonnen Fische, Krebs- und Weichtiere aus Südostasien. Welcher Anteil dieser Lieferung verseucht ist, darüber kann nur spekuliert werden. Denn DER SPIEGEL mutmaßte hinter den belasteten Fischproben auch ein Versagen des deutschen Kontrollsystems. Kontrollergebnisse würden häufig in den Akten verschwinden, so der Verdacht der Journalisten. Das liege daran, dass der für die Proben zuständige Kreisveterinär zwar im Auftrag seiner Landesregierung handle, letztlich aber dienstlich den Landesräten oder den Kreisdirektoren unterstellt sei. Und die würden es sich mit den Steuer zahlenden Importeuren nicht verderben wollen. Um eine vorsichtige Schätzung abzugeben, wie viele der Lieferungen aus den Aquakulturen belastet seien, führt der DER SPIEGEL das Untersuchungsamt Cuxhaven an: Das habe im Jahr 2005 in jeder zehnten Fischprobe Malachitgrün gefunden.

Die Vorliebe der heimischen Köche für Meeresfrüchte dürfte zu einem Gutteil auch der Tatsache zu verdanken sein, dass dieses Produkt relativ leicht zu verarbeiten ist. Aber damit dieses Vorhaben bei den Kunden auch ankommt, musste ihnen zuerst erklärt werden, dass es sich etwa bei Hummer um eine Delikatesse handelt. Diese Aufgabe erfüllen die Gourmetführer seit Jahrzehnten. Küchenhistorisch gesehen waren Delikatessen ursprünglich etwas ganz anderes. Schon vor Jahrtausenden hat sich der Mensch „Leckerbissen" ausgesucht. Dafür wurden häufig berauschende Substanzen in Pilzen und Pflanzen gehalten. Einzige Einschränkung: Sie durften nicht tödlich sein. Todesnähe war dagegen oft sehr wichtig. So hatten die gallischen Druiden ihre Borderline-Erfahrungen und auf diese Weise fanden auch die Mormonen in der Wüste Utahs ihr Mormonenhasch: das Ephedra mormonensis (Liquid Ecstacy).

Dem Rausch eines Feldzugs, der heute dem Erfolg des Spitzenmanagers gleichkommt, wenn er die Konkurrenz aus dem Feld geschlagen hat, folgt ein weiterer Rausch. Dabei geht es dann nicht selten nur um extremes Ausleben niedriger Triebe – um es mit den Worten von Aristoteles zu sagen: Der moderne Erfolgsmensch benötigt zum Feiern im Wesentlichen nur Sex und Essen. Die Hardware dazu liefern heute Bordelle und feine Restaurants. Hat man im hohen Mittelalter das geriebene Steinbockhorn, die Leber weißer Kater, fein dosierten Staub von giftigen Wanzen ins Mahl gemischt, so wandelte sich das mit der Evolution der Kochkunst, nachdem die strengen Kochvorschriften durch Platina von Cremona revolutioniert wurden. Statt Pülverchen in das Essen zu mixen, erkannte man die Wirkungsweisen von edlen Fleischteilen. Man briet nicht mehr im Ganzen und verzehrte auch mit feineren Bestecken. Ein Sieger, ein erfolgreicher Kaufmann etwa, feiert seine Feste seit jeher mit Delikatessen. Man lernte, dass durch besondere Tötungsweisen bei Geflügel das Blut im Fleisch blieb und das Fleisch dadurch nicht unbedingt besser, aber „anders“ wurde. Es gab aber auch Sodomiten, wie sie der Marquis de Sade in seinen Werken beschrieb. De Sade berichtete unter anderem über eine abartige Sexualpraktik seiner Zeitgenossen: Sie hätten – so de Sade – tatsächlich in das Steißfett einer gemästeten Gans kopuliert und ihr währenddessen den Kopf abgehackt, um so den Tod des Tieres mit ihrem Glied im „lebenden Fett“ zu erfahren. Wem das noch nicht grausig genug ist: Danach wurde der Vogel in die Küche gebracht und ein paar Stunden später gab es den Braten. Das sollen dann Weihegeschenke für den „Gott des Bauches“ gewesen sein.

Heute mag es ebenso pervers wirken, wenn Gänsen in Käfigen ein Metallrohr in den Schlund gestopft wird, um ihnen absurde Mengen Maisbrei in den Magen zu pumpen. Es hat den Anschein, dass sich der kleine Tyrann in uns allen von der Demokratie und der politischen Korrektheit („be polite – be nice – be happy“) eingekerkert fühlt und hin und wieder danach verlangt, Richter zu sein. Die Arbeit des Henkers überlässt er dem Küchenpersonal und Produzenten dieser dubiosen Delikatessen. So darf sich der Gast noch heute als Jäger und Fischer fühlen. Nicht durch die Jagd oder wegen des Fischens. Nein: Heute sammelt der Jäger seine Trophäen durch Verspeisen. Dafür werden wohl Gettos wie Hummerbecken benötigt.

Was wir heute als Delikatessen verehren, das haben uns irgendwann einmal Marketingexperten eingetrichtert. Pfälzer Saumagen etwa hätte nie die Chance gehabt, in Gourmetführern als Delikatesse gehandelt zu werden. Der Pfälzer Saumagen hatte nicht nur einen ungeeigneten Namen, sondern mit Helmut Kohl einen vollkommen untauglichen Verehrer. Kohl mag noch so ein beeindruckender Politiker gewesen sein. Aber sein Lispeln, sein watscheliger Gang und dazu noch ein riesiger Bauch in Zeiten des Schlankheitswahns hätten auf die Gourmets abschreckend gewirkt. Nein. Pfälzer Saumagen hatte keine Chance. Ein weiteres

Kriterium für ein Produkt, damit es als Delikatesse gehandelt werden kann, müsste eigentlich seine geringe Verfügbarkeit sein. Ein Lamm vom Marco-Polo-Schaf würde etwa alle Kriterien einer Delikatesse erfüllen. So ein Lamm führt aber kein Delikatessenladen. Etwas, was heute im Delikatessenladen zu finden ist, das ist immer zugleich Weltmarkt und fern, dem Anspruch gerecht zu werden, eine Delikatesse zu sein. Hummer habe ich schon beim Wanderzirkus Hamburger Fischmarkt auf Papiertellern vor dem Salzburger Dom gesehen. Wie kann so ein Produkt eine Delikatesse sein? Wenn jemand etwas zu feiern hat, vorher aber nur Döner und Hamburger kannte und schätzte, dann hat er es heute dank der Marketingstrategen ganz leicht. Er bestellt Hummer. Der muss einfach gut sein. Denn das steht in allen Gourmetführern und in den meisten Zeitungen. Wie bereits erwähnt, erübrigt sich beim Hummer für den Koch die Kochkunst sowieso. Kochen, tranchieren, Sauce dazu. Das reicht. Und weil zum Hummerfleisch fast jede Sauce passt, geht der Koch auch kein Risiko ein. Das Pech des Hummers könnte auch sein, dass er sämtliche Kriterien erfüllt, als Monster der Tiefsee durchzugehen. Ähnlich wie der Tintenfisch, der auch schon in jeder österreichischen Pizzeria zum Dauerbrenner geworden ist. Viel schwieriger für unsere Turbogastronomen wäre es, wenn ein gutes Rindsgulasch zur Delikatesse erklärt werden würde. Das lässt sich nur schwer in guter Qualität verschicken. Das Fleisch dafür muss auch tatsächlich sehr gut ausgesucht werden und Gulasch ist unendlich viel komplizierter zu würzen. Lachs dagegen? Aufschneiden und fertig ist die Delikatesse.

Welche Auswirkungen der Heißhunger auf Meeresgetier hat, darüber hat das ZDF-Magazin Frontal21 einen bemerkenswerten Bericht im Juli ausgestrahlt. Auf der Homepage des ZDF war zu diesem Bericht Folgendes zu lesen. Ich zitiere: „*Raubzug auf See – Schwarzfischer außer Kontrolle: Sie scheren sich nicht um Schutzzonen und Fischereiquoten, das ökologische Gleichgewicht oder die Artenvielfalt der Weltmeere: Schwarzfischer küm-*

mert nur der Profit, den Fisch fangen sie illegal. Und das gleich tonnenweise. Vor allem in wenig bewachten Gewässern gehen sie auf die Jagd oder segeln praktisch ohne Kontrolle unter Billigflaggen. Doch Schwarzfischer tauchen nicht nur auf hoher See oder an fernen Küsten auf, sondern auch in Deutschland. Und sie werden auch noch versorgt und unterstützt: So überwinterte im Hafen von Rostock mehrere Jahre lang eine Flotte von fünf rund sechzig Meter langen Fischtrawlern, die auf der so genannten schwarzen Liste der EU geführt werden. Sie hatten im Nordatlantik jahrelang illegal Rotbarsch gefischt … Auf zehn bis 20 Prozent schätzt ein Insider, der anonym bleiben will, gegenüber Frontal21 die illegale Fischquote in dem noch relativ gut kontrollierten Nordostatlantik. Weltweit ist das Ausmaß des illegalen Fischfangs noch erschreckender: Die Umweltorganisation Greenpeace nimmt an, dass 30 Millionen Tonnen Fisch nicht gemäß internationalen Vereinbarungen gefangen werden, legal gehen nach ihren Angaben 90 Millionen Tonnen pro Jahr in die Netze. Das Geschäft ist für Schwarzfischer äußerst lukrativ, Greenpeace geht davon aus, dass sie jährlich zwischen 3 und 7,5 Milliarden Euro erbeuten … Ein großer Fischverarbeiter mit Sitz in Deutschland räumt gegenüber Frontal21 ein, dass auch unter seiner Ware illegal gefangener Fisch sein könnte. Denn die Ladung hat in der Zwischenzeit mehrfach den Besitzer gewechselt. Am Ende der Handelskette fehlen die Übersicht und die Transparenz, die für wirksame Kontrollen wichtig wären. Bislang können offenbar nur die Verbraucher selbst etwas gegen den rücksichtslosen Raubbau der Meere unternehmen: Von extrem überfischten und vom Aussterben bedrohte Arten wie Heilbutt, Kabeljau oder Rotbarsch sollten sie die Finger lassen.“

So sieht es aktuell aus in der Fischereiszene. Leider verschließen die Gourmetführer nach wie vor ihre Augen vor dieser Entwicklung, die sie mit ihrem „Delikatessen-Wahn“ angeheizt haben. Haben Sie übrigens schon mal einen Saibling gekostet? Ich bin überzeugt, jeder zweite Gourmettester würde keinen Unterschied zu einem Steinbutt schmecken. Obwohl auch beim Saibling inzwischen Vorsicht geboten ist: Dieser typisch österreichische Fisch wird auch schon in Dänemark in aufgelassenen Tennishallen gezüchtet. In Wasserbecken, wo er fünfmal so schnell wächst wie in seinem angestammten Lebensraum – und fünfmal so schlecht schmeckt. Bastelt eh jeder Koch seine Spezialsauce dazu, die den Eigengeschmack zerstört und würzt ihn exotisch zu Tode. Aber solange alle Gourmetführer ausflippen, wenn sie Edelprodukte wie seltene Hochseefische auf der Karte finden, wird zumindest in der Spitzengastronomie kein Umdenken stattfinden. Da ist der Tellerrand heute noch eine unüberwindbare Mauer.

Foreign Affairs – Südtirol

Einer der spannendsten Tests, den ich jemals machen durfte, betraf das Genziana des legendären Kochs Giancarlo Godio, der in einer Almhütte im hintersten Ultental kochte. Auf den Schiefertafeln vor dem Gastgarten stand „deutscher Kaffee“ und „heute Leberknödelsuppe“, aber das durfte einen nicht abhalten. Godio war einer der bekanntesten Köche Oberitaliens: Der erste Südtiroler, der einen Michelin-Stern erkochte. Vor allem aber war er in jeder Hinsicht ein außergewöhnlicher Koch. Wir waren damals ziemlich irritiert, als wir zwischen den Wanderern im Gastgarten Platz nahmen und das Degustationsmenü bestellten. Während andere tatsächlich die Leberknödelsuppe schlürften, bekamen wir Allerfeinstes aus Godios Wunderküche. Diese war damals so bekannt, dass sich die Mailänder Schickeria sogar mit Hubschraubern ins Ultental fliegen ließ. Das Fliegen besiegelte auch das Schicksal dieses talentierten Kochs, ist er doch bei einem Absturz mit einem Privatflugzeug im Jahr 1994 ums Leben gekommen.

Unvergessen der Abend bei unserem zweiten Besuch, an dem uns Godio vorführte, wie man auf echt italienische Art Nudeln isst. Er stellte sich auf einen Sessel, nahm einige seiner hervorragenden Spaghetti in den Mund und drehte kräftig an seinen Ohren, während er die Nudeln geräuschvoll einschlürfte. Diese hochalpine Kochleistung war uns damals allemal 17 Punkte oder drei Hauben wert.

Ein anderer Spezialfall war unser hochgeschätzter Erich Tinkhauser im Restaurant Waldinger in Vilpian, einem kleinen Ort zwischen Bozen und Meran. Tinkhauser war und ist ein hervorragender Koch und herzensguter Mensch. Ganz das Gegenteil seine Gattin, die zwischen abweisend und unhöflich pendelte. Obwohl sich's nicht gehört – das verdiente schon eine Erwähnung in meiner Kritik. Kurz nach Erscheinen des Buchs waren wir wieder bei Waldinger, der von seiner Aufnahme in den Gault Millau noch gar nichts wusste. Ich reichte ihm das Buch und mit stolzgeschwellter Brust las er die Kritik seiner Gattin vor. Als er am Ende las, *„dass der Waldinger noch nicht überlaufen ist, mag auch an der ganz und gar nicht besonderen – ja manchmal sogar launischen – Bedienung von Frau und Kellner liegen …“*, lachte er: „Ich hab's dir ja schon immer gesagt.“ Aber sie fand das Ganze gar nicht so lustig und – nachträglich gesehen – geholfen hat es auch nichts. Die Eigenschaften von Menschen werden mit zunehmendem Alter ausgeprägter. Dazu scheint auch der Missmut zu gehören. Als ich nach einigen Jahren wieder einmal dort essen war, schien mich Frau Tinkhauser nicht mehr zu erkennen. Da sie mich auch nicht begrüßte, stellte ich mich nochmals vor, was sie mit dem kurzen Satz *„Ich weiß schon, ich habe Sie schon erkannt“* beantwortete. Das war's dann auch! Den Waldinger gibt's schon lange nicht mehr im Gault Millau, aber vom Essen her hätte er es sicherlich verdient.

Ein ähnlicher Fall aus der Sicht von Reinartz war der Gasthof Tanzer in Pfalzen, einem kleinen Ort im Pustertal. Dieser hatte ihn vermutlich permanent gelöchert, dass er doch einmal getestet werden wolle. Es gehörte offensichtlich zur Tagesordnung von Restaurants mit Haubenambitionen, schriftlich oder mündlich einen Tester anzufordern. Meist stellte sich die Einschätzung als Überschätzung heraus, denn die wirklich Guten fallen durch Qualität und nicht durch Lautstärke auf. Da Tanzer aber nachhaltig forderte, wurde ich hingeschickt. Ein ganz netter Abend, der mit 13 Punkten, einer Haube und einer ganz netten Kritik endete. Und so ging es auch weiter, mal kommt er und mal geht er. Wirklich gut ist er bisher nicht geworden. Aber er zählt natürlich zu den bemühten Gasthöfen seiner Region. Die Tests in Südtirol machten wir immer im Rahmen von Kurzurlauben. Selbstverständlich waren auch Freunde dabei, die aber von meiner Eigenschaft als Testesser nichts wussten. Als einer meiner ältesten Freunde, ein durchaus essbewusster Salzburger Arzt, einmal einen meiner Tests gelesen hatte, sagte er erstaunt: „Die haben genau das Gleiche gegessen wie wir, als wir damals dort gesessen sind.“ „Jetzt bin ich aufgedeckt“, dachte ich, aber nichts! Es fiel kein Verdacht auf mich und bis zum Erscheinen dieses Buchs blieb meine Karriere als Tester noch für Jahre unentdeckt.

Verrissen und aufgewertet

Originaltexte aus dem Gault Millau 2005 – da mache sich doch einer einen Reim darauf …

„Hier entfaltet sich der Koch nach allen Regeln seiner Kunst. An einem warmen Frühlingstag schmeckte uns ein perfekt gekochter Spargel mit Sauce Hollandaise genauso gut wie ein hervorragendes Spargelrisotto mit Parmesan und ein gut harmonierendes Blunzen-Parfait mit Birnensauce und rotem Pfeffer. Als kulinari-

schen Hit lernten wir das frische Zanderfilet mit Knoblauchbutter gebraten mit Petersilerdäpfeln und Blattsalaten kennen, der im mediterranen Stil im Rohr gebratene Wolfsbarsch mit Tomaten, Oliven, Kräutern und Knoblauch war eine weitere Meisterleistung. In selten besserer Qualität bekommt man auch den klassischen Zwiebelrostbraten mit Bratkartoffeln – zart, geschmackvoll und köstlich. Auch die Desserts sind von exzellenter Qualität …"

Wenn man das liest, würde man nicht auf die Idee kommen, dass es sich hier um ein Restaurant mit „schmächtigen" 13 Punkten und einer Haube handeln könnte. Irgendwie scheint der nette Exkollege textlich nicht ganz sicher zu sein, wie käme er sonst zu so einer überschwänglichen Wortwahl und zu so wenig Punkten.

„Die als Amuse-Bouche gereichte Steinpilzvariation passte zu Beginn bestens zum bestellten Aperitif, auch die Tomaten- und Ziegenkäseterrine entsprach unserer Vorstellung. Deutliche Stagnation bemerkten wir beim gebratenen Saibling mit Krenrisotto, für unseren ganz persönlichen Geschmack fehlte dem Ganzen deutlich die Würze. Jedoch kamen die zur Lammkeule gereichten verschiedenen Bohnen eigentlich fast roh auf den Tisch, dementsprechend wenig erfreuten uns diese. Da die Keule in zwei Gängen kam, rettete die zum zweiten Service servierte Paprika-Tomaten-Sauce als solche (!) wenigstens einen Teil des Gerichts, ohne dass es nachvollziehbar war, warum gerade diese Sauce zur Lammkeule serviert wurde … (bei einigen Fleischgerichten konnte man sich des Eindrucks nicht erwehren, stets die gleiche Sauce auf dem Teller zu haben) …"

Schlimm genug, dass man sich in Gourmetführern so ausführlich Gedanken über Bohnen und Einheitssaucen machen muss. Eine Tomaten-Ziegenkäse-Terrine scheint mir auch nicht das Spannendste zu sein. Wie es dann dennoch zu 15 Punkten und zwei Hauben gekommen ist, lässt sich zumindest aus der Wortwahl keineswegs nachvollziehen. Ein Beispiel von vielen, das beweist, wie beliebig die Hauben im unteren Bereich vergeben werden.

Wie servier ich's den Medien?

Der Koch meines Vertrauens war wieder einmal aufgebracht. Gleich zwei Zeitungsmeldungen hatten seinen Unmut erregt. Zuerst dieses Sandwich, das ein in England ordinierender französischer Koch zubereitet hatte: zum Preis von 480 Euro. Somit hatte er das teuerste Sandwich aller Zeiten kreiert. Weltweit wurde über das mit allerlei Spezialitäten gefüllte Weißbrot berichtet. „Gut, lustig", meinte er nach dieser Meldung achselzuckend. Als er aber las, dass ein anderer französischer Koch vom Gault Millau mit 20 Punkten ausgezeichnet worden war, da wurde er dann richtig böse.

„Jetzt reicht's", sagte er und gab Geräusche von sich, die an einen kurz vor der Explosion stehenden Kelomat erinnerten. Zur Erklärung: 20 Punkte, so hieß es in der Begründung, kriegt nur die absolute Perfektion. Ein Sprecher des Verlags (so einen braucht man nach solch einer Bewertung natürlich, um den Namen Gault Millau auch garantiert in die weite Welt hinauszutragen) erklärte das so: „Wir wollten einen Moment der Perfektion festhalten." Na gut. Das haben wir schon gedacht. Aber jetzt wissen wir es. „Solche Momente hatte ich schon zu Hunderten", pfauchte der Koch meines Vertrauens. Zur Beruhigung erklärte ich ihm, dass diese Leute sich nun mal in die Zeitung drängen wollten, koste es, was es wolle. Da müssten Superlative her. Er, der Koch meines Vertrauens, habe solches nicht nötig.

Und dann fiel mir ein, dass die Robert-Jungk-Bibliothek genau zu dem Zeitpunkt dieses „Moments der Perfektion" ein Buch herausgegeben hat, in dem nachgewiesen wird, dass Deutschland und Österreich gänzlich mit Nahrungsmitteln aus biologischer Produktion ernährt werden könnten. „Nachhaltig leben“ heißt das Buch übrigens. Darüber schrieb keine Zeitung …

Residenz – Heinz Winkler

Der Name Residenz sagt eigentlich schon alles aus. Hier residiert ein Fürst bis zu seinem seligen Ende und wenn er einen Thronfolger hätte, dann übernähme dieser die 19 Punkte aus dem Gault Millau und die drei Sterne im Michelin in direkter Erbfolge. Hier wird nicht mehr um Hauben und Sterne gekämpft. Nein, hier werden – um es mit dem Eisenbahnerjargon zu umschreiben – wohlerworbene Rechte verteidigt. Ausführlich wird jeder Schritt Winklers in seiner Residenz in Aschau kommentiert. Wenn sich der Fürst einmal ein Fehlerchen erlaubt, dann wird milde lächelnd darüber hinweggesehen. 2005 war man im Gault Millau so begeistert (?), dass man den Bericht gleich doppelt so lang werden ließ wie den über die gleich bewerteten Obauers in Werfen.

Hier ist die „Old-Boys-Connection“ offensichtlich dicht zusammengerückt. Da lassen wir nichts über sie kommen, über die großen alten Klassiker – und Gutes bleibt gut und darf sich nicht verändern. Und wehe dem, der es wagt, an diesem Thron zu kratzen.

Natürlich haben diese „Klassiker“ ihre Berechtigung. Auch die Haeberlins im Elsass halten es da nicht anders und haben seit weit mehr als 20 Jahren drei Michelin-Sterne (erbrechtlich) gesichert. Offensichtlich haben diese „Hyper-Klassiker“ besonders in Deutschland einen hervorragenden Zulauf. Man muss Wochen im Vorhinein bestellen, um dann gnädig an einem – zugegebenermaßen – hervorragenden Mahl teilnehmen zu dürfen. Aber dort ist so gut wie alles übertrieben. Vom überhöflichen Personal bis hin zur grässlichen bayerischen Lüftlmalerei. Dass man damit Geld verdienen will (und muss), bleibt einem nicht lange verborgen. So schnell befindet man sich von Salzburg kommend auf dem oft zitierten internationalen Niveau. Einmal kurz über den Walserberg gefahren – schon ist man da. Da haben die Preise ein anderes Niveau als in Österreich. Womit dieser Mehrpreis gerechtfertigt ist, wird mir wohl ewig unentdeckt bleiben. Liegt es an der oft zitierten Nähe zur französischen Kochkunst? Wohl eher nicht. Vielleicht verursachen aber auch die vermehrt auftretenden Tester und Journalisten in diesen renommierten Häusern einfach ungeheure Mehrkosten, die dem zahlenden Gast dann eben in Rechnung gestellt werden müssen.

Das Dessert
W. MOERS
Le Poulet
Sind die Schneckeneier gut gekühlt?
Wo sind die Wachtelmaultäschchen?
Welcher Idiot hat den 85er Château Deyrem Valentin in den **Kühlschrank** gestellt!?!?
Oh mein Gott!! Ich habe das Gefühl, als hätte ich alles vergessen, was ich jemals gelernt habe...
Aber, aber, Herr Winzigmann!! Es ist doch nur einer von diesen Gourmet-Kritikern...
Knack Knack
Nur ein Gourmet-Kritiker? **Nur ein Gourmet-Kritiker??** Es ist **Wolfgang Striebeck!!** **Der Striebeck!!** Es ist **der Gourmet-Kritiker!!**
Er hat schon 3-Sterne-Restaurants wegen eines falsch arrangierten Petersiliensträusschens in den Ruin getrieben...
Für den bin ich doch ein gefundenes Fressen...
Na, na, na...
Spricht so der Mann, der beim Bundespresseball '85 den Wolfsbarsch so delikat pochiert hat, daß Richard von Weizsäcker vor allen Leuten den Teller abgeleckt hat?

Spricht so der Erfinder des Avocado-Kefirs? Und des Angorakaninchen-Ragouts? Na? Hm?
Sie haben recht, Jacques! Solange ich einen Kochlöffel halten Kann, werde ich Kämpfen!! Ich werd's diesem Leckermäulchen besorgen!!!
Das ist der richtige Geist!!
Er ist da! Er ist da!
Nun, dann werden wir ihm zum Auftakt mal dieses **getrüffelte Entenleberparfait** vor den Latz Knallen!!!
Gräfin von Dönhoff hat mir seinerzeit sexuelle Avancen gemacht, um an das Rezept zu Kommen...
Und? Und? Was hat er gesagt?
Er sagte, das Parfait wäre alles andere als "parfait"... Ich glaube, das war so eine Art von Wortspiel...

...
Ach so? Ach ja? Na, dann wollen wir mal sehen, was er von diesem St. Petersfisch im Dillmantel mit Hummerfarce auf Safrangelee hält, der Herr Feinschmecker...
Er wird auf Knieen Abbitte leisten...
Bange Minuten...
Peng!!
Er sagte, der Fisch sei ihm etwas zu dillbetont, und... und... ich wage kaum, es auszusprechen...
Raus damit!!
Er... er meinte, die Farce wäre ja wohl die reinste Farce...

Ah! Ah! Ich verstehe! Noch ein Wortspiel!! Der Herr ist nicht nur Feinschmecker, er ist auch Komiker!! Ein Feinschmecker-Komiker!!
Bschww...
Aber bei diesem Dessert werden ihm seine Kalauer im Hals stecken bleiben!!!
Ein coupe-de-glace-ala-Winzigmann mit Preiselbeerhalbgefrorenem, glasierten Kaiser-Kirschen, Mascarpone-Herzen und Zimttrüffeln!
Ich habe 17 Stunden daran gearbeitet!!!
Nur wenig später...
Es ist ihm zu üppig...
Kein Wortspiel?
Äh... nein...
Nicht mal so ein Kleines..?
Nein... er meinte nur, er hätte ein schlichtes Schokoladenmousse vorgezogen...

Kein Wortspiel!? Aber ein Schokoladenmousse?
Ja, wenn der Herr ein Schokoladenmousse wünscht...
...dann bekommt er natürlich ein Schokoladenmousse!!!
Voila!!! Ein Schokoladenmousse!!!
Vielleicht mit etwas geschlagenem Eiweiß!?!
Aaooaahhh...!!

Hier! Hier! Ein Schoko-ladenmousse für den Feinschmecker-Komiker!!
Das geht zu weit! Ich...
Los! Los! Machen Sie schon!!!
Kurz darauf...
Er möchte Sie persönlich sprechen...
Also, Herr Winzigmann, Ihr Menü... ... darüber kann man streiten! Aber das Schokoladenmousse: formidable!! Wie haben Sie das gezaubert?
Das, Herr Striebeck, ist leider ein Berufsgeheimnis...

5. Kapitel: Französische Küche – Ein Missverständnis

Von den Gourmetführern wurde von Beginn an die französische Küche als Maß aller Dinge ausgegeben. Und da muss zweifellos etwas grundlegend falsch gelaufen sein. Denn was fortan als französische Küche galt, das hat nicht das Geringste damit zu tun, wofür diese unbestrittene Kochkunst steht. Denn an der französischen Küche könnte in der Tat die Gesellschaft gesunden. Französische Köche – und da meine ich jetzt einmal nicht die zum größten Teil aus aufgeblasenen französischen Gockeln bestehende Eliteeinheit in ihren Dreisternetempeln – arbeiten seit Jahrhunderten wie Alchemisten, indem sie aus vermeintlichen Abfällen Spezialitäten zaubern. Wenn in Frankreich vom Urknall der Kochkultur die Rede ist, dann wird gerne auf den Freitod Vatels (der übrigens ein Schweizer war) verwiesen. Vatel galt im 17. Jahrhundert als genialer Koch auf Schloss Chantilly im Norden von Paris. Als sich just bei einem Bankett für den Sonnenkönig Ludwig XIV. eine Verspätung der Fischlieferung abzeichnete, erstach sich Vatel vor lauter Gram. Die Moral von der Geschichte: Essen und Ehre – das kommt aus Frankreich. Was natürlich Blödsinn ist. Den französischen Köchen wurde ihr Handwerk von den Italienern gelehrt. Katharina von Medici wurde von ihrem Onkel, Papst Clemens VII., im Jahr 1523 als 13-Jährige an den französischen Königshof verheiratet (ja so waren sie damals, die Päpste). Dort muss das Essen schauderlich gewesen sein. Denn die junge Medici ließ bald toskanische Köche am Pariser

Hof beschäftigen. Auch das Vorurteil, französische Küche würde vor allem aus edlen Zutaten bestehen, ist vollkommen falsch. Die französischen Köche konnten zwar an den Höfen des Hochadels bedenkenlos wirtschaften. Nach der französischen Revolution im Jahr 1789 standen die meisten aber auf der Straße. Dort fiel ihnen gottlob nichts anderes ein, als „maisons restaurants" (dt.: stärkende Häuser) zu erfinden. Wertvolle Nahrungsmittel waren Mangelware. Die französischen Köche entwickelten ihre Raffinesse also lediglich aus einer Notsituation. Sie mussten sich was ausdenken: Was mache ich aus einem Kalbskopf? Wie wäre es mit Schnecken? Warum nicht einmal einen Ochsenschwanz ausprobieren? Was mache ich aus altem Brot? Gute Fragen! Viele Franzosen wären verhungert, hätten sie nicht darüber nachgedacht.

Diese Eigenart haben sie sich bis heute bewahrt. Selbst ein „Coq au Vin" ist ja im Grunde auch nichts anderes als ein zäher übergroßer Vogel, der in Wein mariniert und so lange gedämpft wird, bis man ihn endlich kauen kann. Es klingt paradox: Aber Haute Cuisine bedeutet bei genauerer Betrachtung nichts anderes, als alles genießbar zu machen, was kreucht und fleucht, was sich aus der Erde bohrt und sich im Misthaufen versteckt. Kein Wunder, dass Frankreichs Wappen ein Hahn ziert: Die Franzosen sagen, er sei das einzige Tier dieser Erde, das sich aufplustere, obwohl es mit beiden Beinen im Dreck stehe. Das sei eben sehr französisch. Während die meisten Frauen der westlichen Welt im Supermarkt nach in Plastik verpackten, flauschig weichen Putenbrüsten greifen, kämpfen Französinnen in der Boucherie um Schweinerüssel – so schaut's aus. Das unterstreicht auch eine Anekdote über den französischen Koch Paul Bocuse. Der lud einmal die besten Nachwuchsköche der Welt in sein Restaurant nach Collonges bei Lyon. Dort ließ er sie ein Schwein zerlegen und die besten Teile zum Kochen verwenden. Die Jungspunde arbeiteten mit Filet Mignon und Lende, dass es nur so eine Freude war. Bocuse nahm sich dann das vor, was die jungen Senkrechtstarter übrig gelassen hatten. Er machte aus vermeintlichem Abfall ein

Gericht, das geschmacklich alle anderen in den Schatten stellte. Sicher: Das klingt ein wenig, als ob „Opa Bocuse“ vom Krieg erzählen würde. Aber diese Geschichte ist der beste Beweis dafür, dass Gott immer noch in Frankreich lebt. Apropos Bocuse: Der große alte Mann der französischen Küche ist ja nicht nur für seine Vielweiberei und seine Kochkunst bekannt, sondern auch für seine markigen Sprüche. Als sich sein Kollege Bernard Loiseau das Leben nahm, nachdem er vom Gault Millau empfindlich abgestuft worden war, rief er den Testern des Gault Millau folgenden Satz zu: „Restaurantkritiker sind wie Eunuchen: Sie wissen, wie es geht – aber sie können es nicht.“

Müssen Tester kochen können?

Da stellt sich einem gleich die Frage, ob ein Opernkritiker singen oder ein Fußballreporter „kicken“ können muss? Natürlich nicht!

Ich selbst halte es da ein bisschen anders. Schon nach meiner – gourmetmäßig herzlich unaufregenden – Internatszeit begann ich meine Kochkarriere mit dem Abbraten von (tatsächlich) hervorragenden Knackern und der Herstellung von Bratkartoffeln. Nächste Station war dann die Zubereitung von Iglo-Schlemmerfilets der Sorte Bordelaise – irgendeinem tiefgekühlten Fisch mit beiger Pampe obendrauf. Wird im Rohr überbacken, schmeckte irgendwie ganz gut und wurde von uns stets mit Reis kombiniert. War das der erste Schritt zur Gewagtheit?

Irgendwann habe ich dann ernsthaft zu kochen begonnen. Entweder war es die Eifersucht auf meine jüngere Schwester – die damals definitiv besser kochte – oder es waren doch die Gene meiner Mutter, die eine tatsächlich begabte Köchin war und mit ihren 85 Jahren heute noch ist! Also irgendwann hat es begonnen und dann hat es nicht mehr aufgehört. Kochen – besonders gut kochen, macht jedenfalls süchtig. Man fragt dort an, schaut da zu und nervt jeden Koch mit der eigenen Neugierde. So war es mir durchaus nicht zu blöd, auch das eine oder andere Mal bei Obauers um ein Rezept anzufragen. Das war noch vor der Herausgabe ihrer Kochbücher. Oder ich habe Kochkurse besucht. Hat immer Spaß gemacht! Daher kann ich es jedem Gourmet nur empfehlen.

Einer dieser hochinteressanten Kochkurse fand bei Johanna Maier statt. Das war damals bei ihr noch nicht üblich, also haben wir anlässlich eines Abendessens mit Wiener Freunden einfach so lange gebenzt, bis sie uns einen Kochkurs zugesagt hat. Zu dem Zeitpunkt hatte sie noch drei Hauben – der Kochkurs war etwas längerfristig geplant –, als wir ihn absolvierten, war sie bereits die Vier-Hauben-Starköchin. Dass Johanna Maier sich deshalb nicht veränderte, hat sich, glaube ich, überall herumgesprochen.

Es war ein lehrreicher Tag in Maiers Küche. Wir begannen mit der Herstellung eines guten Fonds, gingen zur Technikschulung – Filetieren von Fisch – über und kamen dann zur Herstellung von Nudeln. Geduldig beantwortete sie uns alle Fragen und das „von uns selbst" erzeugte Essen schmeckte original nach Johanna Maier und gar nicht nach Wolfgang Hoffmann und Freunden.

Mindestens ebenso schön war ein Kochkurs auf Bali. Dieser hat mit dem Einkauf asiatischer Spezialitäten auf dem nahe liegenden Markt begonnen und daraus wurden dann die verschiedensten feinen „Asiatika" kreiert. Auch hier wurde mit der Zubereitung einer Grundsauce begonnen, die dann in zahlreichen Varianten in die Gerichte eingemischt wurde. Noch heute habe ich den Kochlöffel aus diesem Kurs in meiner Küche – der darf ausschließlich für asiatische Spezialitäten verwendet werden und ist ein ganz besonderes Erinnerungsstück für mich.

Aber auch in einer ganz einfachen Gaststätte in Santiago de Compostela hätten Sie mich in der Küche sehen können. Der von den Einheimischen in höchsten Tönen empfohlene Pulpo war tatsächlich so unglaublich gut, dass ich trotz schlechter Spanischkenntnisse auf das Heftigste mit der Köchin diskutieren musste. Ziel – ihr das Geheimnis der Zubereitung des Pulpo zu entlocken. Da ich ziemlich zielstrebig in die Küche eingedrungen bin, hat die Köchin zuerst mit einer Beschwerde gerechnet und mich etwas verschreckt angesehen. Das änderte sich sofort, als sie mein lebhaftes Interesse an der Zubereitung bemerkte und führte dazu, dass ich tatsächlich in die Geheimnisse der spanischen Pulpo-Zubereitung eingeweiht wurde. Details verrate ich selbstverständlich nicht. Da muss man schon den Jakobsweg – zumindest mit dem Fahrrad – zurückgelegt haben, um mir dieses Geheimnis entlocken zu können.

Ein Freund von mir – jahrelang Tester für den von uns stets belächelten Führer A la Carte – ist wiederum einer der besten Analytiker von Saucen und Gewürzbeigaben. Er kostet und analysiert messerscharf, welche Ingredienzien hier zusammengefügt wurden. Faszinierend! Eine Gabe, die ich in diesem Ausmaß nie erlernt habe. Er kocht – neidlos zugegeben – auch besser als ich. Vor allen Dingen in der Küchentechnik hat er sich durch mehrere Besuche in Fleischhakers Pfefferschiff (drei Hauben, Hallwang bei Salzburg) ein sehr hohes Niveau angeeignet. Persönlich halte ich es da mehr mit der Cuisine Intuitiv, wie Dietmar Dorner aus Irdning seine Küche nennt. Das heißt, ich verlasse mich weniger auf Rezepte und Vorlagen, sondern vielmehr auf die eigene Intuition.

Zurück zur Frage, muss er jetzt oder muss er nicht kochen können – der Tester vom Gault Millau? Ich würde sagen, er muss nicht kochen können. Aber jeder, der sich tatsächlich für Gerichte interessiert, wird wahrscheinlich auch versuchen, diese nachzukochen. Das bedeutet aber auch, dass er sich mit der Küche und deren Technik beschäftigt.

Ich habe aber durchaus Freunde, die sehr genau wissen, was gutes Essen ist und einen sehr sicheren Gaumen haben, aber in der Küche sogar das Spaghettiwasser anbrennen lassen würden!

6. Kapitel: Wie die großen Köche ticken

Lea Linster – die Köchin der Herzen

Lea Linster ragte im Konzept „Die Revolution der Kulinarik“ im Hangar-7 des Milliardärs Dietrich Mateschitz mit ihrer lebenslustigen Art heraus. Sie ist die einzige Frau, die bisher den Bocuse d'Or gewinnen konnte. Das ist eine Art WM für Nachwuchsköche, die alle zwei Jahre in Lyon ausgetragen wird.

Lea Linster steht auf dem Laufsteg, der unter der gewaltigen Glaskuppel des Hangar-7 zur 360-Grad-Bar führt, und verteilt Kusshändchen. Unten wird sie von einer Gruppe reifer Herren bemerkt. Trotz feinen Zwirns und ergrauter Schläfen wirken sie wie übermütige Jugendliche: „Hallo Lea“, rufen sie empor – und Leas Lächeln hat die Strahlkraft eines Scheinwerfers. „Das sind liebe Leute. Die waren gestern hier essen. Und heute Mittag sind sie schon wieder da“, freut sie sich. Eine Woche lang hat sie gemeinsam mit dem Ikarus-Küchenchef Roland Trettl die Umsetzung ihrer Rezepte in der Hangar-Küche erarbeitet. Kaum ein Koch der Welt saugt so viel Wissen auf wie Trettl.

Der Witzigmann-Schüler arbeitet jeden Monat mit einem anderen internationalen Spitzenkoch zusammen. Der Schweizer Olivenöl-Zampano Martin Dalsass war schon hier, oder Carlo Cracco, der Senkrechtstarter aus Mailand. Ebenso wie der Österreicher Dieter Koschina, der wiederum als bester Koch Portugals gilt. Man braucht eben Superlative, um die Neugier zu schüren.

Deshalb war auch der New Yorker Kochgott Jean Georges Vongerichten – der Franzose heißt übrigens wirklich so – schon da. Und jetzt? „Jetzt habe ich mir einen Traum erfüllt", sagt Lea Linster gut gelaunt und breitet die Arme aus: „Einen Monat lang besitze ich ein Restaurant in Salzburg." Berühmt wurde sie, weil sie als bisher einzige Frau den Bocuse d'Or gewonnen hat. Es ist schwierig genug, diesen Titel als Nichtfranzose zu gewinnen. Auf eine Frau aus Luxemburg hätte vor ihrem Triumph keiner auch nur einen Pfifferling gesetzt. Den Sieg trug sie mit ihrem Lammrücken in der Kartoffelkruste davon. Den hatte sie auch im Ikarus auf der Karte. Als Höhepunkt eines Fünf- oder Sechsgängemenüs. Zu 72 oder 84 Euro. Im Vergleich zur heimischen Spitzengastronomie ist das nicht gerade billig. Aber man sitzt hier auch nicht irgendwo. Man sitzt im Hangar-7.

Einem Ort, der nach Abenteuer duftet – jeden Moment könnte James Bond durch die Flugzeughalle flitzen. Zugegeben: Das ist ein wenig übertrieben. Aber der brasilianische Fußballstar Ronaldo feilschte hier ebenso schon bei Vertragsverhandlungen mit dem Gottseibeiuns des bezahlten Sports, Dietrich Mateschitz, wie Giovanni Trapattoni und Lothar Matthäus. Könnte sein, dass zwischendurch der Basejumper Felix Baumgartner auf ein Sandwich in die Carpe-Diem-Bar im Erdgeschoß gesprungen ist. Der hat hier auch sein Büro. Wenn er nicht gerade bei Jay Leno in der Talkshow sitzt oder versucht, in Hollywood die richtigen Kontakte zu knüpfen. Vielleicht wird er doch noch der James Bond. Dann wäre Bond im Hangar-7 auch nicht mehr übertrieben.

Linster betrachtet die Szenerie auch nach einer Woche noch mit großen Augen: „Es ist faszinierend, wenn jemand einen Traum realisiert", sagt sie. „So ein Konzept kann nur von Eckart Witzigmann und Dietrich Mateschitz umgesetzt werden. Weil es ihr Traum war – verstehen Sie? Ich bin stolz, eine Rolle darin spielen zu dürfen." Linster denkt an ihr Restaurant in Luxemburg: „Schon als Kind war ich überglücklich, wenn ich in einem schönen Restaurant essen durfte." Trotzdem begann sie zunächst ein

Jura-Studium. Aber schließlich realisierte auch sie ihren Traum, brach ihr Studium ab und eröffnete ein Restaurant in Frisange. „Auf Deutsch heißt das Friesingen“, fügt sie hinzu. Von Beginn an nannte sie ihr Restaurant „Lea Linster“. „Das fällt bei uns auf“, sagt sie und zwinkert frech mit einem Auge: „Bei uns haben alle Restaurants Namen wie Goldener Pflug.“ Linster hält seit 1987 einen Stern im Guide Michelin. Sie will nicht unbedingt höher hinaus. Eher schon zieht es sie zurück zur bodenständigen Kost. Sie führt nun auch die Brasserie ihrer Tante im Nachbardorf: das „Bauernstübli“. Da stehen Gerichte wie „Fierkelsjhelli“ (Spanferkelsülze) oder „Ochsenschwanz mat Schlekken“ (Gefüllter Ochsenschwanz mit Kartoffelpüree) auf der Karte. „Das ist ja auch im Sinne von Witzigmann“, sagt sie.

Unbändig habe sie sich gefreut, als sie von Witzigmann nach Salzburg eingeladen worden sei: „Ich liebe den Eckart. Wer ihn nicht liebt, der braucht einen Arzt.“ Ebenso wie sie Roland Trettl liebe, den sie mit ihrer Liebe für ein Foto gerade fast erdrückt. Sie strahlt ihn an: „Man muss die Leute lieben, mit denen man arbeitet. Ich lasse doch keinen an meine Rezepte, den ich nicht liebe.“ Die große Liebe allerdings, die habe sie noch nicht gefunden. Aber sie hat ja noch Louis, ihren 13-jährigen Sohn, der auch mit nach Salzburg gekommen ist. „Vielleicht ist es auch nur Zufall, dass ich nicht verheiratet bin“, sagt sie. Sie senkt den Blick. Als Frau habe sie lernen müssen, Opfer für die Karriere zu bringen. „So was kommt bei weiblichen Lesern nicht gut an, oder?“, fragt sie unsicher.

Mit ihrer unverblümten Art wirkt sie wie ein Fremdkörper im Hangar-7. Der ist vom Eingangstor bis zur obersten Glasplatte perfekt durchgestylt. Wenn sie am Vormittag in der Lounge Bar im Erdgeschoß zwischen Managern sitzt, die ihre Filofaxe durchblättern, dann bewundert sie zwar diese Welt. Sie spricht aber lieber vom ständig wechselnden Licht, das sie hier inspiriere. „Und die Küche im Hangar-7 erst. Manche Kollegen haben dies oder jenes – aber die hier – die haben alles.“ Linster wollte damals schon bald wieder in das Ikarus kommen. Sie kam dann auch bald wieder. Zum gemeinsamen Hummerkochen und gemeinsamen Hummerfuttern mit all den anderen Gastköchen des ersten Hangar-7-Jahrs und exklusiv geladenen Red-Bull-VIPs. „Aber nur mit Zeugen“, sagt sie bei ihrem ersten Besuch mit großen Augen. „Wenn ich das daheim in Luxemburg erzähle, dann glauben die, ich habe einen an der Pfanne.“ Und – pardon, liebe Lea – ich glaube, Ihre Luxemburger Freunde daheim wären beim Anblick dieses Events gar nicht so weit daneben gelegen …

Josef Viehhauser

Der im Salzburger Gasteinertal aufgewachsene Josef Viehhauser zog aus, um mit seiner Kochkunst Geschichte zu schreiben. Er erklomm in Hamburg mit seinem Restaurant Le Canard den Olymp, stürzte ab und fühlt sich jetzt als neuer Mensch. Er könnte aber durchaus bald wieder rückfällig werden.

Es ist ein schöner Tag im Hotel Cortisen am Wolfgangsee. Eigentlich bin ich hier, um für eine Geschichte zu recherchieren, die am nächsten Tag von Wien bis Hamburg die Titelseiten der Tageszeitungen füllen wird. Fernsehteams aus halb Europa werden hier den Hotelier Roland Ballner um Interviews bitten. Damit hatte ich an diesem wunderschönen Tag nicht im Entferntesten gerechnet. Ballner hatte sich entschlossen, in seinem Hotel ein Kinderverbot auszusprechen. Kinder müssen draußen bleiben. Da hat er eine heilige Kuh geschlachtet. Dann kam noch dazu, dass mir die beste Frage zum Schluss unseres Gesprächs eingefallen ist. „Dürfen hier eigentlich in Zukunft noch Hunde rein?“ „Aber sicher“, hat Ballner geantwortet. Da dämmerte mir erstmals, dass die Geschichte ein Aufreger werden würde. Denn wer Hundeparadies und Kinderverbot heutzutage in einer Geschichte unterbringt, der wird garantiert zum überregionalen Gesprächsthema.

Bevor aber der Sturm der Entrüstung losbrechen wird, sitzt Ballner noch ganz ruhig und entspannt mit einem alten Freund in der Zigarren-Lounge des Hotels. Der alte Freund, das ist Josef Viehhauser. Er kam wegen einer Wein- und Zigarrenverkostung und warnt Ballner mit väterlicher Fürsorge: „Das mit dem Kinderverbot, das lässt keinen kalt." Mit Schlagzeilen kennt sich Viehhauser aus. Er wurde jahrzehntelang mit Superlativen verwöhnt. Superlative auf der Ausgabenseite sorgten dagegen für seine Pleite. Allein die Miete für sein Luxusrestaurant Le Canard an der Hamburger Elbchaussee betrug monatlich 20.000 Euro. „So was überlebt man nur mit Sponsoren", weiß er heute. „Ihr lebt hier wie im Schlaraffenland, weil ihr den Dietrich Mateschitz habt."

Vor dem Erscheinen der Gastronomieführer sei er nie nervös gewesen, sagt er. „Ich wusste, was ich kann." Problematisch sei es erst geworden, als die Macher der Führer begonnen hätten, immer schneller dem Diktat der Mode zu folgen – beziehungsweise die Mode selbst noch schneller zu machen. Und wer sich mit der Mode verheiratet, das sagte einmal der Wiener Architekt Gustav Peichl sehr treffend, der wird schnell zum Witwer. Viehhauser sagt heute, er hätte es wissen müssen. „Das begann mit der Nouvelle Cuisine", erinnerte er sich süßsäuerlich und fügt gleich hinzu: „Das war ein abgekartetes Spiel." Christian Millau habe zusätzlich zum Führer ein Magazin auf den Markt gebracht und Paul Bocuse, der wohl medienwirksamste Koch dieser Zeit, habe seine Story sein sollen. „Das ist die Nouvelle Cuisine", war dann folgerichtig die erste Coverstory des neuen Trendsetterblatts. Gemeint war unter anderem die Trüffelsuppe mit Gänseleber – erdacht von Paul Bocuse? Weit gefehlt. Das Rezept stammt eigentlich von den Haeberlin-Brüdern aus dem Elsass. Aber die waren Christian Millau wohl nicht französisch genug. Dann könnten ja gleich die Sauerkrauts aus dem Breisgau kommen …

Französische Edelprodukte erlebten nach dieser Titelgeschichte einen noch nie da gewesenen Boom. Jedes Huhn sollte plötzlich ein Bresse-Huhn sein. Jeder Topwein kam aus Frankreich, der französische Käse wurde knapp und die französischen Butterberge schmolzen. Die „Nouvelle Cuisine“ war wie ein Erdbeben. Und auf die solcherart veränderte Landschaft wurden die ersten kulinarischen Siedler losgelassen. Was war das nur für eine Goldgräberstimmung! Das System wurde dann ganz schnell geklont und zunächst einmal nach Deutschland, später auch nach Österreich, in die Schweiz und nach Italien exportiert. Dorthin, wo die reichen Konzernchefs und Wirtschaftsbosse saßen und über prall gefüllte Spesenkonten verfügten. Ein Restaurant nach dem anderen wurde in diesen Strudel gezogen. In die Rolle des deutschen Bocuse durfte übrigens der Gasteiner Eckart Witzigmann schlüpfen. In die Rolle von Witzigmann schlüpft übrigens gerade der Steirer Johann Lafer – mit all seinen bislang fast schon karikaturistisch anmutenden Ausprägungen.

Zunächst aber wurde Bocuse auf Teufel komm raus gefeiert. Gerade so, als ob es kein Morgen gäbe. Ihm wurden fortan 80 Euro für eine Trüffelsuppe bezahlt und der Gault Millau ist bis heute stolz darauf, dieses Leckerli als Erster entdeckt zu haben. Ich durfte diese Suppe bei Bocuse auch einmal löffeln (gratis, versteht sich). Ich habe trotzdem bei jedem Löffel mitgezählt, um nachfühlen zu können, wie es einem zahlenden Gast dabei geht: 10 Euro, 20 Euro, 30 Euro ... Das ersparte Geld verprasste ich später in einer guten Brasserie in Lyon. Ich brauchte das für meine Selbsthygiene: Um mit meiner persönlichen Vorstellung von französischer Lebenskunst wieder ins Reine zu kommen. Wenn Sie mal im Restaurant von Bocuse essen sollten: Durchschnittlich sind etwa zehn Löffel drin. Aber es kursiert auch eine Rangliste unter Journalisten. Manche behaupten, sie hätten zwölf rausgekriegt. Ein anderer wiederum behauptete, nur fünf Löffel geschlürft zu haben. Aber Paul Bocuse mache ich für diese Sensationsesserei keinen Vorwurf. Er steht ja dazu. Erst vor wenigen Jahren hat er einmal in einem Interview gescherzt, dass Nouvelle Cuisine unter anderem deshalb so genial sei, „weil wenig auf dem Teller und viel auf der Rechnung ist“. Seit der Erfindung der Nouvelle Cuisine karrt man nun also frisch und munter und vor allem sinnlos Produkte wie Steinbutt und Hummer quer durch Europa. Viehhauser weiß, dass auch er verschwenderisch wie Saulus war. Heute gefällt er sich in der Rolle des Paulus. Er sagte, er verstehe jetzt auch alle Köche, die auf Gourmetführer pfiffen. Sein alter Spezi Jörg Wörther brauche das nicht mehr, sagt er. Und sein ehemaliger Schüler Franz Aichhorn auch nicht. Sicher: Früher bastelte Viehhauser für Pressetermine schon mal Weißwürste mit Hummerfleisch zusammen und grinste dazu tapfer in die Kameras. Sie wissen schon – da war dann in der Zeitung zu lesen: „Uns ward eine Weißwurst mit Hummerfleisch serviert …“ Pressetermine wie diese sind für die Beurteilung in Gourmetführern offenbar von großer Bedeutung. Noch wichtiger ist es aber, wenn dann dafür in den Medien viel Platz ist.

Ein Beispiel: In Österreich wurde in der Szene heftig darüber diskutiert, ob Johanna Maier nur deshalb vier Hauben vom Gault Millau erhalten habe, weil sie eine Frau sei (so sind sie nun mal, die Männer). A la Carte, der kleine Konkurrent des Gault Millau in Österreich, bezog im nächsten Jahr mit Lisl Wagner-Bacher wie auf Bestellung eine ähnliche Position. Er kürte die Niederösterreicherin zur besten Köchin Österreichs. Ich sprach den Gault-Millau-Chef Michael Reinartz ein paar Tage später darauf an, worauf er sich zwar respektvoll herablassend über den altbackenen Kochstil von Lisl Wagner-Bacher lustig machte, hingegen Johanna Maiers Kochkünste mit einem einzigen Satz kommentierte: „Von Johanna Maier war vorige Woche ein siebenseitiges Interview im Stern. Können Sie sich das vorstellen? Im Stern! Sieben Seiten!“ Alles klar: Vier Hauben.

Viehhauser schaut während unseres Gesprächs etwas verträumt aus dem Fenster. Neben ihm hat sein alter Freund Fritz Kornbinder Platz genommen. Er ist Koch im Hotel Cortisen. Hauben und Ähnliches braucht der nicht. Er wird gleich ein paar Runden im See schwimmen. Sollte ein Tester kommen, dann dürfte der ihm höchstens den Rücken trocken reiben. Das Hotel ist seit dem Kinderverbot ausgebucht. Und das schon Monate im Voraus. Das Hotel Cortisen hat ganz nebenbei dank der Medien auch eine neue Mode geschaffen. Kurz darauf gab es bereits die ersten Nachahmer-Hotels, bei denen es seitdem heißt: „Kinder müssen draußen bleiben."

„Welches Restaurant würden Sie heute in Salzburg führen?", frage ich Viehhauser. „Bodenständige Küche", sagt er. Denn die werde es noch geben, wenn nach den aktuellen Modeköchen aus Spanien und England kein Hahn mehr krähe. Könnte aber sein, dass ihm die Mode noch einmal eine Chance gibt. Sein alter Spezi Jörg Wörther, der seit zwei Jahren im Sold von Red-Bull-Chef Dietrich Mateschitz steht, soll das Konzept „Carpe Diem – Finest Finger Food" international markttauglich machen. Das Flaggschiff „Carpe Diem" in Salzburg ist gut besucht, nur an den so genannten Cones lässt das Interesse noch zu wünschen übrig. Wörther möchte, dass Viehhauser das Konzept in Hamburg umsetzt. Mal sehen, ob der vom Saulus zum Paulus mutierte Viehhauser wieder unter die Spieler geht. Die Miete würde diesmal immerhin Red Bull bezahlen.

Jean Georges Vongerichten

Dem Franzosen Jean Georges Vongerichten liegen weltweit die Gourmets zu Füßen. Er gilt als Erfinder der geklonten Spitzenküche und betreibt unter anderem Restaurants in New York, Las Vegas, Paris, London, Hongkong und Chicago.

Das Handy von Jean Georges Vongerichten läutet polyfon. Das passt zu ihm. Denn auch sein Englisch klingt französisch, während sein Französisch manchmal an Deutsch erinnert. Vongerichten ist gebürtiger Elsässer und er heißt auch wirklich so. Während unseres Gesprächs erhält er viele Anrufe. Es könnte sein, dass am anderen Ende Chicago ist, vielleicht aber auch Hongkong, London, Paris oder New York. Überall dort besitzt Vongerichten Restaurants und überall dort heißt es: „Hier kocht Vongerichten.“ „Ich meine das ernst“, sagt er und grinst spitzbübisch. „Alle reden vom Klonen. Und in der Spitzengastronomie ist das leichter als irgendwo anders.“ Deshalb war er auch ein perfekter Gastkoch im Salzburger Ikarus im Hangar-7, wo die Gerichte internationaler Spitzenköche bis auf das letzte Gramm Salz geklont werden. Weltweit wollen Gourmets die Gerichte von Kochlegenden kosten. Vongerichten hat das früh erkannt. Sein System geriet zu einem gastronomischen Wirtschaftswunder. Ein Wunder, das wie ein Märchen begann. In den 80er-Jahren war die New Yorker Szene verrückt nach seinen Kreationen. Er kochte im Lafayette. Bis ein Stammgast endlich begriff, dass dieser charmante Franzose noch mehr Freiheiten brauchte.

Phil Suarez hieß der zahlungskräftige Gourmet. Er drückte Vongerichten 50.000 Dollar buchstäblich in die Hand und sagte ihm, er solle sein eigenes Ding machen. Diese Großzügigkeit sollte er nicht bereuen. Heute ist er Vongerichtens Partner und der erwirtschaftet mit seinen 16 Restaurants Riesenumsätze. Alleine sein Prime Steakhouse in Las Vegas spült jährlich 15 Millionen Dollar in die Kasse. Zunächst aber eröffnete Vongerichten ein gemütliches Bistro. Er nannte es Jojo. So sei er als Kind immer gerufen worden, erzählt er. Außerdem hatten die Amerikaner Schwierigkeiten, seinen Namen auszusprechen. „Das klang nach Tschien Tschorsch.“ Sie dürften geübt haben: 1997 ging Jojo einen Schritt weiter. Er eröffnete im Trump Tower ein Restaurant, das bis heute in Szenemagazinen als „hippste Adresse“ gepriesen wird. Es heißt Jean Georges und gilt immer noch als Flaggschiff seines Gastroimperiums. Dieses Restaurant begründete auch die Marke „Jean Georges Vongerichten“. Die Marke wurde auf den jeweiligen Markt abgestimmt. Seine Linie „Vong“ steht für asiatisch leicht, die Linie „Market“ für jung und trendy. Sein jüngstes Projekt befindet sich im TWA-Gebäude. Das wurde eine Art Shopping Mall für Gourmets.

Hier sind nun fast alle US-Spitzenköche mit einem Lokal vertreten. Die enorme Konzentration an Luxusrestaurants kommt gut an: „Das funktioniert, wenn man regionale Spezialitäten beachtet", sagt Vongerichten. Seine eigene Spezialität? „Œuf Caviar. Da rühre ich ein Ei cremig, fülle es in die Schale, und setze dann Wodka-Obers und Imperialkaviar darauf." Ansonsten lautet sein Credo: „Reduzieren bis zum Maximum." In Salzburg habe er übrigens auch gut gespeist: „Das war bei einem Würstelstand." Dieses deftige Essen habe ihn an seine Kindheit im Elsass erinnert ...

Marc Haeberlin

Marc Haeberlin betreibt im Elsass Denkmalpflege. Er kocht mit stoischer Ruhe Rezepte aus einer Zeit, in der sie den Beginn der Hysterie um die Gourmetführer auslösten.

Die Auberge de l'Ill im elsässischen Illhäusern ist ein kulinarischer Wallfahrtsort. Seit 1967 hält dieses Restaurant drei Sterne im Guide Michelin. Marc Haeberlins Vater Paul machte es zur Legende. Der schwedische König Carl Gustav ist hier Stammgast. Aber nur selten im Speisesaal. Wenn er mit seiner Frau, Königin Silvia, hier zu Gast ist, dann nehmen die beiden meistens in der Küche Platz. Dort, wo das Essen so herrlich duftet und sich Minute für Minute neue Aromen herauskristallisieren. Für Marc Haeberlin ist das kein Grund zur Überheblichkeit. Der Küchenchef wird von seinen Mitarbeitern auch nur Monsieur Marc genannt. „Wenn vom Chef die Rede ist, dann ist mein Vater gemeint", sagt Marc mit ruhiger Stimme. Sein Vater ist zwar längst in Pension. „Was in Frankreich aber überhaupt nichts bedeutet", sagt Marc. Hier habe man noch Respekt vor seinen Eltern. Tradition und Respekt seien nun mal die Eckpfeiler, die Frankreich zum Küchenweltmeister gemacht hätten – und das Paradoxon, dass die feinsten Gerichte immer schon aus fragwürdigen Zutaten wie Schnecken, Saurüsseln oder Fröschen gemacht worden seien. All dieser vermeintliche Abfall kostet in den Sternerestaurants Frankreichs meistens mehr als Gerichte, die aus Edelprodukten gekocht werden.

Marc Haeberlin sitzt mit Eckart Witzigmann zu Tisch. Sie kennen einander seit Jahrzehnten. Witzigmann lernte bei den Haeberlins. Genauso wie andere Spitzenkräfte wie Vongerichten, Haas oder Karl und Rudi Obauer. „Alles brave Jungs", sagt Haeberlin und lächelt zufrieden. Haeberlin strahlt beim Kochen diese heute nur noch selten anzutreffende Ruhe aus. Er scheint mit sich und der Welt zufrieden zu sein. Weil er sich auf den Rezepten seines Vaters ausruhen kann und weil diese eine grundsolide Basis sind, Neues entstehen zu lassen. Heute kocht Marc Haeberlin Gerichte wie Ragout aus Jakobsmuscheln mit grünen Linsen und schwarzem Trüffel. So was benötigt er, um seine drei Sterne zu halten. Dann wieder nur gebackenes Ei mit Lachs. Das ist alte Schule: Aber es ist Liebe auf den ersten Biss. Haeberlin ist für die Küche vielleicht das, was John Lee Hooker für den Blues war. Erdig und gefühlvoll. Seine Art zu kochen trifft mitten ins Herz. Und er ist raffiniert: Auf die Frage, was er von dem spanischen Wunderkoch Adria Ferran hält, der in Reagenzgläsern „Geschmacksexplosionen" erforscht und damit die Tester vom Gault Millau und Guide Michelin verrückt vor Freude macht, antwortet er: „Das ist eine ganz große Kunst. Aber man sollte solche Lokale vielleicht nicht Restaurant, sondern Esslabor nennen."

Adria Ferran und seine Gefolgschaft

Wenn sogar schon die New York Times davon schreibt, dass die französische Küche unter Druck steht, dann scheint die Lage ernst zu sein. Gourmetkritiker orten eine längst fällige Wachablöse an der kulinarischen Spitze und zeigen damit nur wieder einmal, dass sie überhaupt nichts begriffen haben.

Was ist Ernährung? Diese Frage beantwortet der spanische Koch Adria Ferran kurz und bündig: „Ernährung = Essen + Emotion." Das ist so seine Art. Ferran zerlegt aus Prinzip alles in seine Einzelteile, um es besser verstehen zu können. Deshalb spricht man bei seiner Küche auch von Dekonstruktivismus. Manchmal treibt er das Spiel so weit, bis er reine Emotion auf den Teller bringt. „Aire de zanahoria" ist so ein Gericht, das ohne Essen auskommt. Auf Deutsch heißt das „Karottenluft". Er gewinnt sie, indem er so lange Karottensaft schlägt, bis der Schaum hochsteigt. Diesen Schaum lässt er dann ruhen. Er fällt dabei nicht zusammen, sondern wird erstaunlicherweise immer fester, fast wie Gelatine. Wer das kostet, der hat reinen Karottengeschmack auf der Zunge. Sonst nichts – nada.

Das Gegenteil ist Essen ohne jede Emotion. Das wäre etwa intravenöse Ernährung mittels Traubenzuckerinfusion. Dafür interessieren sich die Tester vom Guide Michelin aber wiederum herzlich wenig. Also wüten Ferran und seine ständig wachsende Schar von Nachahmern im emotionalen Bereich. Einer dieser Nachahmer ist Heston Blumenthal, der mit dem Fat Duck in Bray, einem schicken Rentnerdorf außerhalb von London, laut Gourmetkritik das derzeit beste Restaurant mit der modernsten Küche der Welt betreibt. Sein Küchenstil wurde vom englischen Guardian mit einem treffenden Satz beschrieben: „Mixe Schneckenbrei mit Sardinen-auf-Toast-Sorbet, und du hast eine fette Ente."

Eine seiner Kreationen: „Pommes frites mit Ketchup." Und das geht so: Zuerst werden exakt gleich groß geschnittene Kartoffelstäbchen in Wasser gekocht, dann vakuumgetrocknet. Anschließend bei 140 Grad in Öl frittiert, erneut getrocknet und zuletzt solange gekocht, bis im Inneren der Kartoffelstäbchen ein Hohlraum entsteht. Mit einer Spritze wird dann das Ketchup injiziert. Das Ganze schmeckt – na ja – wie Pommes frites mit Ketchup eben. Blumenthal sagt, sie harmonierten hervorragend mit Kalbsniere.

Ein weiterer mittlerweile prominent gewordener Schüler Adrias heißt Gianluigi Bonelli. Der in Spanien ausgebildete Italiener führt jetzt ein Lokal in Hongkong. Bei ihm kommt die so genannte Molekularküche etwas weniger entspannt daher. Da wird etwa das Gericht „Nitrolandia POP" serviert. Das Personal beeilt sich vor dem Servieren, die staunenden Gäste mit Sicherheitsbelehrungen einzudecken. Da werden nämlich Stücke, die aussehen wie Ravioli, in flüssigem Stickstoff bei minus 170 Grad dargeboten. „In die Hand nehmen, aber nur ganz kurz", lautet die erste Anweisung. „Dann auf die Zunge. Aber auch nur ganz kurz." Denn es könnte sein, dass die Ravioli auf der Zunge kleben bleiben. Das physikalische Phänomen ist bekannt, wenn Kinder im tiefsten Winter Metallgeländer ablecken. Bonelli arbeitet auch mit optischen Tricks: Sein „Virtuelles Rinderfilet mit Guinness, Mais und Senf" sieht nur aus wie ein Rinderfilet. Es schmeckt auch anders: Eher nach Guinness, Mais und Senf. Zwei Gänge vorher gab es übrigens Risotto mit Kokosnuss und Chlorophyll. Das Chlorophyll habe ich auf dem Teller nicht gefunden. „Es ist auf ihrem Teller auf elf Uhr", sagte der Kellner. Dürfte nach Chlorophyll geschmeckt haben. Aber woher soll das ein Gast wissen, der noch nie Chlorophyll gegessen hat? Und der es nach diesem einen Mal wohl auch nie wieder tun wird.

Die deutschen Gourmets haben auch schon ihren Adria. Die machen das in der Küche wie in der Musik: Da hatten die Deutschen ja auch von Bill Ramsey bis Howard Carpendale ihre deutsch singenden Exoten. In der Küche heißt der Exot Juan Amador. Er wurde in Spanien geboren, was ganz hervorragend passt, um sich ein bisschen Adria nach Hessen zu zaubern. Amador kam im Alter von zwei Jahren nach Deutschland, deshalb ist sein Akzent auch hessisch. Wenn er sich vorstellt, dann sagt er „Amadooor" und nicht – wie es die Sensationsesser gerne hätten – „Ammadorrr". Heute schreiben Gourmetkritiker, er sei der beste Spanier Deutschlands. Er sagt: „Ich bin ja auch der einzige." Amador ist bescheiden – was ihn sehr sympathisch macht. Die Gourmetkritiker schreiben auch, dass er „richtige Küche auf der Höhe der Zeit kocht", was immer damit auch gemeint sein mag.

Bis 2004 war Amador noch Küchenchef einer 25-köpfigen Brigade im Schlosshotel Wyberhöfe in Sailauf (Restaurant Caréme). Er sagt, er habe damals oft mehr Mitarbeiter als Gäste gehabt. Über das Caréme wurde auch lange geschrieben, dass es hier „richtige Küche auf der Höhe der Zeit“ gebe. Irgendwann hat die Zeit die Küche aber überholt: Das Caréme ging vor ein paar Jahren Pleite. Amadors Restaurant in Langen trägt heute seinen Namen – „Amador“ eben. Gerade mal vier Köche arbeiten ihm hier zu. Amador hat viel gelernt in den letzten Jahren. Schon nach zwei Jahren erhielt er zwei Sterne im Guide Michelin. Die Aufwertung kam zum richtigen Zeitpunkt, denn der Gault Millau hat ihn im selben Jahr wieder abgewertet. „Ich habe mit einem Vertreter des Gault Millau darüber gesprochen“, sagt er. „Er hat mir viel erklärt. Das meiste habe ich nicht verstanden, habe es aber akzeptiert.“ Er konnte es auch gut verschmerzen. Denn als Ritterschlag gelten in der Branche immer noch die Sterne des Guide Michelin. Die Presse schrieb fortan von Amadors genialer „Autorenküche“. „Ich würde es eher Garagenküche nennen“, sagt Amador und spielt damit einerseits auf die sündteuren so genannten „Garagenweine“ aus dem Bordelais an, andererseits auf die bescheidene Größe seiner Küche. Außerdem sei es mit der kleinen Küche ohnehin bald vorbei. Amador will sein Restaurant vergrößern. Dass sich irgendwann wieder einmal 25 Mitarbeiter in seiner Küche gegenseitig auf die Zehen treten, das kann er sich aber nicht mehr vorstellen. Adria ist jetzt in Mode, also tragen auch die Gerichte in Amadors Küche seltsame Namen wie „Rote-Bete-Bouillon, fest-flüssig“ etwa. Das ist ein mit Algen gebundener Rote-Bete-Saft, der in einem Calciumchlorid-Bad die Form und Farbe eines rohen Eigelbs bekommt. Die Spezialität seines Hauses ist übrigens „Karamellisierte Gänseleber mit Räucheraal und Holzkohle-Öl“. Das ist tatsächlich alles auf der Höhe der Zeit – Essen für Übersättigte eben.

Der Zerlege-Wahnsinn macht inzwischen ja auch schon vor dem Wein nicht mehr Halt. Umkehrosmose nennt man das dann.

Die galt bisher in Mittelmeerländern wie Spanien als Segen, weil sie Meerwasser entsalzen kann. Da wird das Meerwasser durch eine halb durchlässige Membran gepresst. Die Membran wirkt wie ein Filter, das Salz bleibt zurück. Der Wein wird bei diesem Verfahren in Alkohol, Wasser und Extrakt aufgespaltet – er kann vom Winzer dann beliebig zusammengestellt werden. Romantiker nennen Produkte, die so hergestellt werden, „Frankenstein-Weine". Dass all diese Verfahren vor allem der Nahrungsmittelindustrie in die Hände spielen, ist keine große Überraschung. Die Winzer müssen sich nicht mehr aufs Wetter verlassen. Die Wahrheit, die im Wein liegt, macht er sich selbst. Ähnlich ist es ja auch bei Adria & Co. Wo hier der Zug hinfährt, das wissen wir spätestens, seit der spanische Daniel Düsentrieb der Küche von Nestlé angeheuert wurde, um Schokolade zu designen.

Die Franzosen scheinen gegen diese Hexenküche noch weitgehend immun zu sein. „Glauben Sie mir: Bei Adria hat sich noch kein Franzose um einen Lehrplatz beworben", versuchte mich mal Marc Haeberlin zu überzeugen. Denn mit der von den Franzosen geliebten „Tradition & Qualité" habe seine Spalterei nichts mehr zu tun. Wenn da bloß dieser Nestbeschmutzer Joel Robuchon nicht gewesen wäre. Der galt nach Bocuse als nächster Heros der französischen Küche. Bis er sich eine längere Auszeit nahm. Aber nicht ohne vorher zu bemerken, dass Adria die Küche der Zukunft erfunden habe.

Die Grande Nation hat Angst. Es scheint, als ob die Franzosen nach dem Verlust ihrer Vormachtstellung auf dem Weinsektor (was unter anderem ja auch ihrem strengen, aber unwirtschaftlichen Weingesetz zu verdanken ist) auch noch dort geschlagen würden, wo sich ein französischer Mann bisher als unbesiegbar fühlen durfte: in der Küche. Und das ausgerechnet von spanischen Machos, die sich bereits auf Schützenhilfe der US-Medien stützen können. Die New York Times etwa befand kürzlich sachlich nüchtern: „Die französische Küche steht unter Druck." Mon Dieu!

Die Franzosen reagierten raffiniert: Sie versuchten die Konkurrenten langsam weich zu kochen. Der Guide Michelin (mit Sitz in Paris) zeichnete in seiner jüngsten Ausgabe in Frankreich 26 Restaurants mit der Höchstwertung (drei Sterne) aus. Spanien brachte es gerade mal auf vier Dreisterneköche. Neben Adria sind das Juan-Mari Arzak, Martin Berasategui und Santi Santamaria. Kurz darauf wurde beim Bocuse d'Or, einer Art Koch-WM für Nachwuchskräfte, der Sieg des französischen Vertreters Serge Vieira pompös gefeiert, während dem großmäulig angetretenen spanischen Teilnehmer gezeigt wurde, wo in der Küche der Schaumlöffel hängt. Er wurde Vorletzter (Platz 23).

Inmitten dieser Grabenkämpfe standen selbst Fachkräfte wie die Kochlegende Eckart Witzigmann zunächst verwirrt da. „Eigentlich müsste ich schockiert sein", sagte er nach einem Besuch von Adrias Restaurant El Bulli in der Nähe von Barcelona. „Es gab nur ein Menü. Das hatte jeder zu essen. Selbst das Tempo schrieb er vor – aber das macht nichts. Denn alle, mich eingeschlossen, waren begeistert, ja überwältigt." Witzigmann will den Kampf der Kochkulturen nicht kommentieren, weil er keinen sieht: „Von einer Ablöse an der Spitze kann ja überhaupt keine Rede sein", sagte er. Es gebe jetzt eben zwei Spitzen. Und dass die spanische Spitze der Nahrungsmittelindustrie in die Hände arbeitet, das kann ihm gar nicht spanisch vorkommen. Witzigmann steht ja selbst seit Jahren auf der Gehaltsliste des Konzerns Red Bull. Was Witzigmann an der spanischen Küche aber wirklich liebt, das ist ihre avantgardistische Triebfeder. Bei Adrias Tüfteleien kommen hin und wieder schon mal paradoxe Ergebnisse heraus: Seine Tagliatelle Carbonara etwa klingen nach einem Allerweltsgericht. Aber Adrias Pasta besteht aus einer reduzierten Consommé, die mit Pfeilwurzmehl, einer uralten, in Vergessenheit geratenen Substanz, zu einer transparenten geleeartigen Masse verarbeitet wird. Diese wird dann auseinander geschnitten und wieder in eine Form gefügt, die entfernt an Nudeln erinnert. Dazu gibt es Stückchen, die wie Speck aussehen. Das Ganze schmeckt dann – Achtung: Überraschung – wie Tagliatelle Carbonara. „Wer jetzt fragt, warum Adria nicht gleich Tagliatelle Carbonara kocht, der hat ein bisschen Recht und ganz viel Unrecht", sagt Witzigmann. Denn Kochen sei eine Kunst. „Und wer Ferran nicht zulässt, der entzieht auch dem Jazz und abstrakter Malerei die Existenzberechtigung."

Einen goldenen Mittelweg schlägt dagegen der Spanier Xavier Pellicer ein. Er führt in Barcelona mit dem ABAC eines der aufstrebendsten Restaurants Spaniens. „Adria kann man nicht kopieren", sagt er. „Nur studieren." Er informiere sich regelmäßig beim „Hexer", wie Adria in der Branche genannt werde, aber das meiste aus Adrias Labor sei für die Küche Pellicers unbrauchbar. Pellicer setzt auf Geradlinigkeit, die für die neue spanische Küche eher untypisch ist. Dabei lässt er sich viel lieber von der asiatischen Küche inspirieren. Die Entenstopfleber etwa gibt es bei ihm gedämpft mit Ingwer und Birnen. Eine Lieblingstechnik Pellicers ist das Garen bei Niedrigtemperatur. Das ergibt noch keine Geschmacksexplosion, aber es reicht zumindest für ein seliges Lächeln. „Am Anfang war die Technik", sagt Pellicer. Nur sie habe das spanische Küchenwunder ermöglicht. „Vor 15 Jahren lag Spanien in den Augen der Europäer doch noch in Afrika", sagt er. „Heute erleben wir einen Küchenfrühling." E-Mail, digitale Fotografie, Internet – all das habe geholfen zu lernen, aber auch sich zu verbreiten. Dann schaut er kurz erschrocken und sagt: „All das ist aber nichts gegen mein Herz und meine Hände. Das ist Klassik. Die hat Bestand. Sie müssen wissen: Ich habe eine französische Mutter …"

Roland Trettl

Klotzen statt kleckern. Im Restaurant Ikarus im Hangar-7 wurde ein Küchenkonzept realisiert, das keine Kosten scheut. Da wird jeden Monat ein internationaler Star der Kochszene in die Küche geholt. Andere werden in diesem Konzept als zukünftige Stars und Werbeträger aufgebaut. Mittendrin: Roland Trettl. Der Allzeit-Küchenchef des Ikarus macht den Eindruck, als ob er aufschreien wollte: „Hilfe: Ich bin ein Star. Holt mich hier raus!"

Roland Trettl ist der Koch, der in der Szene wohl am meisten beneidet wird. Denn im Gastrokonzept des Red-Bull-Chefs Dietrich Mateschitz scheint Geld keine Rolle zu spielen. Ehemalige Mitarbeiter der High-Tech-Küche berichten, dass in den Mateschitz-Betrieben mit einem Wareneinsatz von bis zu 80 Prozent gearbeitet wird. Das bedeutet, dass bis zu 80 Prozent des Umsatzes für den Einkauf der Küche verwendet werden. Was für jeden Betrieb den Ruin bedeuten würde, ergibt in der Marketingstrategie von Mateschitz durchaus Sinn. Denn der Hangar-7, ein unterkühlt wirkender futuristischer Glastempel unmittelbar neben dem Salzburger Flughafen, beschert dem Produzenten des Lifestyle-Getränks nicht nur enorme Ausgaben – er garantiert auch weltweit Gratisberichterstattung in den Medien. Dieses System ist genial: Mateschitz verpflichtete Eckart Witzigmann (65). Den kennt jeder: Den einen ist er noch als genialer Koch in Erinnerung, den anderen wegen seines Kokain-Skandals, als er noch im Münchener Luxusrestaurant Aubergine den Schönen und Reichen zu gefallen hatte. Heute lebt er sehr gut von seinen exzellenten Kontakten in der Welt der Spitzenköche, Szenegastronomen und Eventspezialisten. Er ist ein perfekter Netzwerker der Hauben- und Sternewelt. Schließlich wurde er vom Gault Millau mit dem Titel „Jahrhundertkoch" geadelt. Es gibt auch „Jahrzehnteköche" und Ähnliches. Aber „Jahrhundertkoch", das ist schon was.

Witzigmann sucht pro Jahr zwölf Köche aus, für jeden Monat einen. Diese Köche zeigen dann in dieser Glitzerwelt ein paar Tage lang ihr Können. Ein genialer Schachzug: Denn in Mitteleuropa füllen die Zeitungen bereitwillig ihre Spalten, wenn ein australischer, ein amerikanischer oder ein asiatischer Spitzenkoch den Hangar-7 beehrt. Und in der Heimat dieser Spitzenköche geht es medial ebenso rund. So in der Art: „Unser Überdrübersuperkoch darf im Hangar-7 kochen.“ Auf Inserate umgemünzt wäre dieses Trommelfeuer in den Medien wohl unbezahlbar. Aber dieser mediale Vorausgehorsam ist noch viel besser für Red Bull: Einem Inserat traut der Leser nur eingeschränkt. Die permanente redaktionelle Lobpreisung dagegen lässt ihn tief beeindruckt zurück. Und wer Geschichten über den Hangar-7 liest, bei dem bleiben im Unterbewusstsein nur zwei Wörter hängen: „Red“ und „Bull“. Die Welt ist schön.

Roland Trettls Welt dagegen ist Himmel und Hölle zugleich. Kein Koch der Welt hatte jemals die Gelegenheit, in so kurzer Zeit so intensiv von so vielen Lehrmeistern zu lernen. Natürlich müssen diese Beziehungen in den wenigen Tagen der Zusammenarbeit oberflächlich bleiben. Ob es da zwischen zwei genialen Geistern jemals „funkt“, das dürfte eher dem Zufall überlassen sein. Aber vor einem Jahr konnten sich die Gäste des Hangar-7 selber ein Bild von diesem Trettl machen. Denn da durfte er erstmals zeigen, dass er ein Küchenchef mit eigener Handschrift ist.

Das Restaurant Ikarus wurde seinem Namen noch nie so gerecht wie im August des Jahres 2005, als das Red-Bull-Management Trettl erstmals von der Leine ließ. Denn in der Zusammenarbeit mit diesen Sonnengöttern der Kochkunst kann sich ein junger Koch eigentlich nur die Finger verbrennen. „Perfektion ist in diesem System Normalzustand“, sagte er mal zu mir. Bei der kleinsten Abweichung, nach dem geringsten Übermut, ist in diesem Konzept nur eines perfekt: Der Absturz und die Schadenfreude der Konkurrenz. Aber Trettl braucht kein Mitleid. Denn die Latte hat er sich bewusst selbst so hoch gelegt.

Um sein ungestümes Temperament zu zügeln, täte ihm ein Gespräch mit einem der ganz großen aktuellen Köche gut. Gemeint ist Thomas Keller, der in aller Bescheidenheit in seinem kalifornischen Restaurant French Laundry die Feinschmecker dieser Welt zu Begeisterungsstürmen hinreißt. Keller reagiert auf die Frage nach Perfektion viel abgeklärter: „Perfekt ist etwas, das man nie ganz erreicht. Es ist etwas, wonach man sucht. Wenn man es einmal erreicht hat, ist es nicht mehr perfekt. Man hat es verloren. Es ist weg." Dieser Satz kam mir in Erinnerung, während mir Red-Bull-Strategen erklärten, dass dieser Hangar-7 eine einzige „fehlerfreie Zone" sei. Auf den genussorientierten Betrachter wirkt der Hangar-7 wohl eher wie eine „keimfreie Zone". Es ist nicht bekannt, dass im Hangar-7 jemals das Wort „Gemütlichkeit" gefallen ist.

Trettls Performance war in diesem August wie ein Aufschrei mit der versteckten Botschaft: „Ich habe von all diesen Sonnengöttern gelernt. Aber ich bin nicht wie die!" Schon die Speisekarte war ein Spiegelbild seiner überbordenden Kreativität. Außerdem unterstrich sie den Anspruch eines modernen Kochs, zugleich Popstar sein zu wollen. Während der englische TV-Koch Jamie Oliver mit Schwiegersohn-Charme die Herzen braver Mädchen höher schlagen lässt, zeigte Trettl auf den ersten Blick, was Frauen bei ihm zu erwarten haben: „14 Sünden" – mindestens. Jede Sünde ein Gang, jeder Gang ein kleines provokantes Kunstwerk: Auf der Karte folgte den „Verführerischen Meeresfrüchten" etwa ein „Rolliger Mops", der „Aphrodisischen Pizza" eine „Heiß sautierte Jakobsmuschel mit Dreier-lei vom Steinpilz". Für Vegetarier hatte der eingefleischte Genussmensch immerhin noch „Geile Sachen vom Steinpilz" im Angebot. Politisch korrekt ist in dieser Liga was anderes. „So eine Karte ist schnell geschrieben", sagte Trettl. „Auf die Umsetzung kommt es an." Hätte er seiner revolutionären Ader aber vollkommen freien Lauf gelassen, dann hätte er auf seinen Freibrief verzichten sollen, einzukaufen, was gut und teuer ist. Sein Menü war so nicht mehr und nicht weniger das Spiegelbild einer dekadenten und obszönen Gesellschaft, die sich keinen Deut drum schert, was morgen sein wird. Hier wurde auf höchstem Niveau geprasst und provoziert.

„Meine 14 Sünden sind besser als Viagra", fuhr Trettl fort. „Und sie haben keine unangenehmen Nebenwirkungen." Trettl liebt es nun mal, die Leute zu provozieren, sie mit seiner direkten

Art durcheinander zu bringen. Er ist ein typischer Vertreter der „Generation Bourdain". Anthony Bourdain, das ist jener französischstämmige amerikanische Koch, der mit dem Buch „Geständnis eines Küchenchefs" eine Kochszene beschreibt, die sich in erster Linie von ihrem Testosteron steuern lässt. Verschwitzte selbstbewusste Männer eben, die ihre Küchen mit dampfenden Maschinenräumen eines U-Boots vergleichen – ständig auf der Hut vor der Unterwassergranate, die jeden Augenblick einschlagen könnte. Trettl gefällt sich in der Rolle des Outlaws und er wäre wohl sogar der perfekte Werbeträger für den Energy-Drink-Hersteller Red Bull. „Ich gebe zu, ich bin eine Diva", sagte er während unseres Gesprächs und schaute die Pressedame, die über jedes Interview im Hangar-7 wacht, mit einem Ausdruck des Mitgefühls an. Sie nickte brav.

Selbst wenn alle Gäste nach einem Essen minutenlang Beifall klatschen, ist Trettl noch nicht zufrieden. „Was nützt der Beifall, wenn ich merke, dass ich während des Kochens einen Fehler gemacht habe?", fragte er. Von der Fleischeslust zur Selbstzerfleischung ist es bei besessenen Köchen nur ein kleiner Schritt. Trettls Fanatismus ist wohl auf die Stationen seiner Lehrzeit zurückzuführen: Gelernt hat der Südtiroler in Bozen. Dann zog es ihn in die weite Welt der Spitzengastronomie. Er fand seinen Meister mit Eckart Witzigmann im Aubergine in München, später im Tantris. Dann wollte er zurück nach Bozen: „Um zu sehen, wo ich stehe. Um zu spüren, wie ich mich entwickelt habe", erinnerte er sich. Ihm sei schnell klar gewesen, dass seine Heimat nur die oberste Liga werden könne. Nur da, so glaubte er herausgefunden zu haben, könne er sich verwirklichen. Über das Ca's Puers auf Mallorca wurde er später von seinem Mentor Witzigmann nach Salzburg gelotst.

Salzburger Kochkollegen bezeichnen Trettl manchmal als durchgeknallt. Was ihm egal ist. Er versichert bei jeder Gelegenheit, dass er Salzburg mag. „Weil es hier ruhig ist." Einen Tag nach unserem Gespräch brach er schon wieder auf. Nach Schanghai, um dort acht Tage lang die Oktober-Karte durchzusprechen und sich einzuarbeiten. Da hat er sich dann wieder punktgenau an die vorgegebenen Rezepte gehalten und einen Monat lang nach Zahlen gemalt. Wenn Sie aber ein kulinarisches Spiegelbild unserer Zeit mit einem Blick in die Zukunft erleben wollen, dann müssen Sie Trettl kosten, wann immer es ihnen möglich ist. Er platziert Einwegspritzen mit Zitronensaft auf dem Teller und serviert in einen Vakuumbeutel eingeschweißtes Kalbsfilet als „Luxus-Convenience-Food". Jede einzelne seiner Kreationen provoziert, duftet und schmeckt – nach mehr. All das fehlt im Ikarus, wenn er die Gerichte anderer Köche klonen muss.

Bei seinem zweiten Solo-Auftritt verblüffte Trettl die Fachwelt mit einer lässig zur Schau gestellten Verachtung der modernen Kochkunst. Er kochte im August 2006 ein Menü, das den demütigen Titel „Heimat" trug. „Ich habe in dem vergangenen Jahr die Gerichte von drei Molekularköchen nachgekocht. Da hat man Zeit zum Nachdenken", erzählte er mir. Für ihn habe sich da die Weisheit aufgetan, dass die Zukunft der Kochkunst in Wahrheit in der Vergangenheit liege. „Es ist doch so", sagte er. „Wenn ich an meine Lieblingsspeisen denke, sind es immer welche aus meiner Jugend." Mit seinem Lehrmeister Eckart Witzigmann kehrte er deshalb für Dreharbeiten in seine Südtiroler Heimat zurück. Trettl schwärmte von magischen Augenblicken. „Als wir etwa mit der uralten Eisenbahn fuhren. Oder als wir bei meiner Mutter das beste Schnitzel der Welt essen durften." Also gab es im „Ikarus" einen Monat lang Gerichte wie „Pfifferlingsravioli mit Mozzarella" oder „Vitello Tonnato mit Grillgemüse".

Großes Kino lieferte Trettl aber trotzdem noch: Er kochte auch jenes Menü, mit dem Witzigmann vor mehr als 15 Jahren im Münchener Luxusrestaurant Aubergine Spesenritter köderte. Im Hangar-7 wirkte das zwar so, als ob der Hollywood-Schinken „Vom Winde verweht" im Cineplexx zu sehen wäre. Aber dieses Menü war auch ein Beweis für Witzigmanns hintergründige Schlitzohrigkeit. Denn auf der Karte jubelte er schon damals seinen reichen Gästen ein Gericht namens „Kalbsbries Rumohr“ unter. Sollten Sie Rumohr nicht kennen. Der Dichter Friedrich von Rumohr (1785–1843) forderte, dass eine Küche, die den Anspruch auf Kunst erheben möchte, von allen Schichten verstanden werden und bezahlbar sein müsse. Dass ausgerechnet der Luxuskoch Witzigmann die Gourmets bereits vor 15 Jahren daran erinnern wollte, dafür gebührt ihm Respekt.

Cheong Liew

Der Malaysier Cheong Liew gilt als bester Koch Australiens. Keiner repräsentiert die Fusionsküche so gut wie er. Weil Fusion seine Lebensphilosophie ist. Dabei will Liew nur eines: Kochen.

Cheong Liew ist ein freundlicher Mann. Mit einem schüchternen Lächeln bestellt er eine Tasse Tee und wartet mit großen Augen auf die erste Frage. Liew hat viel zu erzählen, aber er würde seine Geschichten nie jemand aufdrängen. Er wuchs als Sohn chinesischer Eltern in Malaysia auf. Dann verschlug es ihn mit seinem Bruder nach Australien. „Ja, mein Bruder“, sagt er, „der hat es schnell geschafft.“ Denn sein Bruder hatte rasch einen Job als Kellner in einem griechischen Restaurant in Adelaide gefunden. Eines Tages habe der Bruder seinen Chef gefragt, ob er nicht auch einen Job für Cheong habe. Heute zählt Cheong Liews Restaurant The Grange in Adelaide zu den besten der Welt. Dort habe er auch eher zufällig die Fusionsküche miterfunden. „Was sollte ich sonst kochen?“, fragt er. „Als chinesischstämmiger Malaysier, der in Australien lebt und mit einer Litauerin verheiratet ist?“

Liews Erfolgsgeheimnis heißt ständiges Lernen. Er fühle sich keineswegs als Star, sagt er. „Das Gegenteil ist der Fall. Jeden Tag lerne ich jemand kennen, von dem ich etwas lernen kann. Die sind für mich Stars.“ Er hält auch nicht viel von überschwänglichem Lob. Eine dieser klassischen Hymnen der Gault-Millau-Tester würde ihn wohl sogar arbeitsunfähig machen. Denn Liew lacht gerne und beim Lesen dieser blumigen Sätze würde er arg unter seinen legendären Lachkrämpfen zu leiden haben. Gourmetjournalisten aus aller Welt feiern ihn auch als Künstler. Darauf angesprochen muss er schon wieder herzhaft lachen. „Das ist wirklich Blödsinn“, sagt er. „Ich koche gerne und vielen Leuten schmeckt es. Das ist alles. Wenn mein Essen auch noch gut aussieht, dann ist es perfekt.“ Also keine Kunst? „Mit der Kunst ist es so eine Sache“, sagt er und beugt sich leise nach vorn. „Kunst passiert. Wer sagt, er sei ein Künstler, der hat in Wirklichkeit überhaupt nichts kapiert.“

Aber jetzt ist er bei seinem Lieblingsthema. Fast schon verschwörerisch beugt er sich noch weiter nach vor und sagt: „Alle Köche dieser Welt haben eine Aufgabe: Wir müssen unseren Kindern guten Geschmack beibringen und sie von McDonald's fernhalten.“ Der Status quo müsse dabei die landestypische Küche sein. „Ihr habt doch hervorragendes Rindfleisch“, sagt er. „Warum esst ihr bei euch zuhause zu jeder Gelegenheit exotische Fische? Ich verstehe das nicht.“ Auf der landestypischen Küche könne man aufbauen. In seinem Restaurant sieht dieser Aufbau der Gerichte etwa so aus. Da gibt es seine „Four Dances of the Sea“. Das ist Hummer auf Sepianudeln, frittierter Oktopus, Seehecht mit Avocado und marinierten Kirschen sowie Garnelen auf Reis. Oder pikantes Wagyu-Rind mit Kokosnuss-Palmzuckerpudding. Seine Kochkunst hat er unter das lebensfrohe Motto „Let's Dance“ gestellt. „Weil man beim Essen spürt, dass man lebt“, sagte er mit einem Augenzwinkern. Wie die „Four Dances of the Earth“ für Österreich denn ausschauen könnten, habe ich ihn auch noch gefragt. „Was fragst du mich?“, hat er geantwortet und brach in schallendes Gelächter aus. „Denkt doch selber mal ein bisschen nach.“ „Recht hat er“, habe ich mir beim Verlassen des Lokals gedacht. Auch seine Antwort auf meine letzte Frage geht mir seitdem nicht mehr aus dem Kopf. „Was tust du eigentlich, wenn du nicht im The Grange stehst und kochst?“, wollte ich noch von ihm wissen. Da machte er kurz große Augen, lachte dann wieder laut auf und sagt: „Zuhause kochen. Dann essen. Was sonst?"

Yao Yao Hu

Dieser Koch wird nicht im Gault Millau oder im Guide Michelin gelistet. Er ist genial, weil er wohl der beste Beobachter der österreichischen Gastronomie ist. Der in China geborene Yao Yao Hu ist heute österreichischer Staatsbürger, für mich aber der raffinierteste „Thailänder" Österreichs.

Yao Yao Hus Großvater kämpfte auf der falschen Seite. Er war ein General von Tschiang Kai-Schek. „Meine Familie, vor allem mein Vater, wurde sehr schikaniert", sagt Yao heute. Kein Wunder, dass er sich als Kind als Außenseiter fühlte. Er habe damals aber gelernt, zu beobachten. Heute sitzt er an einem Tisch seines Restaurants Bangkok und rührt bedächtig in seinem Kaffee. Am nächsten Tag wird das thailändische Konsulat bei ihm zu Gast sein. Wenn das sein Großvater noch hätte erleben können!

In der Schule musste Yao immer in der letzten Bank sitzen. Er sagt, er habe damals viele gute Ideen gehabt. „Aber diese Ideen hatten nur selten etwas mit dem Unterricht zu tun." Als Zwölfjähriger heuerte er im besten Hotel der Region an. „Ein Übersee-Hotel war das", sagt Yao stolz. Die „Übersee-Hotels" waren auf die Bedürfnisse europäischer und amerikanischer Gäste ausgerichtet. Auch hier hat Yao viel beobachtet. Aber schon ein Jahr später hatte sein Vater die Schikanen satt. Er wanderte aus. Nach Österreich. „Dorthin, wo jeder Chinese ein chinesisches Restaurant gründet", sagt Yao mit einem süßsauren Lächeln. Gemeinsam mit seinem Vater fand er zunächst in einem steirischen China-Restaurant Arbeit. Da habe er die Mentalität der Austro-Chinesen kennen gelernt. „Die arbeiten wie Maschinen. Null Kreativität. Wenn du in Wien im China-Restaurant Nummer 39 bestellst, dann bekommst du das Gleiche wie in Innsbruck." Sein chinesischer Chef habe ihn ausgenutzt. Von geregelter Arbeitszeit war ohnehin keine Spur. „Aber er verweigerte mir manchmal sogar das Essen", erinnert sich Yao. Er hatte es satt, ihn darum anzubetteln und ernährte sich irgendwann nur noch von Wurstsemmeln aus dem Supermarkt. Die Österreicher dagegen mochte er von Anfang an. „Die waren immer freundlich und hilfsbereit." Bergauf ging es erst, als sein Vater ein eigenes Restaurant in Salzburg gründete. Es war nur mittags gut besucht. „Unsere Angestellten waren abends eigentlich umsonst da. Die Personalkosten hätten uns ruiniert." Halbtagskräfte waren keine zu kriegen. Also schaute er sich von den Österreichern für das Mittagsgeschäft das Buffet-System ab. Und plötzlich lief auch das Abendgeschäft wie geschmiert, weil er sich von den Italienern den Zustelldienst abgeschaut hatte. Wichtig war ihm nur, der erste „zustellende Chinese" zu sein. „Dann bist du in der ganzen Stadt im Gespräch", sagt er.

Nachdem Yao die österreichische Staatsbürgerschaft erhalten habe, habe er das Gefühl gehabt, dass ihm nun die Welt offen stehe. Er wollte wieder einmal Erster in Salzburg sein und eröffnete Salzburgs erstes Thai-Restaurant. Zuvor flog er nach Thailand, um die Küche dort zu studieren. „Nicht ans Meer", sagt er. „Denn die Österreicher sind ein Landvolk. Sie sind auf Landtiere konditioniert." Also flog er in Thailands Norden, wo er die Garküchen der Nachtmärkte studierte. Um auf Nummer sicher zu gehen, engagierte er einen thailändischen Koch für sein Lokal in Salzburg. Heute kommt auch Johanna Maier regelmäßig mit ihrer Familie zu ihm zum Essen. „Weil Yaos Küche inspiriert", sagt sie. Als immer mehr Thai-Restaurants in Salzburg eröffnet wurden, entschloss sich Yao, ein Weinseminar zu machen. „Ich bin jetzt der erste in China geborene Österreicher mit thailändischem Restaurant, der Weinverkostungen anbietet", sagt er mit einem breiten Grinsen. Er habe ein gutes Gefühl in Österreich. Denn hier müsse er auf keiner Seite kämpfen. Hier reiche es, Ideen zu haben …

Die Obauers – oder der Pariser Urmeterstab in Werfen

Wer's aus der Schule nicht mehr weiß – irgendwo in Paris befindet sich ein Stück aus Platin-Iridium – einem Metall, das sich offensichtlich ganz besonders wenig verformt, und das war lange Zeit die exakteste Längenangabe für einen Meter. Also der Pariser Urmeterstab.

Das Werfener Gegenstück dazu sind die Brüder Obauer. Für mich das Maß aller Dinge, wenn es um die Einordnung von Küchenniveau geht. Man kann so gut kochen wie die Obauers, man kann vielleicht auch besser kochen, aber gemessen wird an einer Einheit Obauer. Gleich vorweggenommen – viele habe ich noch nicht getroffen, die besser kochen können.

Die Besuche bei den Obauers haben bei mir schon eine lange Tradition. Das erste Mal habe ich dort auf Empfehlung eines meiner Freunde gegessen. Er selbst, damals noch hoffnungsvoller Jungmediziner, war auf Einladung eines Pharmakonzerns dort essen. Aus dem Jungmediziner ist mittlerweile einer der anerkannt besten Kardiologen Österreichs geworden, seine Esslust ist ihm geblieben – man sieht ihm das auch deutlich an. Er jedenfalls hat mich und andere Freunde dazu überredet, den Inhalt unserer damals noch schmalen Brieftaschen nach Werfen zu tragen und wir haben es nicht bereut. Die Obauers kochten zu dieser Zeit in der Wintersaison am Arlberg und betrieben nur im Sommer den elterlichen Gasthof Zum Lebzelter in Werfen. Schon damals zeichnete sich der Weg an die Spitze ab. „Karl, der Kleine" rührte unermüdlich nicht nur in den Töpfen, sondern auch die Werbetrommel für das Haus und „Rudi, der Größere" der beiden Brüder gab den stillen und zurückhaltenden Koch.

Ich testete das Lokal das erste Mal im Jahr 1993 – gleichsam als Testnovize. Entweder ich hatte damals noch keine Ahnung oder schon die richtige Vorahnung – jedenfalls habe ich in diesem Test schon die Note 19 oder vier Hauben für die beiden Brüder vorgesehen. Das dürfte jedoch nicht in die Linie des Gault Millau gepasst haben, denn man blieb nach wie vor bei 18 Punkten. Als „political correctness“ würde man das wohl bezeichnen, weil es halt einfach noch nicht vorgesehen war. Verdient hätten die beiden damals schon die vierte Haube. Michael Reinartz war aber nie ein besonders großer Freund der Obauers – ihm waren sie stets zu manieriert, zu wenig geradlinig. Immer wieder, wenn ich ihn drauf aufmerksam machte, dass hier vier Hauben und 19 Punkte dringlich anzusetzen wären, machte er mich auf diesen oder jenen angeblichen Fehler aufmerksam. Schlussendlich gab er aber nach und die Obauers stiegen im Jahr 1995 in den Olymp der Vierhaubenköche auf. Eine Leistung, die hinsichtlich der – vorsichtig gesagt – vornehmen Reserviertheit des Herausgebers nicht hoch genug bewertet werden kann. Dass die küchenmäßige Leistung stimmt, wurde ja in den folgenden Jahren deutlich bewiesen.

Anders halten es die beiden mit der Architektur. Jedes Jahr ein kleiner Umbau und kein einziges Mal wird das Haus schöner. Ein wilder Mischmasch an Farben, Hölzern und Bildern trägt nicht unbedingt zur Gemütlichkeit bei. Aber über Geschmäcker lässt sich eben – außer beim Essen – nicht streiten und es wird schon Leute geben, denen das gefällt.

Mit Karl Obauer hat sich des Öfteren bei unseren zahlreichen Besuchen ein etwas eigenartiger Disput entwickelt. An einen kann ich mich noch gut erinnern. Auf meine Anregung, dass ich es durchaus für überzogen halte, 80 Schilling (5,80 Euro) für eine Flasche Mineralwasser zu verlangen und dass es doch möglich wäre, das Wasser in das Gedeck hineinzurechnen, insbesondere deshalb, weil es ja doch im Einkauf fast nichts koste, reagierte er überaus emotional. Die Arbeit und die abzuwaschenden Gläser und das Servicepersonal und allerlei Dinge mehr waren es, die ihm dazu als Argumentationshilfe dienten ... Nur gut, dass sich die Zeit verändert hat – heute, wo es ganz normal ist, Leitungswasser zu trinken, werden dieselben Gläser vom selben Personal gratis auf den Tisch gestellt. Das hätte man früher auch schon machen können.

Wenn Obauer und ich zu diskutieren begannen, dann zogen meine Freunde am Tisch schon immer ganz leise den Kopf ein und warteten den Ausgang des Gesprächs ab. Richtig böse war es aber selbstverständlich nie. Ganz im Gegenteil: Als ich einmal wegen des formidablen Rezepts für den „Wolfsbarsch auf Rettich" anrief, bekam ich anstandslos sofort ein paar Tipps. Einleitungsworte: „Das ist ganz leicht …" – wie sich das ein Obauer halt so vorstellt.

Eine kleine Gemeinheit musste ich den Obauers aber doch immer antun. Ich habe ihnen jedes Jahr eine Weihnachtskarte geschickt – so spät, dass sie erst am 22. oder 23. Dezember angekommen ist. Peinlich – werden die sich gedacht haben – und haben mir sofort geantwortet und ich bekam jedes Jahr eine Weihnachtskarte aus dem Hause Obauer, die so um den 28. oder 29. Dezember einlangte. Nur letztes Jahr – da ist es ihnen offensichtlich zu blöd geworden – da bekam ich keine mehr.

Wagner-Bacher und Döllerer – Untermieter auf Lebenszeit?

Vorab gesagt, ich habe das Landhaus Bacher nie getestet. War auch gut so, denn ich war wohl einige Male dort essen – besonders aufgefallen sind mir andere Dinge, nicht jedoch die Küche.

Im Gault Millau überschlägt man sich ja schon seit Jahren und erfindet immer neue Umschreibungen dafür, dass es hier sehr klassisch zugeht. Wer sich getraut, könnte sogar sagen, so klassisch, dass es schon fast langweilig wird. Traut man sich aber nicht. Eine Institution wie Lisl Wagner-Bacher wird im Gault Millau nicht kritisiert. Sie ist eine der wenigen Personen, die immer hoch gehalten werden. Wahrscheinlich braucht es diese Ankerpunkte für Tester, damit sie sich irgendwo festhalten können und nicht jedes Mal neu nachdenken müssen.

Manchmal loben sie sich auch selbst – die Tester vom Gault Millau. Im Jahr 2004 ist im Text Folgendes zu lesen: *„Wir haben nachgeblättert, unglaubliche 20 Jahre ist es bereits her – als wir Lisl Wagner-Bacher als erste ‚Köchin des Jahres' auszeichneten."* Wo der arme Tester hier nachgeblättert hat, weiß ich nicht, denn jedes Jahr steht unter den „Koordinaten" des Landhauses Bacher im Gault Millau in großen roten Buchstaben „Köchin des Jahres 1983". Also weit muss man nicht blättern! Der Titel „Köchin des Jahres 1983" ist eigentlich fast schon eine Drohung. Aber das sieht der Tester nicht so und schreibt sofort bestätigend: *„Die schmeckbare Lust am Kochen hat bei der Lisl in keiner Weise nachgelassen, wie im Übrigen das aktuelle Kochbuch – hier natürlich handsigniert erhältlich – beweist."*

Was das Kochbuch hier beweisen soll, will mir einfach nicht einleuchten. Außer dass hier ganz schamlos Werbung für etwas gemacht wird, was in einem Essführer nichts verloren hat. Dass man sich beim Test für das klassische Menü entschieden hat, ist auch keine Überraschung. Hätte man ein anderes genommen, wäre es ja doch auch klassisch gewesen – also was soll die Feststellung? Die verkostete Gänselebervariation wird zwar in höchsten Tönen gelobt – ist auch handwerklich hervorragend gelungen, verdirbt aber den Appetit auf das restliche Essen, so „geil" ist sie gemacht.

Im Jahr 2005 wird im Test von einer *„bedächtigen Entwicklung"* geschrieben. Die überklassische Küche wird hier fein umschrieben: *„... es ist nicht der überbordende Innovationsdrang ..."* – und wieder einmal muss ein ordentliches Selbstlob her, damit der Test auch nicht zu kurz ausfällt – *„... einmal mehr ist es uns eine Freude anzumerken, dass es wir von Gault Millau* *waren, die Lisl Wagner-Bacher bereits 1985 zum ersten Koch, sprich ‚Köchin des Jahres' küren durften"*. Warum nach wie vor in roten Großbuchstaben am Anfang des Tests „Köchin des Jahres 1983" steht, wird sowohl dem Tester als auch uns ein ewiges Rätsel bleiben. Und irgendwann im Test werden immer die Frau Johanna und der Herr Andreas gelobt und der Patron Klaus Wagner und sein wirklich schöner Weinkeller.

Dieser ist allerdings tatsächlich sehenswert. Dass sich der Patron bei all meinen Besuchen immer nur aus der Ferne zeigte, niemals eine Weinempfehlung abgab und gerne ausgiebig an den Tischen seiner Freunde saß, mag hier nur kurz gestreift werden. Einmal durften wir am „Hundetisch" Platz nehmen – das war aber schon vorangekündigt. Ein anderes Mal – wir waren gerade mit dem Direktor des Schlosshotels Fuschl auf einem Streifzug durch Österreichs große Küche – wurden wir gar zu sechst an ein „Vierer-Tischerl" platziert. Auf unseren heftigen Protest (wir hatten immerhin schon rund eineinhalb Monate vorher reserviert) wurde uns dann wenigstens ein Beistelltisch dazugeschoben und ein Glas Champagner als „Wiedergutmachung" gereicht.

Im Jahr 2006 – unter der neuen Führung des Gault Millau wird überhaupt gleich zu Anfang das Lob der Gäste herausgestrichen. *„Es war so schön!" „Einfach herrlich!"* Fast wie beim Publikumsführer VIP-Gourmet-Club. Horchen wir einmal, was die an der Türe sagen – (frei nach „Sepp Schnorcher" in Ö3 – „Dem Volk aufs Maul gschaut") – und sparen wir uns die eigene Meinung. Später – nachdem sich der Tester genügend über den jungen Souschef Thomas Dorfer und dessen Privatleben ausgelassen hat, gibt es doch noch eine Beschreibung des Essens. Zum Schluss wird sicherheitshalber nochmals erwähnt: *„... wem allerdings weniger nach Harmonie ..., sondern nach Revolution zumute ist, wird in diesem heimeligen Landhaus nicht heimisch werden"*. Als ob es nichts zwischen Harmonie und Revolution gäbe!

Nun lassen wir's gut sein – man kann nicht immer Glück haben und ich habe es in diesem Haus definitiv noch nie gehabt. 18

Punkte scheinen hier in die Hausmauer gemeißelt zu sein und wenn jetzt wirklich durch Thomas Dorfer ein frischer Wind in die Küche käme – vielleicht sind sie ja auch gerechtfertigt. Solange aber Créme Brûlée oder Mohr im Hemd (so sehr ich beides schätze) einer besonderen Erwähnung im Test bedürfen, wird's wohl mit der frischen Brise in der Küche noch nicht gar so weit her sein.

Als besonders originell darf in diesem Zusammenhang übrigens die Bewertung des Konkurrenzführers A la Carte eingestuft werden. Dessen Herausgeber Christian Grünwald betont bei jeder Gelegenheit, sich an ein junges Publikum zu wenden und ein scheinbar auffälliges Ost-West-Gefälle ausmerzen zu wollen. Dem Gault Millau wurde ja immer wieder unterstellt, dass er die Betriebe in Westösterreich besonders wohlwollend kommentiere. Was daran liegen soll, dass Michael Reinartz in Salzburg wohnt. Was natürlich Schwachsinn ist. Denn dass in Westösterreich die besseren Restaurants sind, das bestätigten inzwischen sämtliche Konkurrenzprodukte und nicht zuletzt die internationale Gästeschar. Der A la Carte also krönte just ein Jahr, nachdem der Gault Millau mit der Kür von Johanna Maier zur „besten Köchin der Welt" Schlagzeilen gemacht hatte, seine Lisl Wagner-Bacher. Was zugegebenermaßen ein leicht durchschaubares Manöver war, aber immerhin auch dem VIP-Gourmet-Club zu Hilfe kam, der in seiner jüngsten Ausgabe wie durch ein Wunder gleich zwei beste Köche Österreichs feierte. Ja. Sie vermuten richtig: Johanna Maier und Lisl Wagner-Bacher.

PS: Erstaunlich ist zumindest noch die Tatsache, dass Michael Reinartz in den letzten Jahren sein Salzburger Büro als „Untermieter" des Austria Redaktions-Teams (ART) bezog. Wie? Sie kennen diese Agentur nicht? Die macht seit Jahren unter anderem die Öffentlichkeitsarbeit für Lisl Wagner-Bacher, Hermann Döllerer und Klaus Fleischhaker (Pfefferschiff in Hallwang). Hin und wieder täte schon etwas mehr räumliche Entfernung zu den Werbeagenturen ganz gut, um nicht in eine optische Schieflage zu geraten …

Das „Gastroimperium“ rund um Hermann Döllerer verdient tatsächlich besondere Bewunderung. Irgendwie hat es der rührige Hotelier, Gastronom und Weinhändler immer geschafft, positiv in den Medien dazustehen. Mittlerweile zerreißt es ihn natürlich fast vor Stolz, weil sein Sohn Andreas mittlerweile fünf Kochhauben sein Eigen nennt. Die drei vom Restaurant und weitere zwei in der Bürgerstube.

An den ursprünglichen drei Hauben bin ich nicht ganz unbeteiligt. Habe ich doch selbst den Test verfasst, bei dem er 1998 von zwei auf drei Kochmützen aufgestiegen ist. Damals stand allerdings noch Bernhard Hauser in der Küche. Ja, der Bernhard Hauser, der seit dem Jahr 2004 im Restaurant Friesacher in Anif die völlig unauffällige Küche betreut. Offensichtlich kann man sich in einer Großküche gut verstecken. Irgendwann wird er seinen Enkelkindern erzählen, dass er einmal auf Dreihaubenniveau gekocht hat, sie werden mit großem Mund zuhören und keines wird es glauben.

Anders hielt es da offensichtlich Andreas Döllerer. Der dürfte sich alles das angeeignet haben, was für einen guten Koch notwendig ist und führt die Dreihaubentradition fort, als hätte er nie etwas anderes getan.

Nicht dass ich mit allem und jedem in diesem Haus einverstanden wäre – besonders in der Bürgerstube gelingt es einem schon, immer wieder kreative Ausreißer nach unten zu bekommen. Wahrscheinlich haben die Tester vom Gault Millau in die Bewertung der Bürgerstube bereits die Ehrenhaube für Hermann Döllerer hineingepackt! Der hat es eben immer verstanden, sich unauffällig freundlich in die erste Reihe der Protegés des Gault Millau einzureihen. Michael Reinartz war vom Döllerer immer felsenfest überzeugt – und wie der Fels in der Brandung hielt er auch zu ihm. Als zusätzliche Attraktion gibt es jetzt noch die im Industriegebiet angesiedelte Enoteca – kleine kulinarische Happen und hervorragenden Wein, der von den „Jungdöllerers“ mit viel Fachverstand und Freude kommentiert wird. Wenn man jetzt noch die verwandtschaftlich verbundene Fleischhauerei dazurechnet – Döllerer-Würstel zählen zum Besten, was man diesbezüglich in Salzburg bekommen kann – dann muss man schon neidlos sagen: Hut ab oder besser Ehrenhaube auf für Hermann Döllerer und seine Nachwuchsstars!

7. Kapitel: Die im Dunkeln sieht man nicht

Die Gastronomie ist ein österreichisches Aushängeschild. Leider wird nur allzu selten ein kritisches Auge auf die Arbeitsbedingungen der Beschäftigten in diesem Wirtschaftszweig geworfen. Was mit ein Grund ist, warum sich jeder Gastronom aufregt, dass es zwar in Salzburg 300 arbeitslose Mechaniker gibt, aber keiner mehr in der Gastronomie arbeiten mag. Hin und wieder gibt es was zu lachen zu diesem Thema. Etwa bei der „Piefke-Saga" von Felix Mitterer, die an der glänzenden Fassade österreichischer Gastlichkeit kratzte. Leider war das alles aber trotzdem fast schon zu unterhaltsam dargestellt – und blieb bloß „ironisch gemeint" im Gedächtnis haften. Und die Blöden waren eh die Deutschen. Weil sie so korrekt waren und gesicherte Existenzen hatten … In guter Erinnerung blieb mir aber die Szene, in der die Hotelchefin in der Küche mit dem Geschirr wild um sich warf: „Saisonkoller" war die launige Erklärung ihres Ehemanns. Solche Hotelchefinnen trifft man in Österreich gar nicht so selten. Die Frauen tragen – erst recht in guter Position – enorme Verantwortung auf ihren Schultern und fast immer ein feines Dirndl. Sie sind hübsch geschminkt und wenn zahlungskräftige Gäste eintreffen, flippen sie aus vor lauter Höflichkeit.

Ihre Angestellten erzählen aber nicht selten von einer menschenverachtenden Behandlung durch die Madame des Hauses. Irgendwie dürfte diese Entwicklung auch den Autobahnen zu verdanken sein. Davor soll die Gastronomie – so erzählen es zumindest unsere Großväter immer wieder gern – eine sehr gemütliche

Branche gewesen sein. Heute strömen die Menschen millionenfach in die Tourismusgebiete Europas. Satellitendörfer sind entstanden, die in der Hochsaison bis zum Bersten gefüllt sind und in der Nebensaison viel Raum für potenzielle Selbstmörder unter den Einheimischen bieten. Wenn schon viele zahlungskräftige Gäste oft kein Zimmer oder keinen Platz im Restaurant mehr finden, dann muss die Frage erlaubt sein, wie das Personal in diesen Orten lebt. Diese Saisonmitarbeiter wohnen nicht selten in Mannschaftsunterkünften und weil viele Österreicher die Leibeigenschaft satt haben, sind es heute hauptsächlich Bürger aus Exjugoslawien, Tschechen, Rumänen, Polen und – was fast schon eine grausame Ironie in der Geschichte der Gastronomie ist – immer mehr Deutsche, die hinter den Kulissen für die „typische österreichische Gastfreundschaft" schuften, deren kitschige Ausprägung sie selbst vor Jahrzehnten gewünscht haben.

Um eine skurrile Anekdote reicher wurde die heimische Gastronomie übrigens im Sommer 2006. Da kehrten urplötzlich wieder tausende deutsche Hilfskräfte zurück in ihre Heimat. Die Fußball-WM machte es möglich, weil sie kurzfristig für viele offene Stellen sorgte. Weil von der Salzburger Landesregierung auf eine Aufstockung der Zahl der so genannten „Saisonniers" verzichtet wurde, standen viele Salzburger Hoteliers und Köche auf einmal ohne Hilfspersonal da. Plötzlich mussten sie die schmerzvolle Erfahrung machen, dass auch die ungarischen und tschechischen Saisonarbeiter nur noch arbeiten wollten, wenn sie im Service eingesetzt wurden. Auf einmal gab es niemand mehr, der den Knochenjob des Abwäschers erledigen wollte, weil die ausländischen Hilfsarbeiter sogar noch lieber als Erntearbeiter in Niederösterreich anheuerten, als tagein, tagaus die Drecksarbeit in den Küchen zu erledigen. Das bedeutete tatsächlich, dass den Gastwirten in vielen Fällen nichts anderes übrig blieb, als diese Arbeit im Wechsel mit Familienmitgliedern zu erledigen. Ein Salzburger Wirt jammerte mir etwa vor, dass die Politiker die Gastronomen mit solchen Maßnahmen zur Beschäftigung von Illegalen aus Nicht-

EU-Ländern provozieren würden. Ich erinnerte ihn an eine seiner Antworten, als ich ihn einmal über die extremen Preiserhöhungen in der Gastronomie nach der Euro-Umstellung befragte. Da sagte er nur, dass so nun mal die Wirtschaft funktioniere. „Angebot und Nachfrage – so einfach ist das“, hat er gesagt. Im Fall der ausbleibenden Abwäscher riet ich ihm also, er müsse wohl auch sein Angebot für potenzielle Interessenten verbessern. Seine Antwort fiel ernüchternd aus: „So einen Job macht kein normaler Mensch. Die stehlen alles, was nicht niet- und nagelfest ist und sind ständig besoffen. Denen darf man nicht zu viel Geld geben.“ Da erübrigt sich dann jeder weitere Kommentar. „Soll er doch weiter selber abwaschen“, habe ich mir gedacht. Wenn er schon so ein schönes Anforderungsprofil für diesen Job gegeben hat …

Den Schönen und Reichen, die sich in der Spitzengastronomie verwöhnen lassen, fällt es ohnehin nicht einmal auf, dass die Servicemitarbeiter als Letzte (nicht selten um drei Uhr früh) ins Bett kommen und um halb sieben schon wieder in ihrer hübschen Uniform das Frühstück vorbereiten. Vor allem in der Hauben- und Sternegastronomie haben Köche und Hoteliers wie Sepp Schellhorn, die Obauer-Brüder und Johanna Maier unter diesem Image schwer zu leiden, die sich tatsächlich unermüdlich um eine Aufwertung ihres Berufsstands bemühen.

Wenn da nur die vielen Skandale nicht wären, die immer in regelmäßigen Zeitabständen bekannt werden. So wie im Jänner 2003. Da berichteten österreichische Tageszeitungen von einer Hotelchefin in Obertauern, die ihre Angestellten täglich nach Dienstschluss in ihren Zimmern eingesperrt haben soll. Betroffen waren eine Rezeptionistin, eine Köchin, ein Zimmermädchen und ein Stockbursche. Nach Ermittlungen der Gendarmerie ergab sich folgender Sachverhalt: Den Mitarbeitern war es verboten, ohne Zustimmung der Hotelchefin das Haus zu verlassen. Auch über die Fenster gab es kein Entkommen. Die waren vergittert. Auf Anfrage der Salzburger Nachrichten sagte die Hotelchefin, es sei „ein Fluch“, dass der Gendarmerieposten neben ihrem Hotel sei, und die Beamten „hätten offenbar nichts anderes zu tun, als bei uns herumzuschnüffeln“. Die Gendarmerie ermittelte weitere haarsträubende Vorfälle: Den Angestellten soll es untersagt gewesen sein, sich Toiletteartikel zu kaufen. „Sie wurden aufgefordert, sich mit Geschirrspülmittel zu waschen“, so ein Beamter. Der Fall flog eigentlich nur auf, weil ein Gendarm am Stammtisch gerüchteweise davon erfuhr. Der Gastgewerbe-Gewerkschafter Josef Gönitzer sagte damals schon den Salzburger Nachrichten: „Ein Jahr zuvor waren in diesem Hotel acht Mitarbeiter von diesen Schikanen betroffen. Sie wollten von einer Anzeige nichts wissen, sondern nur ihr Geld und dann weg. Die Frau hat diese Mitarbeiter in meiner Gegenwart so beschimpft, dass mir die Haare zu Berge gestanden sind.“

Die Veröffentlichung der Zustände dürfte diesen Mitarbeitern aber Mut gemacht haben. „Täglich melden sich bei uns zwei ehemalige Angestellte des Hotels, die die Horrormeldungen bestätigen“, sagte ein paar Tage später ein ermittelnder Gendarm. Bei einer Hausdurchsuchung sei später sogar noch eine weitere eingesperrte Angestellte entdeckt worden. 17 Monate später wurde das Verfahren gegen die Hotelchefin und ihren Ehemann eingestellt. Die Verdachtsmomente, dass Mitarbeiter in ihrer Freizeit im Hotel eingesperrt wurden, konnten laut Staatsanwältin nicht erhärtet werden. Verhandelt wurde dann nur noch Nötigung, weil die Hotelchefin ihren ausländischen Angestellten gedroht hätte, dafür zu sorgen, dass sie „nie wieder eine Arbeitsgenehmigung in Österreich erhalten, wenn sie kündigen“. Die beiden Angeklagten stimmten aber einer Geldbuße von 5000 beziehungsweise 2500 Euro zu.

Eduard Zimmermann hätte über einen Fall wie diesen in Aktenzeichen XY wohl gesagt: „Und das ist kein Einzelfall.“ So wurde vor vier Jahren gleich über mehrere Salzburger First-Class-Hotels berichtet, die ihre Lehrlinge „wie den letzten Dreck“ behandelt haben sollen. Selten genug gibt es auch couragierte Leser, die nach diesen Berichten ihre eigenen Erfahrungen schildern:

„Für mich war unglaublich, welche Berichte ich teilweise von Mitschülern hörte", schrieb etwa ein SN-Leser in einem Leserbrief am 8. Jänner 2002. „80-Stunden-Wochen, Prügelstrafen mit Kochlöffeln, Pfannen oder Besen, seit einem Jahr kein einziges Wochenende frei sowie vor allem bei Mitschülerinnen sexuelle Belästigungen und Übergriffe von Lehrherren." Der Fisch beginnt am Kopf zu stinken, das ist eine alte Küchenweisheit. Wenn sich die Gastronomen gegenseitig was Gutes wünschen würden, dann sollten sie eine Art schwarze Liste anfertigen. Denn bei Vorstellungsgesprächen allein lässt sich nur schwer ausmachen, ob ein Koch seinen Mitarbeitern eine menschenwürdige Behandlung zukommen lassen wird. Wie gut sich manche Küchenchefs verstellen können, das erfuhr ich von Peter Herzog, als er sich für sein Hotel Kobenzl um einen neuen Küchenchef umsah. Als ich ihm – aus fachlicher Sicht – einen sehr guten Haubenkoch empfahl, der sich gerade um eine gute Stellung bemühte, schaute mich Herzog nur mitleidig an: „Den kenne ich nur zu gut, weil er schon mal hier gearbeitet hat. Der hat die Küchenhilfen behandelt wie den letzten Dreck und mit Beschimpfungen zugeschüttet, für die er von Zinedine Zidane wohl mit einem Kopfstoß zum Mond geschossen worden wäre." Herzog schaffte es dann, mit Herbert Ranstl einen exzellenten Koch und Familienvater an Land – oder in diesem Fall besser gesagt: auf den Berg – zu ziehen.

Dass es vor allem in feinen Küchen hin und wieder seltsam zugehen soll, das ist in der Branche eigentlich ein offenes Geheimnis. Von französischen Spitzenköchen etwa wird berichtet, dass sie eine Art Ritual hätten. Da dürfe keiner das Messer des anderen Kochs berühren. Tue es einer doch – und sei es nur wegen einer flüchtigen Verwechslung – dann werde ihm sofort mit einem Messer ein Hieb zugefügt. Der solcherart Verletzte dürfe dann aber nicht zimperlich sein, sondern müsse sein frisches Blut kreuz und quer durch die Küche spritzen. Dann seien wieder alle friedlich, erzählte mir ein französischer Spitzenkoch.

Von „branchenüblichen Streichen" war auch vor fünf Jahren

nach Vorfällen in einem burgenländischen Haubenrestaurant die Rede. Da standen die beiden Chefs und ein Koch vor Gericht, weil sie Praktikanten misshandelt haben sollen. Die Angeklagten gaben vor Gericht noch an, es habe sich lediglich um „Streiche, Spaß und Jux" gehandelt. Diesen Späßen konnte der Gerichtsvorsitzende aber nichts abgewinnen. Denn in der Anklage ging es immerhin um „versuchte Vergewaltigung, geschlechtliche Nötigung, gleichgeschlechtliche Unzucht mit Minderjährigen, Ausnutzung des Autoritätsverhältnisses sowie Körperverletzung". Ein Foto etwa zeigte, wie ein Lehrling auf dem Rücken liegt und festgehalten wird. Jemand kniet auf seinem Armgelenk, ein anderer beschmiert seine Genitalien währenddessen mit Zahnpasta. „Ich kann hier nichts von Jux erkennen", sagte der Vorsitzende. Die Angeklagten behaupteten aber immer noch, der Lehrling habe nichts dagegen gehabt. Ein anderer Koch des Restaurants, der inzwischen gekündigt hatte, sah das anders: „Er hat nur am Anfang gelacht, aber als die Übergriffe immer brutaler wurden, hat er geschrien und geweint", sagte er aus. Was die Jugendlichen sonst noch zu erdulden hatten: Stiche mit einer Fleischgabel in Ohr und Gesäß, Beschmieren der Genitalien mit Lebensmitteln, Schläge mit dem Kochlöffel und sogar versuchte Vergewaltigung. Diese wurde aber vor Gericht dann in eine gefährliche Drohung umgewandelt. Und die Angeklagten sprachen immer noch von einem „lockeren Klima im Restaurant". Einer der Chefs und der Koch fassten ein Jahr Haft (einen Monat davon bedingt) aus, der zweite Chef erhielt acht Monate bedingt.

Die österreichische Hotellerie und Gastronomie wurde schon kritisch hinterfragt, als der Tourismus noch in den Kinderschuhen steckte. So schrieb etwa bereits 1896 der Schriftsteller Hugo von Hofmannsthal nach einem Aufenthalt in Altaussee in der Erzählung „Das Dorf im Gebirge": „Im Juni sind die Leute aus der Stadt gekommen und wohnen in allen großen Stuben. Die Bauern und ihre Weiber schlafen in ihren Dachkammern." Jeder, der in den Siebzigerjahren in Ferienorten in den Alpen aufwuchs, kennt das wohl noch aus eigener Erfahrung. Da wurde jedes Zimmer vermietet. Und jedes Kind, das keine Dachkammer mehr fand, machte es sich irgendwo im Keller bequem. Das war bei der Vermietung von Privatzimmern. Welche Auswüchse das aber annahm, wenn große Hotels billige Arbeitskräfte benötigten, davon erzählen heute noch viele Köche und Servicemitarbeiter, die von diesen Fällen nicht selten ein Trauma erlitten haben.

Hier ist die eindrucksvolle Schilderung eines Kochs: *„1974 hat mich ein Ötztaler Hotelier so begrüßt: ‚Aha! Aus Kärnten kimmscht! Dass d' ma jo niax schtehlescht* (stiehlst). *Wal d'Koarna* sant wia die Zigeinar! Hot dar Hitler vargessn zan vargaasn …' Man führte mich dann unter den Dachboden, wo in Räumen, die man nur gebückt betreten konnte, ein paar Feldbetten standen. Ein Waschbecken am Gang für 25 Leute und eine Dusche mit Kaltwasser – da war mir klar, dass man sich den Rest einfach dazustehlen musste.“*

(* Koarna: eine derbe Anspielung auf Gesindel und Taugenichtse, Leute ohne Benehmen. Das Klangbild passt gut zu Kärntner, war wohl lustig gemeint …)

Der große Kick in der Gastronomie kam wohl mit dem Automobil. Und tatsächlich mit Hitler. Der ja die Autobahnen bauen ließ. Heute kommt jeder deutsche erholungssüchtige Gast in ein paar Stunden bis in das hinterste Tiroler Tal. Die Leute dort haben reagiert. Mit brutalem Saisongeschäft. Heute rühmen sich vor allem die Spitzengastronomen, welche Entbehrungen sie nicht in Kauf genommen hätten, ohne auch nur einen Gedanken darüber zu verschwenden, dass über sie bestimmt worden sei wie noch vor 300 Jahren über Sklaven – die machten das immerhin nicht freiwillig und versuchten öfter als einmal, sich dagegen zu wehren. Rudi Obauer erzählte mir einmal, dass er als Jugendlicher in die große, weite Welt hinauswollte, wissend, dass er dort ohne Bezahlung hart zu arbeiten haben würde. Er lernte in Frankreich bei den ganz Großen. Das waren etwa Köche wie Troisgros, Chapelle oder Haeberlin. Da wurde den ganzen Tag gerackert.

Austern geknackt, Gemüse in winzig kleine Teile geschnitten. „Aber ich durfte von ihnen lernen", beschreibt Obauer das übliche „Gegengeschäft". Dass er nicht nur keine Bezahlung dafür erhalten hatte, sondern sogar sein Zimmer aus der eigenen Tasche bezahlen musste, das ist der Preis, den er zu bezahlen gerne bereit gewesen war. Nur: Obauer ist einer der Wenigen, die es geschafft haben. Was aber passierte mit all den anderen hoffnungsvollen talentierten Burschen, die in diese Liga vorstoßen wollten? Sie sitzen heute irgendwo in einem Gasthof, wärmen Convenience Food auf und versuchen zu verdrängen, dass sie Jahre ihres Lebens für einen Sternetempel in der Hölle schufteten – ohne Bezahlung, ohne Anerkennung und ohne Würde: Als Soundtrack für dieses traurige Bild empfehle ich „Wasted years" von John Lee Hooker.

Da passt auch eine Anekdote anlässlich einer Kochserie für die Salzburger Nachrichten ganz gut dazu. Bei den vergangenen Landtagswahlen gingen wir mit jedem Spitzenkandidaten in die Küche. Den Koch, der die Spitzenkandidaten unterstützte, durften sie sich selbst aussuchen. Die SP-Spitzenkandidatin Gabi Burgstaller und spätere Wahlgewinnerin wählte Johanna Maier. Die beiden gaben ein gutes Tandem ab. Allein schon deshalb, weil sie beide aus eher bescheidenen Verhältnissen stammen. Maier erzählte während der Kochstunde, dass in der Gastronomie die Jugendlichen aus dem ländlichen Raum sehr geschätzt würden. Burgstaller merkte wie aus der Pistole geschossen dazu an: „Eh klar. Die sind so brav. Die kann man leichter ausbeuten." Eine Woche später war der damalige Landeshauptmann Franz Schausberger an der Reihe. Er kochte bei den Obauers und war außer sich, weil wir diesen Satz in den Salzburger Nachrichten abgedruckt hatten: „Die macht die ganze Branche schlecht." Obauer hörte eine Zeit lang zu. Und während Schausberger Gemüse in kleine Streifen schnitt und sagte, dass er das eh ganz gut könne, weil er früher schon bei seiner Mutter in der Küche „niedere Dienste" habe verrichten dürfen, griff Rudi Obauer ein: „Ein niederer Dienst in der Küche, mein lieber Landeshauptmann", sagt er und drückte ihm einen Besen in die Hand, „ein niederer Dienst, das ist Zusammenkehren."

Diese niederen Dienste muss in dieser Liga eben jeder durchlaufen haben. Vor gut einem Jahr hielt Jörg Wörther, der heute im Restaurant Carpe Diem Finger Food für Red Bull produziert, einen Vortrag vor Studenten in der Fachhochschule Urstein. Da blieb im Hörsaal kein Platz frei. Wörther referierte vor Studierenden der Richtung „Entwicklung & Management touristischer Angebote". Er holte bei seinem Vortrag weit aus und erzählte von seiner Lehrzeit. Ein Tag habe für ihn damals nicht aus Arbeitsstunden, sondern nur aus Arbeit bestanden. Er sagte, es sei eine harte Zeit gewesen, die er durchgestanden hätte, weil er ehrgeizig gewesen sei. In seinen Wanderjahren kannte sein Ehrgeiz keine Grenzen. In München etwa arbeitete er in der Küche des Sheraton. Das hat ihm nicht gereicht. In seiner Freizeit ging er deshalb in das Tantris, in das damals beste und teuerste Restaurant Deutschlands. Nicht zum Essen, zum Arbeiten! Wörther saugte alles auf. Jede Technik, jeden Arbeitsablauf; und er wusste damals schon, wie es besser funktionieren könnte. Es ist immer schön zu beobachten, wie grundverschiedene Welten aufeinander prallen. Die Schüler machten Augen. Denn der Vortrag wirkte für sie ein bisschen so, als ob Opa vom Krieg erzählen würde. Sie werden eines Tages Manager sein und touristische Angebote entwickeln. Von harter Arbeit in dampfenden Küchen ohne geregelte Arbeitszeit stand nichts im Lehrplan.

Ein paar Minuten später aber glänzten die Augen. Da erzählte Wörther, wie er mit Dietrich Mateschitz in Kontakt kam. Mateschitz ist der Gott aller zukünftigen Manager. Der Red-Bull-Chef investiert sehr viel Geld in Visionen – und Visionen haben in einer Fachhochschule alle. Sie seien eher beiläufig auf seine Idee vom feinen Finger Food zu sprechen gekommen, erzählte Wörther. Heute steht der erste Finger-Food-Tempel in der Salzburger Getreidegasse. „So schnell kann es gehen", flüsterte ein Student dem anderen zu. Und der hat überhaupt nichts begriffen.

Das System, Lehrlinge und auch ausgelernte Köche auf Wanderschaft zu Spitzenköchen zu schicken, nennt man „Stage“. Das ist ein schönes französisches Wort für einen für die heutige Zeit ungewöhnlichen Deal. Da wird Wissen für kostenlose Aufopferung verkauft. Was in anderen Branchen – sagen wir mal – zumindest als sittenwidrig diskutiert werden würde, das ist in der Gastronomie immer noch eine Art Ehrenkodex. Und auch hier wird sich wieder jeder fragen: „Warum lässt sich ein junger Mensch überhaupt darauf ein?“ Vielleicht deshalb, weil er eben jung ist und noch nicht die Persönlichkeit besitzt, die ihm sagt: „Bis hierher und nicht weiter.“ Aber wer traut sich das schon? „Schau dir mal den Arbeitsmarkt an“, sagte mir einmal ein Aussteiger aus der Haubengastronomie. „Besorge dir Gerichtsakten der Arbeiterkammern von Salzburg und Tirol. Wir haben in Österreich eine Gastronomie, die vorne wie ein Dorf Potemkins glitzert. Hinter dieser Fassade geht es aber rund und die Kämmerer schachern währenddessen, ob die Kellnerin jetzt 45,50 Euro Trinkgeldanteil oder doch nur 44 Euro bekommen soll.“

Dieser Mann, der sich bei Diskussionen über die Gastronomie seit Jahren kein Blatt mehr vor den Mund nimmt, heißt Bernhard Gössnitzer. Er erhielt schon Klagsdrohungen in Millionenhöhe von Juristen, die Convenience-Food-Firmen vertreten. Und das nur deshalb, weil er Werbungen dieser Firmen gescannt und auf seiner eigenen Internet-Homepage verspottet hatte. Heute führt er in Eggelsberg ein gut besuchtes Gasthaus. Diesen Koch mit 35-jähriger internationaler Erfahrung kann keiner mehr in Versuchung führen, wieder in die Welt der Haubenköche einzutreten. Weil er das alles schon er- und überlebt hat. Auch Gault-Millau-Herausgeber Michael Reinartz zählte sein Restaurant zu seinen Lieblingslokalen. Jahrelang hatte er eine solide Haube für ihn übrig. 1998 stieg Gössnitzer aber aus dem Haubengeschäft aus, weil sein Lokal in der Region immer öfter als teuer verschrien war. Das empfand er als Paradoxon, weil er seine Preise wegen seiner Haube – außer den in der Branche üblichen Preisangleichungen – niemals erhöht hatte. Er sagt, er habe den Leuten damals nicht einmal böse dafür sein können, weil das Flair der Haubenküche in den Medien permanent luxuriös transportiert werde. In all den Medienberichten gehe es eben ausschließlich um Luxus, Exotik und Tütütata. „Das Gerangel um die Bestenliste in der Haubenküche“, sagt Gössnitzer, „musste irgendwann in der Gastronomie zu dieser sozialen Aushöhlung und zur betriebswirtschaftlichen Auszehrung führen. Das beweisen doch auch die vielen Pleiten recht eindrucksvoll.“ Dass er heute noch frei und fröhlich seinem Beruf nachgehen kann, das führt er nur darauf zurück, dass er diese Entwicklung früh genug bemerkt hatte. Er hat sich in alte Literatur eingelesen und wählte einen Satz des trinkfesten Wissenschafters Paracelsus Aureolus Bombastus Theophrastus als Leitspruch: „Alterius non sit, qui suus esse potest.“ („Wer in sich bestehen kann, der gehöre keinem anderen an.“)

Gössnitzer erklärt seine Bedenken zu den Gourmetführern heute so: *„Wenn du im Fernsehen einen Bericht über die Obauer-Brüder siehst, dann denkst du doch überhaupt nicht daran, ob der vier oder eine Haube hat. Als normaler Mensch mit einem durchschnittlichen Einkommen, denkst du nur: ‚Dort gehe ich zu jedem runden Hochzeitstag oder Geburtstag hin zum Essen. Oder wenn ich im Lotto gewonnen habe.‘ Das ist für die Obauers auch in Ordnung. Die spielen in einer anderen Liga. Aber die Haubenberichterstattung im Fernsehen oder in der Zeitung färbt leider auf alle ab. Hier im Dorf muss ich aber ein Wirtshaus für alle führen. Und das ist ja auch der eigentliche Auftrag, den ich wahrnehmen muss. Die Infrastruktur eines Ortes und wenn möglich auch die Lebensqualität seiner Bewohner, sofern es in meiner Macht steht, mit einem ehrlichen und guten Essen zu heben. Ich habe während meiner Zeit beim Gault Millau immer wieder diese unerträglichen Randerscheinungen erleben müssen. In Form von Trittbrettfahrern wie Versandhäusern, die mir ihr Convenience Food andienen wollten und ärgerte mich herzhaft über diese elendslangen Faxmitteilungen des Wiener Kochs Rudi Kellner.*

Der stand dann einmal in der Kronen Zeitung. Weil ihm nach einer Hummerparty irgendwelche militanten Tierschützer das Lokal mit Buttersäure versaut hatten. Ich schrieb dazu einen Leserbrief und wurde prompt verdächtigt, der Täter zu sein. Das Gerücht, ich könnte der Verursacher dieses Buttersäure-Attentats gewesen sein, wurde von einer Wiener Journalistin gestreut. Da kam es sogar zu einer Hausdurchsuchung bei mir. Aber die Beamten wurden schon während der Hausdurchsuchung stutzig. Weil es nicht einmal Ayrton Senna in seinem Ferrari in zwei Stunden von Eggelsberg nach Wien hätte schaffen können, wie einem der Beamten plötzlich dämmerte. Ich stand ja wie jeden Tag in der Küche – Gott sei Dank. Meine Ressentiments gegen diesen Kochstil der Luxusköche wuchsen nach diesem Erlebnis aber umso mehr. Ich spottete im Internet noch ein paar Mal über gewisse Auftritte mancher Haubenköche. Das ärgerte die Produzenten und ich bekam ein paar Briefe vom Rechtsanwalt. Einen habe ich mir zum Andenken aufbewahrt.“

Gössnitzer ist in seiner Innviertler Gemeinde Eggelsberg endlich zur Ruhe gekommen. In Ruhe arbeitet bei ihm heute auch sein Essig. Er streicht während unseres Gesprächs sanft über das Gärgefäß. „In fünf Jahren“, sagt er, „ist das ein ausgezeichneter Balsamessig.“ Er produziert ständig Zutaten für seine Küche. Er muss den ganzen Tag arbeiten, weil heute außer ihm nur seine Tochter und ein Lehrling bei ihm in der Küche sind. Gössnitzer hat nicht selten 50 Gäste am Abend. Ebenso viele zu Mittag. Ich suche oft seinen Rat, wenn ich mich über Speisen und Zubereitungsmethoden informieren will. Der Mann ist ein lebendes Lexikon. Bei unseren Gesprächen hat er ständig irgendetwas in seiner Hand: Einmal schält er Spargel, dann walzt er Teig, ein andermal zerlegt er ein halbes Galloway-Rind oder einen Wels, während er mir erklärt, warum die Leber in vielen Kulturen als mystische Speise betrachtet wird. Seine Eigenleistung, sagt er, sichere seine Existenz. Und er müsse sich deshalb niemandem andienen.

Gössnitzer gehört einer Spezies von Köchen an, die von Gourmets eigentlich für ausgestorben gehalten wird. Tiere etwa kauft er – sooft es geht – nur im Ganzen. Denn was Delikatessen-Händler als Schlachtabfall bezeichnen, das verarbeitet er immer noch zu bodenständigen Spezialitäten wie Rillettes, Pasteten und natürlich zu hervorragenden Fonds. „Ich habe jetzt mein eigenes Betriebssystem aufgebaut", erzählte er mir kürzlich. Er schaffe es jetzt, täglich frische Küche zu einem günstigen Preis anzubieten. Weil er alles verwerte, was verwertbar sei. Sein Tagesplan folgt inzwischen ausschließlich der Natur. Wenn er etwa einen Termin bei einem Bauern hat, der ein Lamm für ihn schlachtet, dann geht er währenddessen in die Salzachauen und sammelt Bärlauch. Er hat es geschafft, die bodenständige Küche für seine Bedürfnisse neu zu definieren. Er studierte jahrelang uralte Kochbücher und kam zu dem Schluss, dass im Grund jeder Spitzenkoch austauschbar ist. Da nimmt er sich selbst nicht aus: Wenn Gössnitzer etwa auf Vorbestellung „Hochtemperierte Töpfertaube mit Heu im Speckmantel" kocht, dann klingt das raffiniert. „In Wahrheit ist das ein alter Hut", sagt er. „Schon im Mittelalter wussten die Menschen, dass Ton die Hitze gut abblockt und gleichzeitig moderat in das Innere auf das Fleisch leitet." Er schiebt seine „Tontauben" in ein auf 300 Grad vorgeheiztes Backrohr – in 15 Minuten sind die Tauben saftig und herrlich mit Speck- und Heuaromen durchzogen.

Sehr viel von seinem Wissen habe er sich von einem Kochbuchklassiker aus dem 19. Jahrhundert „zusammengelesen". Dieses Buch stammt von Katharina Prato. Gössnitzer sagt, darin stehe im Grunde alles, was ein Koch wissen müsse. Bei Prato gehe es nicht um Rezepte, so wie bei all den Modeköchen unserer Zeit. Denn diese Rezepte seien nicht mehr als „Malen nach Zahlen". „Nimm die Taube", sagt er. „Daraus kann ich dir aus dem Stand mehr als 300 Gerichte kochen." Auch sein „Panierter Rinderbrustkern" ist ein gutes Beispiel für kombinierte Kochverfahren nach Prato. Rinderbrustkern wird von Köchen nicht sehr geschätzt. Dieses Fleisch ist relativ hart. Richtig behandelt aber wird es zum Genuss. Zunächst kocht Gössnitzer den Rinderbrustkern. Damit die Säfte nicht ganz ausfließen, paniert er ihn mit Mehl, Kräutern und Bröseln. Dann setzt er ihn noch einmal 30 Minuten der Hitze aus – und fertig ist die typisch bayerische Gaumenfreude.

„Die bayerische Küche ist leider in Vergessenheit geraten“, sagt Gössnitzer, der seit Jahren auch die Kochmethoden von Julius Rottenhöfer studiert. Rottenhöfer war Koch am Hof des bayerischen Königs Maximilian II. Für Gössnitzer ist Rottenhöfer so etwas wie der „Escoffier der bayerischen Küche“. Seine gastrosophische Haltung habe er sich vom Dichter Friedrich von Rumohr abgeschaut.

Auf die heutige Situation der Gastronomie bezogen legt Gössnitzer Rumohrs Weltanschauung so aus: *„Klappern mit den Töpfen ist eine Schande der Kaufleute – das war einmal. Wer heute keine Werbung macht, der ist geschäftlich tot. Die gute alte Mundreklame reicht nirgends mehr aus. So gibt es auch in der Gastronomie Auswüchse dieser Mentalität, die bereits an Comics erinnern. Jeder junge Furzer ist ein Star und wenn es niemand öffentlich sagen will, sagt er es selber. Seine Welt ist im Gourmetmagazin und seine Kochkunst ist nur auf der Speisenkarte und im Prospekt zu sehen. Sein Personal hält er kurz und immer in der Hoffnung, auch einmal werden zu können wie er. Er ist – pardon – ein richtiges Arschloch und fährt ein geleastes Auto. Wenn irgendwo eine Messe ist, dann steht er als Erster da und bestaunt irgendwelche anderen Glasperlenspieler. Wenn er redet, dann bezieht er sich auf große Namen und ist irgendwann einmal pleite, aber nur weil er so eine miese Küchenbrigade hatte. Rumohr hätte ihn nicht beachtet. Er spuckte auf die Gleissnerei, wie er die kulinarische Angeberei nannte.“*

Rumohr hatte allerdings zeitlebens nicht wirklich viel zu spucken. Er lebte von 1785 bis 1843 in Sachsen, Preußen, Bayern, Italien und Holstein. Er vertrat mit flammenden Schriften die Interessen der Arbeiter und war seiner Zeit wohl ein wenig voraus. Seine Schriften wurden deshalb nicht einmal verbrannt – sie vermoderten in hintersten Winkeln der Bibliotheken. Rumohr forderte, dass eine Küche, die den Anspruch auf Kunst erheben möchte, von allen Bevölkerungsschichten verstanden werden und bezahlbar sein müsse. Sein Standardwerk ist ein kleines Handbüchlein mit dem Titel „Der Geist der Kochkunst". Auch dieses Buch kommt vollständig ohne Rezepturen aus. Darin fordert er vehement, die Köche gut auszubilden und schrieb dabei Richtlinien vor, die damals nur für höhnisches Gelächter gesorgt haben dürften. Denn dass es einem Küchenjungen oder Küchenmädchen gut ergeht, das stand nun wirklich nicht auf der Tagesordnung. Küchenhilfen wurden bei Fehlleistungen regelmäßig verprügelt (selbst im Märchen „Dornröschen" versinkt der Schlosskoch während des Verprügelns des Küchenjungen mit dem gesamten Hofstaat in einen hundertjährigen Schlaf – und fährt nach hundert Jahren, nach dem Erwachen von Dornröschen, gleich wieder mit der Prügelei fort). Wenn einer der Angestellten einmal Essbares mit nach Hause nahm und dabei erwischt wurde, dann stand in Ländern, die Kolonien hatten, nicht selten die Deportation dorthin an.

Gössnitzer versucht nun also seit ein paar Jahren, so gut es geht, sich an die Prinzipien von Rumohr zu halten und wird dafür von nicht wenigen Kollegen für einen esoterischen Spinner gehalten. Dabei hat sein Versuch nur am Rand mit Esoterik zu tun. „Lass den Rumohr weg und lies doch nur bei Anna Maria Stainer nach", sagte er mir mal und gab mir ihr Kochbuch, das im 18. Jahrhundert verfasst wurde, mit nach Hause. In der Tat ist es faszinierend, welch raffinierte Gerichte damals in reiner Handarbeit produziert werden konnten. Wenn Gössnitzer für esoterisch gehalten wird, dann liegt das nur an seinem Ansatz, seine Speisekarte, so gut es eben geht, nach der Natur zu gestalten. Im Frühling kocht er mit Kräutern, Trieben, Spargel, Hopfensprossen und jungen Tieren – etwa Lamm, Kitz, Kalb und Maibock. Im Sommer mit blühenden Kräutern, jungen Blüten, reifem Gemüse, Geflügel- und Wildtieren: „Der Wald bei uns ist voll mit Rehen“, sagt er. Im Herbst setzt er Niederwild wie Hasen und Fasane auf die Karte. Im Winter ist dann das Schlachtvieh an der Reihe, also Rind und Schwein. Auf seiner Speisekarte gibt es dann auch viele Terrinen und Geräuchertes. In der kalten Jahreszeit kocht er immer sehr honig- und gewürzbetont.

Im Innviertel, wo der gebürtige Kärntner seit 1986 sein Restaurant führt, verfügt er ganzjährig über prall gefüllte Speisekammern: Neben dem Schlachtvieh gehen ihm auch die Rehe, Seidenfasane, Perlhühner, Gänse, Enten, Wachteln, Rebhühner und frischen Fische nie aus. Sogar Auerhähne stehen bei ihm auf der Karte. Um an Tiere wie Wachteln oder Seidenfasane zu kommen, hat er originelle Bezugsquellen angezapft. Er hält Kontakt mit Kleintierzuchtvereinen. Auch der Tierpräparator hat immer wieder frisches Fleisch für ihn. So gesehen hat Gössnitzer auch Sensationsessern immer wieder was zu bieten. Denn mancher Jäger zahle oft bis zu 5000 Euro für den Abschuss eines Auerhahns. Die seien nur auf die Trophäe wild, sagt Gössnitzer. „Das Fleisch brauchen sie nicht.“ Gössnitzer schon.

Eine andere Fleischspezialität, die schon vor längerer Zeit in Vergessenheit geriet, hat er auch wieder auf die Karte genommen. Das Turopolje-Schwein. Ein Bauer in der näheren Umgebung züchtet es für ihn. Manche kennen dieses Schwein noch unter dem Namen „Kaisersau“. Es stammt aus Kroatien und war noch vor 100 Jahren ein zuverlässiger Fleischlieferant. Gössnitzer schätzt an ihm dessen wildähnlichen Eigengeschmack. Er verwertet es fast vollständig. Gewöhnungsbedürftig, aber höchst interessant sind etwa „gezuckerte Schweineohren“ als Dessert.

Die Frage nach dem schönsten Kompliment, das ihm jemals ein Gast gemacht habe, beantwortete er mir bei einem unserer Gespräche wie aus der Pistole geschossen: „Oh. Das war erst gestern. Da hat mir ein Gast gesagt, dass er nach dem Essen bei mir nach langer Zeit endlich wieder einmal einwandfreien Stuhlgang hatte. Da freut man sich doch als Koch.“

„No risk – no fun“ und der „Wahnsinnige aus Irdning“

Restaurant Caramé (Velden). Fesch ist es, das Caramé in Velden: offene, helle Architektur, freundliches, nicht überprofessionelles Personal – von der Papierform okay. Auf der Speisekarte gibt's zwei Menüs, das Degustationsmenü und ein Überraschungsmenü mit dem Titel „no risk – no fun". Als wagemutiger Tester nehme ich selbstverständlich dieses.

Und dann kommt's. Vorspeise: zweierlei Arten von Lachs – na gut, denke ich mir, der Koch wärmt auf. Nächster Gang: Rindssuppe mit Kräuterfrittaten – die „weniger mutigen" Esser des Degustationsmenüs werden mittlerweile mit einfallsreichen Kreationen versorgt –, meine Hoffnung schwindet. Hauptgang: Lamm mit irgendetwas – mir ist es schon egal. Und als dann zur Nachspeise Beeren mit aufgeschlagener Topfencreme serviert werden, hat die Enttäuschung ihren Höhepunkt erreicht. Selbstverständlich wird auch nicht kreativ Wein empfohlen, sondern es werden einfach Sicherheitsempfehlungen abgegeben – Knoll und Feiler-Artinger. Natürlich Spitzenweine, aber wo bleiben Kreativität und Wagemut, Wissen und Können?

Beim Verlassen des Lokals frage ich den Kellner, was denn „no risk – no fun" auf Deutsch heiße. Prompt übersetzt er mir mit leichtem Kärntner Akzent: *„Ka Risiko, ka Vergnügen."* *„Eben"*, sage ich, *„warum geht ihr dann kein Risiko ein?"*

PS: Das Essen war gut – nur die Zusammensetzung wäre nicht einmal vom Pensionistenklub Hermagor als Risiko bewertet worden – ein typischer Fall von „Thema verfehlt"!

PPS: Auf der anderen Seite des Sees – da gibt's ein spannendes Lokal – das Lakeside in Reifnitz. Jung, trendy, sommerlich und gut. Geht allerdings nur bei Schönwetter. Dann aber ganz besonders …

Dietmar Dorner: Der Wahnsinnige vom Hirschenwirt (Irdning). Eigentlich dürfte man da keinen Platz bekommen, an den fünf oder sechs Tischen in der Stube des Hirschenwirts. Wenn man ihn aber doch bekommen hat, glaubt man vorerst, im falschen Film zu sein. Dietmar Dorner wirkt mehr wie dem letzten Reggae Summer Splash entsprungen denn wie ein seriöser Koch. Will er vielleicht auch gar nicht sein – und orange Haare und Dreiviertelhose zieren ihn ja auch ganz vortrefflich!

„Cuisine Intuitive" nennt er seinen Küchenstil. Was das auch immer bedeuten mag – es ist gut! Warum es Dorner nach Irdning verschlagen hat, weiß ich nicht, aber seit 1998 kocht er dort – zumindest stammt aus 1998 die erste Erwähnung im Gault Millau und seit dieser Zeit steigert er sich unaufhörlich.

Eigentlich müsste man sich ja fragen, wann er überhaupt kocht. Lässig schildert er den Gästen seine Einstellung zu Küche und Keller, plaudert über die Entstehungsgeschichte der Fotos zu seinem ersten Kochbuch, von der Schönen, die sie im Kühlraum im Sheraton in Salzburg fotografiert haben und von der Schwierigkeit, Eiswürfel richtig darzustellen. Aber kochen – kochen tut er kaum. Dazwischen entschuldigt er sich kurz, verschwindet für ein paar Minuten in der Küche und es passiert wieder ein Wunder. Seine „Geschmacksexplosionen" brachten ihm 2005 immerhin drei Hauben ein. Reinartz war sich nicht sicher und hat nochmals nachgefragt. Ich war mir schon sicher, denn Dietmar Dorner ist wirklich einer der ganz Großen. Wer bei ihm beispielsweise Gänseleber auf Kürbiscurry gegessen hat, weiß, wovon ich spreche.

Da macht sich ganz Österreich Gedanken über das Zweimäderlhaus Lisl (Wagner-Bacher) und Johanna (Maier) und wer kennt Dietmar Dorner? Viel zu wenige! Aber mit Lisl nimmt er's locker auf.

Wahnsinnig ist er natürlich nicht – das ist nur ein Scherz –, aber es charakterisiert ihn gut. Denn wer würde es schon wagen, in so einer Gegend, in so einem Haus und mit so einem Outfit so wahnsinnig gut zu kochen? Dietmar Dorner! Und wenn Sie zum

Abschluss eines genussvollen Essens gefrorene Coca-Cola-Kapseln am Gaumen zerspritzen lassen, dann verstehen Sie, was ich meine.

8. Kapitel: Plat du jour – Food, Food, überall nur Food

Früher war essen noch einfach. Also es war einfach zu sagen: „Ich ess jetzt was.“ Heute muss man schon genau wissen, welches Food man mag. Eine kurze Einführung in die Welt der Essgewohnheiten des modernen Menschen:

Begonnen hat alles mit Fast Food. Manche übersetzen das immer noch mit „Fast schon Food“ – gemeint ist aber die Geschwindigkeit, mit der bedient und gegessen wird. Dann kam Convenience Food, also halb fertige Gerichte: Die sind einfach zuzubereiten und total easy zu verzehren. Was Kulturwächtern sauer aufstieß. Sie befürchteten den Verlust der Regionalität und gründeten Hals über Kopf eine Gegenbewegung: Slow Food. Gegen diese Gegenbewegung aber wurde Ethno Food auf den Markt gebracht. Dieses Essen gibt es global – aber in der jeweils regionalen Ausprägung: Etwa Thai Food in Unterpremstätten. Jetzt konnte der Markt endlich ungehindert filetiert werden. Mit Finger Food etwa, das irgendwie Fast und Convenience Food in einem ist. Dann kam Handheld Food. Das ist kein Essen, bei dem um die Hand der Liebsten angehalten wird. Handheld Food sind Stanitzel, auch Cones genannt, die es in Finger-Food-Restaurants gibt. Respektlose Slow-Food-Veteranen sprechen wegen der kleinen Portionen aber lieber von Fingerhut-Food.

Seit kurzem gibt es Sensual Food – das sind Gerichte, die Lust aufs Essen machen sollen. Also wirklich ganz was Neues. Ethic Food richtet sich wiederum an Personen, die beim Essen kein schlechtes Gewissen haben wollen. Eh schon wissen: Für dieses Food stirbt kein Regenwald und ein Tier nur dann, wenn es glücklich ist. Bei Pflanzen weiß man es nicht so genau. Der neueste Trend heißt Mood Food. So in der Art: „Ananas als Frustkiller“ oder „Pasta macht glücklich“. Über all diese Trends können Sie sich ruhig bei Ernährungswissenschaftern informieren, die auf irgendeiner Gehaltsliste von Nahrungsmittelkonzernen stehen (seit die Universitäten finanziell ausgedünnt werden, müssen die ja auch schauen, wo sie ihr Geld herkriegen). Aber es klingt eben viel glaubwürdiger, wenn die Frau Dr. Soundso auf ihrer Homepage vermeldet, wie glücklich Sie von irgendeinem neuen Food gemacht werden können.

Diese Söldner der Food-Konzerne haben in den nächsten Jahren noch allerhand zu tun. Um denen die Arbeit zu erleichtern, gebe ich an dieser Stelle gerne ein paar sicher wertvolle Anregungen. Zielgruppe Lifestyle-Lady im Fitnessklub: Warum immer nur biedere Obstteller anbieten, wenn es noch so viel Fruit Food zu verkaufen gäbe? Das Beuschl wiederum, eine urösterreichische Spezialität, könnte bald als Roots Food einen Siegeszug um die Welt antreten. Und was ist mit Bread Food? Man müsste nur unseren Skihütten-Hipsters erklären, dass es sich dabei um keine Brettljause, sondern um Spezialitäten aus der Bäckerei handelt. Und wann bekommen Säuglinge endlich Baby Food, um schon im Kreißsaal auf der Höhe der Zeit – also verzettelt und verbrieft – zu sein? Da müssten allerdings Frankreich-Reisende aufpassen – wegen der phonetischen Ähnlichkeit zu Baby Foot: So heißt in Frankreich Tischfußball. Aber die Franzosen waren immer schon Querulanten. Da heißt Fast Food nach wie vor Restauration Rapide, auf gut Deutsch also schnelle Bewirtung. Schnelle Bewirtung? Um Gottes Willen. Da würde sich bei uns wirklich keiner mehr auskennen …

Wer seine Finger in Ihrem Essen hat

Das Inserat zeigt, was kommt …

Greift die Nahrungsmittelindustrie direkt in die Haubengastronomie ein? Aber sicher. Sie sponsert sie. Der Gault Millau würde ohne die Inserate der Convenience-Food-Industrie ziemlich schmalbrüstig dastehen. Da erinnern wir uns doch gerne an Louis de Funes, der dem Guide Michelin in der Filmkomödie „Brust oder Keule" ein Denkmal gesetzt hat. Da kämpfte er wacker gegen die Intrigen eines Produzenten von Convenience Food. Liebhaber erinnern sich: Der Bösewicht führte den Konzern „Tricatel". Zum Schluss gewann natürlich das Gute – also der Guide, der Bewahrer der Kochkultur, der Hüter der Rezepte aus Großmutters Zeiten. Haben Sie jetzt endlich kapiert, warum der Guide Michelin bei den meisten Köchen als Ritterschlag empfunden wird? Der Guide Michelin ist nicht polemisch. Er macht sich nicht lustig über Köche, die einen Stern verloren haben. Er nimmt sie ihnen ganz einfach weg und gibt sie irgendwann wieder her. Der Guide Michelin ist wie eine Mutter, die das Lieblingsspielzug ihrer Kinder ganz einfach in eine Kiste räumt, wenn sie nicht folgen – und später wieder mal rausrückt. Aber da müssen die Lausbuben eine Zeit lang brav gewesen sein. Und: Der Guide Michelin ist frei von Inseraten. Das heißt, er muss sich niemals vorwerfen lassen, dass er den Interessen seiner Sponsoren Folge zu leisten hätte. Und jetzt einmal Hand aufs Herz: Welcher Inserent würde jemals bei einem Medium anklopfen und Einfluss nehmen? (Ich hoffe, Sie haben die Ironie bemerkt.)

Beim Gault Millau ist das von Grund auf anders. Wenn Sie dieses Empfehlungsbuch „kreativer Küchen" durchblättern, fällt Ihnen gleich zum Beginn eine ganze Ladung als Lesezeichen getarnter Werbeeinschaltungen in die Hände. Aber keine Angst –

und das ist der praktische Tipp dieses Kapitels –, Sie müssen sich nicht bücken. Es gibt zumindest ein Werbelesezeichen, das fest an den Buchrücken des Gault Millau gebunden wurde.

Die anderen Firmen schalten seitenweise Inserate. Dafür gibt es dann auch zusätzliche Leistungen. Davon auch einige vollkommen überflüssige. Ein Beispiel: Wenn etwa eine österreichische Tourismusmarke ein Inserat schaltet, dann könnte es sein, dass diese Agentur auch ein paar Stapel vom Gault Millau geliefert bekommt. Ein paar hundert von denen verschicken die Touristiker dann an die Redaktionen österreichischer Zeitungen. In unserer Redaktion stapeln sich alle Jahre wieder die neuen Exemplare des Gault Millau. Meine Kollegen, die gar nicht wissen, was sie mit den paar Kilo Papier anfangen sollen, kommen dann immer zu mir und fragen hilflos: „Kannst du den Gault Millau brauchen?" Ich zeige dann immer nur stumm mit dem Finger auf einen Turm von Gault Millaus, der spätestens drei Monate nach dessen Erscheinen schon ein babylonisches Ausmaß angenommen hat. „Aha", antworten die Kollegen dann immer und nehmen ihr Exemplar wieder mit. Aber nur selten ohne anzumerken, dass die Heizkosten eh immer höher werden.

„Auch kulinarisch tut sich im Burgenland einiges. Der Gault Millau hat schon die Lokale XY mit Hauben ausgezeichnet." So etwas oder Ähnliches stand in einem der letzten Briefe, die uns mit ein paar Gault Millaus geliefert wurden. Tut uns Leid, liebes Burgenland: In Salzburg gibt es schon viel mehr von diesen Haubenlokalen. Sogar die meisten Salzburger Gastronomen sagen, es gebe schon viel zu viel davon. Außerdem haben wir in der Redaktion mehr als genug zu tun: Einmal Fischskandal bei einem der Zulieferer der Haubengastronomie, dann wieder ein neuer Besitzer von irgendeinem unverzichtbaren Gourmetexpress, weil der nach langem Hin und Her doch noch Pleite ging, kurz davor krachte das Schlosshotel Mönchstein in einen Megakonkurs und der Masseverwalter macht dafür vor allem die enormen Kosten des Zweihaubenrestaurants verantwortlich, das zum Schluss täglich 3000 Euro Verlust machte – Freunde! Wo denkt ihr hin?!?

Der Gault Millau freut sich natürlich über solche Kooperationen. Schließlich winkte Michael Reinartz während seiner Regentschaft – ob gefragt oder nicht – bei jeder Gelegenheit mit einer notariell beglaubigten Auflagenkontrolle herum. Dann gab er immer noch den Tipp: „Fragen Sie den Christian Grünwald vom A la Carte, ob der auch eine notariell beglaubigte Auflagenbestätigung hat." Ich tat das – wie viele meiner Kollegen auch. Da hat Grünwald tatsächlich immer gestottert. Mein Eindruck nach fünf Jahren Zusammenarbeit mit den Gourmetführern war aber: Die Zielgruppe, die Feinschmecker also, interessiert sich ohnehin nicht mehr für die Führer. Die würden sich ein kommentarloses, von Profis empfohlenes Telefonverzeichnis wünschen. Es sind nur die Gastronomen, die jedes Jahr aufs Neue ausflippen, wenn ein neuer Gourmetführer erscheint. Und wenn nur jeder Zweite von denen hysterisch genug ist, und sofort am Erscheinungstag in den Buchladen stürmt, um ein paar Zeilen über sich zu lesen, für die er ein Jahr lang hart geschuftet hat, dann schafft es der Führer automatisch in die Bestsellerliste. Die Gratisexemplare wiederum stapeln sich dagegen alle Jahre wieder in den Redaktionsstuben der österreichischen Journalisten. Bei denen kommt dann auch noch die Nähe zum GM-Herausgeber Michael Reinartz dazu, um sich wirklich wichtig zu fühlen. Ihrer Frau daheim erklären Sie das dann wohl ungefähr so: „Mich hat der Reinartz angerufen. Das ist so einer wie der Louis de Funes in ‚Brust oder Keule'."

Aber im letzten Jahr war es sogar mit dem Abonnement des Gault Millau in den Bestsellerlisten vorbei. Die erste Ausgabe (2006) unter dem neuen Team Karl und Martina Hohenlohe lag in den Regalen wie Blei. Der Chef einer österreichweit agierenden Buchhandelskette schätzte den Einbruch der Verkaufszahlen auf 70 Prozent. Was aber garantiert nicht das Geringste mit der Qualität des neuen Guides zu tun hatte. „Der Gault Millau – das war eben Reinartz", sagte er. In seinem Buchladen gab es Abonnement-Listen für den Gault Millau. Da standen 2000 Namen von Kunden auf der Liste. Die meisten hätten ihr Abonnement schon aufgelöst, bevor der neue Gault Millau überhaupt erschienen sei, erzählte der Buchhändler. Da ging mit der Ära Reinartz offenbar auch eine Erfolgsstrategie zu Ende.

Diese Erfolgsstrategie lief jahrzehntelang wie am Schnürchen. Das war nicht nur den boulevardesken Texten zu verdanken, die der Branche immer Anlass zur jährlichen Schadenfreude boten. In diesen Texten konnte der Gault Millau darüber hinaus den Gastronomen auch Botschaften schicken. In zahllosen Texten unterstützte der Gault Millau etwa die Erfolgsgeschichte des Kufsteiner Glasproduzenten Riedel. Die inserierten jahrelang auch brav. Dass der Name des exklusiven Glaserzeugers aus Kufstein aber ständig in den Beurteilungen über „kreative Küche" fiel, erschien einem Journalisten schon immer suspekt. Bei den Gastronomen war das natürlich anders: Wenn in den Texten ständig die Rede von den sündteuren Gläsern ist – ganz egal wie oft bei dem Zeug beim Polieren des Glases der Stil auch bricht –, macht sich der schon seine Gedanken. Als nach Jahren des Riedel-Dauerfeuers im Gault Millau fast jeder Gastronom Riedel-Gläser hatte, schien die Mission erfüllt.

Das Einzige, was die Gault-Millau-Leser und Spesenritter immer wieder verwunderte, waren ihre Erfahrungen in Spitzenrestaurants, wenn sie auf Auslandsreisen waren. Das konnte man auch regelmäßig im Leserforum des Gault Millau im Internet nachlesen: „Ich war in Frankreich beim Dreisternekoch Soundso. Und der hatte nicht mal Riedel-Gläser." Tja. Die Armen haben eben nicht kapiert, dass im Guide Michelin (wie eigentlich nach den offiziellen Gault-Millau-Richtlinien auch) die Küchenleistung zählt. Und nicht, ob das Glas beim Prosten „Kling" oder „Klong" macht. Irgendwann habe es dann einen veritablen Krach zwischen dem Gault Millau und Riedel gegeben. Das bestätigte mir auf Anfrage die PR-Agentur von Riedel Glas. Die wollte sich aber über die Einzelheiten nicht auslassen. Von Maximilian Riedel hieß es diesbezüglich nur: „Kein Kommentar." Die Inserate seiner Firma blieben auf jeden Fall urplötzlich aus. Und wie reagierte der Gault Millau? Er schwenkte bei der Beurteilung der großen Schwenker um. Bei der Beurteilung des m32 etwa, des Salzburger Restaurants der Moderne auf dem Mönchsberg, meckerte der Tester zwei Jahre lang zutiefst beleidigt über die neuen Riedel-Gläser. Die sind eine Erfindung von Maximilian Riedel. Der mischt mit dem Modell „O" zwar gerade den amerikanischen Markt auf. Er erfand das „O" als eine Art „Ei des Kolumbus". Das Riedel-Glas gibt es mit dieser Serie in der bewährten Qualität der Vinumserie. Nur ohne Stiel. Es steht da wie ein Bierglas. Aber der Wein schmeckt daraus verdammt noch mal mindestens genauso gut. Ich sage „mindestens", weil dieser unverkrampfte Weingenuss immerhin eine neue Lockerheit in die Nobelrestaurants gebracht hat. Man bechert endlich wieder. Im Gault Millau stand dann einiges über die Küche im m32 zu lesen. Aber mindestens genauso viel darüber, was den Tester in dem Lokal so dermaßen irritiert hat. Die Riedel-Gläser der Serie „O" eben. Die Kritik ging in die Richtung, dass der Wein warm wird, wenn man das Glas lange in der Hand hält. Eine Anregung für den guten Mann: Halten Sie sich im Restaurant nicht ständig mit beiden Händen am Glas fest, wenn eh so viel Besteck zum Spielen daliegt. Dazu sagte Maximilian Riedel. „Mein Gott, das halten wir aus. Ich kriege die Querschüsse auch immer nur erzählt. Ich lese das nicht einmal." Warum sollte er auch? Auf seine neuen Gläser schwört sogar schon Thomas Keller in seinem French Laundry. Und das zählt immerhin zu den besten Restaurants der Welt.

Machen Sie sich ruhig mal die Mühe und durchstöbern Sie Ihre alten Gault-Millau-Ausgaben nach Beurteilungen, in denen Produkte genannt werden, deren Hersteller auch großzügig inseriert haben. Einmal etwa fragte mich ein Haubenkoch, ob er wirklich das Brotkörberl von Resch & Frisch in sein Sortiment nehmen solle. Ich habe ihn gefragt, wie er darauf komme. Denn er produzierte sein Brot immerhin selbst. Das machte er so gut, dass ich ihm oft das Kompliment machte, an ihm sei ein exzellenter Bäcker verloren gegangen. „Aber lies doch mal meine Beurteilung im Gault Millau genau“, hat er mir darauf geantwortet. Da war ich tatsächlich etwas erstaunt. Denn da wurde moniert, dass es beim betreffenden Gastronomen kein „Brotkörberl“ auf dem Tisch gegeben habe. Auch Roland Neulinger, der Geschäftsführer des Finger-Food-Restaurants Carpe Diem in der Salzburger Getreidegasse, fand das immer sehr ungewöhnlich. „In den ‚Brotkörberl-Texten‘ wurde immer auch eine größere Auswahl an Brotsorten gefordert. Aber ein Koch ist ein Koch und kein Bäcker. Und eine Sorte war den Herrschaften vom Gault Millau eben zu wenig. Da blieb also bloß noch eine Firma, die die Bedürfnisse des Gault Millau befriedigen konnte …“ Freilich ist der Name dieser Firma, die diese Bedürfnisse befriedigen konnte, niemals gefallen. Aber die Gastronomen kannten sich aus. Da kann nur noch „Resch & Frisch“ helfen. Direkter ging da der Gault Millau beim Versand von Produktempfehlungen zum Saisonbeginn vor: „Das war wie Weihnachten: Alle Jahre wieder wurden uns vom Gault Millau die ‚exzellenten Freien Weingärtner der Wachau‘ nahegelegt“, sagt Neulinger.

Wie sogar einzelne Kategorien im Gault Millau von den Inserenten bestellt werden, das erzählte mir der Salzburger Produzent eines süßen Likörs nicht ganz ohne Stolz. „Reinartz lag mir ständig in den Ohren wegen eines Inserats“, sagte der Industrielle. Er habe ihm aber immer gesagt, dass er ein Inserat nur schalten würde, wenn er eine geeignete Plattform im Gault Millau dafür hätte. Dann habe er ihm sogar noch den Tipp gegeben: „Machen Sie doch einen Sonderteil über Mixgetränke. Dann mache ich gerne mit.“ Gesagt, getan. Heute können Sie sich in jedem Gault Millau in einem Sonderteil über Bargetränke samt Logos der Produzenten informieren. Wie gut, dass der Begriff der kreativen Küche – auch dank der jahrelangen Vorarbeit des Gault Millau – so dehnbar ist …

Feinkostladen „Convenience"

Oft spielt der Zufall Regie. Einer dieser Zufälle war die Eröffnung des Finger-Food-Lokals Carpe Diem in der Salzburger Getreidegasse. Der ehemalige Spitzenkoch Jörg Wörther wurde von Red-Bull-Chef Dietrich Mateschitz beauftragt, ein neues Restaurant-System zu entwerfen. Wörther brachte Tütenfutter auf den Markt. Das heißt: Raffinierte Wörther-Füllungen wurden in Tüten – unter anderem aus Kartoffelteig – gepackt. Die Tüten wurden dann Cones getauft. Und weil ein Großteil der österreichischen Gourmetjournalisten wieder einmal nicht zwischen dem Abschreiben von Pressetexten und Information unterscheiden konnte, wurde auch Wörthers Legende von der Erfindung seiner Cones millionenfach auf Papier gedruckt. Wörther erzählte zur Markteinführung nämlich die zugegebenermaßen rührende Geschichte, wie er mal in Italien am Strand Hunger hatte und weit und breit sei nur ein Eisverkäufer mit Cornettos in Sicht gewesen.

Seit der Erfindung der Nouvelle Cuisine vom Gault Millau mit Paul Bocuse braucht die Nobelgastronomie solche Geschichten. Die Journalisten lieben solche Anekdoten. „Da könnte man doch auch richtiges Essen reingeben", habe sich Wörther also gedacht. Da hatte er auch Recht. Er hat dabei leider nur vergessen, dass es Cones schon eine kleine Ewigkeit gab. Theoretisch hätte er auch eine Geschichte vom Istanbul-Urlaub erzählen können: „Ich hatte Hunger und weit und breit nur ein Kebab-Stand in Sicht." Aber Kebab gibt es ja bereits mit pikanten Füllungen. Erstaunt war ich bloß, dass Wörther nicht einmal darüber Bescheid wusste, dass einige Spitzenköche schon jahrelang Cones servieren, die jenen von Wörther täuschend ähnlich sehen. Thomas Keller etwa lässt Cones schon seit mehr als zehn Jahren in seinem Restaurant French Laundry servieren – als Amuse-Gueule – also kostenlos. In so einem Fall ist diese Idee schlichtweg genial. Denn Tütenfutter kennt jeder seit seiner Kindheit. Es signalisiert: Gleich wird gefressen. Der Hollywood-Starkoch Wolfgang Puck serviert diese Hörnchen auch schon seit Jahren in seinem Spago. Aber woher soll das auch ein österreichischer Jahrzehntekoch wissen ...

Bei Keller und Puck wird nach diesem Geschenk des Hauses aber wirklich gegessen. In Wörthers Carpe Diem bleibt es bei einer Aneinanderreihung des Tütenfutters, bei dem sich nicht wenige Gäste fragen, ob sie die leer gegessenen Tüten nicht besser zum Abwaschen für den nächsten Gast zurückgehen lassen sollten. Wer mit den Cones fertig ist, der sollte übrigens am besten noch das gegenüberliegende Restaurant Blaue Gans aufsuchen. Dessen Besitzer Andreas Gfrerer machte sich ein paar Tage lange den Spaß und bot „Carpe Noctem" („Nutze die Nacht") an. Das war kalter Schweinebraten, in ganz kleine Portionen geschnitten, damit auch das Bratl als Finger Food durchging. Da wurde man dann satt.

Weil aber das mediale Dauerfeuer über Carpe Diem wirklich schon jeden Koch über die Maßen nervte, wies mich eines dieser gekränkten Genies eines Tages auf die Firma „Rudolf Achenbach GmbH & Co KG Delikatessen Manufaktur" hin. Diese deutsche Firma beliefert Restaurants mit Fertiggerichten. Die Produkte sind gut genug, um Haubenköchen die Zubereitung von Zwischengerichten zu erleichtern, wenn nicht gar zu ersparen. Das Angebot reicht vom „Meeresfrüchtestrudel" bis zur „Lachspastete". Ich stelle mal für Sie ein Menü aus dem Angebot der deutschen Delikatessen-Manufaktur zusammen. Nur damit Sie sich ein Bild machen können: Als Gruß aus der Küche empfehle ich „Garnelen-Röllchen in Wirsing" (drei Monate haltbar), dazu ein paar „Piccolini vom Scampi" (vier Wochen haltbar), dann empfehle ich mit einer „Kräftig-klaren Tomatenessenz" (ungekühlt zwei Jahre haltbar) fortzufahren. Dann ein „Pastrami-Lachs in einer würzigen Kräuter- und Gewürzkruste" (leider nur 10 Tage haltbar), gefolgt von einer „Gefüllten Wachtel" (ofenfertig: drei Monate haltbar). Für den Hauptgang empfehle ich ein „Rinderfilet im Blätterteig" (ofenfertig: drei Monate haltbar). Obwohl sicher auch die Achenbach'sche „Perlhuhnbrust mit Pfifferlingen" (sechs Monate haltbar) nicht von schlechten Eltern ist. Den süßen Abschluss sollten dann vielleicht die „Orangen-Filets in Campari-Gelee" bilden. Oder stopp – nein: Ich würde die Nougat-Terrine mit kandierten Walnüssen wählen. Die Dressings für die Salate (den muss der Koch schon noch selber schnipseln) und Grundsaucen liefert die „Rudolf Achenbach GmbH & Co KG" bei Bedarf natürlich auch mit.

Ich habe wirklich keine Ahnung, warum dieser Haubenkoch so gut über diese Firma Bescheid wusste. Auf jeden Fall teilte er mir mit, dass er sich im Internet über diese Firma informiert habe. Und da seien ihm eben vor einiger Zeit auch schon mal die Cornettinis aufgefallen. Das sind Cones mit pikanten und süßen Füllungen. Eben ziemlich das Gleiche wie das, was Wörther für Red Bull erfunden hat. Sogar das im Internet gezeigte Geschirr für Cornettinis sieht jenem im Carpe Diem zum Verwechseln ähnlich. Und: Cornettinis gab es schon Jahre vor Wörthers Cones. Der Exportchef der „Rudolf Achenbach GmbH & Co KG Delikatessen Manufaktur", Michael König, ist aber ein ziemlich realistischer Mensch. Als ich mit ihm über Wörthers „Erfindung" sprach, schmunzelte er nur und sagte: „Na ja. Der Erfinder des gefüllten Waffelhörnchens ist wohl schon ein paar hundert Jahre tot." Michael König hat für seine Firma die Branche gut durchleuchtet. „Es ist doch so", sagte er, „die Qualität in den Restaurantküchen lässt vielerorts zu wünschen übrig. Aber es gibt auch Bereiche, wo tolle Leistungen erzielt werden. Da haken wir ein. Denn die meisten Gourmets folgen doch dem Prinzip: ‚Alle Mexikaner gehen im Gänsemarsch. Zumindest der eine, den ich gesehen habe.' Und bei Convenience-Küche ist ja alles drin. Wir können alle beliefern. Vom Betriebsrestaurant über die einfache bis zur gehobenen Küche." Quasi als Einstiegsdroge veranstaltet die „Rudolf Achenbach GmbH & Co KG Delikatessen Manufaktur" einen Kochbewerb für Nachwuchsköche. Da kommt es auch schon mal zu einem medialen Glücksfall. Einer der Gewinner dieses Bewerbs ist kein Geringerer als der deutsche Senkrechtstarter im Kochgewerbe: Der TV-Koch Tim Mälzer. Sie wissen schon: Der wurde mit dem Spruch „Schmeckt nicht, gibt's nicht" berühmt.

Die „Rudolf Achenbach GmbH & Co KG Delikatessen Manufaktur" ist also gut im Geschäft. Sie liefert ihre Erzeugnisse sogar per Luftfracht in Luxushotels nach Dubai. Ansonsten eignet sich das Angebot des Convenience-Food-Produzenten vor allem für Bereiche, wo es die Köche bequem haben wollen. Köche, die auf Kreuzfahrtschiffen arbeiten etwa, Bahn-Caterer und viele mehr. Die Qualität ist tadellos, das muss ausdrücklich festgehalten werden. Wenn schon jemand Convenience- und Fertiggerichte in seinem Restaurant serviert, dann sollten es die von Achenbach sein. Deshalb wunderte es mich auch nicht, als mir König erzählte, er müsse schon immer ein wenig schmunzeln, wenn seine Firma große Bankette ausrichte und dann die „besternten Häupter kommen" und die Gerichte seiner Firma über den grünen Klee lobten. Dass das Essen tiefgekühlt und aus Suppenkonserven komme, würden die in den meisten Fällen nicht einmal merken.

Qimiq – Rührende Köche

Bei der in Hof bei Salzburg ansässigen Firma Qimiq Handels GmbH stellt man sich nicht die Frage, ob zuerst das Ei oder die Henne da war. Denn Eier hat die Firma vollständig aus dem Ernährungsplan des Menschen gestrichen. Ein Koch, der mit Qimiq kocht, kann also gut und gerne jederzeit auf Butter, Milch und Sahne verzichten. Denn statt all dieser Produkte könne man auch Qimiq verwenden. Dieses Produkt wurde 1995 von dem Tiroler Koch Hans Mandl entwickelt. Er sollte die Köche damit vor eine neue Herausforderung stellen. Nämlich jene, sich gewissen Herausforderungen nicht mehr stellen zu müssen. Dieses Produkt besteht aus Milch und Gelatine und kann sowohl für süße als auch für saure Speisen eingesetzt werden. Mit nur 15 Prozent Fettanteil passte es damals auch hervorragend in die inzwischen schon wieder aus der Mode gekommenen Low-Fat-Kampagnen. Denn nach neuesten Erkenntnissen der Ernährungswissenschaft ist wenig Fett gar nicht mehr so gesund wie noch vor zehn Jahren angenommen. Diese neuen Kenntnisse dürften aber inzwischen auch schon wieder kritisch hinterfragt werden. Bei einem Pressetermin der Firma Qimiq wurde mir vor einem halben Jahr die Ernährungswissenschafterin Hanni Rützler vorgestellt. Die präsentiert im Internet auch so wichtige gastronomische Neuerungen wie Sensual und Mood Food. „Qimiq ist ein spannendes Produkt", hat sie mir damals gesagt. Viel mehr fiel ihr noch nicht dazu ein. Das glaubte ich ihr auch gerne. Denn niemand hat es spannender auf dieser Welt als Kinder. „Und Kochen mit Qimiq", das sagte mir einer der Verkaufschefs von Qimiq, „das ist kinderleicht."

Verstehen Sie mich jetzt bitte nicht falsch: Qimiq ist kein schlechtes Produkt. Im Gegenteil. In unserer Welt der Fertigprodukte ist es in den Haushalten nicht selten der letzte Hoffnungsschimmer für den Hobbykoch. Hat eh keiner mehr Zeit dafür. Ein Qimiq-Flip-Up in die Schüssel, rein mit dem Stabmixer und fertig ist das Schokodessert. Und hey! Das schmeckt! Auf jeden Fall schmeckt es sehr viel besser als das massenhaft produzierte Zeug, das in Plastikbechern im Supermarkt feilgeboten wird. Also: Nichts gegen Qimiq!

Außerdem zielt die Marke Qimiq ja auch auf eine ganz andere Klientel. Dazu einer der Verkaufschefs, Wolfgang Wheis: „Heute fehlt es vor allem in Großküchen an Personal. Und die wenigen, die hier arbeiten, sind oft gar nicht ausgebildet." Sicher: Das kommt einem Armutszeugnis für eine ganze Branche gleich. Und was den Geschmack betrifft, da hat Wheis auch eine plausible Erklärung parat: „Wer sagt denn, dass Fett gut schmeckt? Das ist auch angelernter Geschmack."

Nach all diesen Informationen hat mich das Engagement von Qimiq im Gault Millau immer mehr irritiert. Denn was hat ein klassisches Convenience-Produkt mit frischer und kreativer Küche, wie sie von diesem Gourmetführer immer wieder gefordert wird, zu tun? Noch dazu, wo die zentrale Werbeaussage immer war, dass jemand, der Qimiq verwendet, gar nicht richtig kochen können muss. Zunächst fielen mir also immer wieder seitenweise Inserate von Qimiq im Gault Millau auf. Die waren gestaltet wie Terrorfahndungsplakate zu RAF-Zeiten. Eine ganze Seite von Qimiq-Köchen wurde da immer veröffentlicht. Ich dachte: „Hey. Cool. Die trauen sich was." Erstaunt war ich auch, als ich immer öfter Inserate von Qimiq in Fachzeitschriften las. *„Himmlisch-leichte Genüsse"* stand da etwa einmal in großen Lettern. *„Mit den neuen Flip-Up-Sahne-Cremen hat Qimiq Produkte auf den Markt gebracht, mit denen Sie einfach und schnell besonders leckere Desserts zubereiten können und dabei noch Zeit & Geld sparen können. In den 3 köstlichen Sorten Sahne-Vanille, Sahne-Schokolade und Sahne-Kaffee sind in Sekundenschnelle Mousses, Parfaits und Füllungen gezaubert."* Dagegen gibt es, wie gesagt, nichts einzuwenden. Aber jetzt kommt's: *„Verkosten Sie viele Leckereien mit Qimiq und Flip Up im C+C Kochstudio – natürlich von unseren Haubenköchen zubereitet und begeistern auch Sie sich für unsere ausgefallenen Kreationen."* Also zunächst war ich mir nicht sicher, ob ein mit dem Stabmixer aufgerührtes Sahne-Vanille-Dessert eine ausgefallene Kreation war. Vor allem aber war ich verblüfft, dass ein Convenience-Food-Produzent mit dem Begriff „Haubenköche" werben darf.

Da fiel mir eine Erzählung von Christian Werner ein. Werner ist Herausgeber des Wellnessführers Relax Guide. 2003 erhielt er von einem Rechtsanwalt des Gault Millau eine Klagsandrohung, sollte er noch einmal das Wort „Hauben" in einem seiner Texte verwenden. Zur Erklärung: In dem Führer gab es ein paar Formulierungen wie „entspricht zwei Hauben", sogar (shame on you Mr. Werner) von „Haubenküche" in dem einen oder anderen vornehmen Hotel war die Rede. Diese Vorgangsweise des Gault Millau erschien mir auch gerechtfertigt. Marke ist Marke. Da fährt der Zug drüber. Mit Qimiq, einer Firma, die inzwischen mit ihrem Ersatzprodukt schon Märkte wie Australien, Südafrika, USA und neuerdings auch China beackert, hätte ich den Begriff „Haubenköche“ aber niemals in Verbindung gebracht. Ich kann mir auch nicht vorstellen, dass es da jemals juristische Schwierigkeiten gegeben hätte. Bei Qimiq ist die Werbung bereits seit Jahren auf Haubenniveau – und das aus gutem Grund, wie sich später noch herausstellen sollte.

Einmal erzählte mir nämlich einer der Verkaufschefs von Qimiq, dass es ihn schön langsam nerve, dass viele Haubenköche immer abfällig über dieses Produkt redeten, obwohl sie es selbst regelmäßig verwendeten. Da wird man neugierig. Michael Gutternig, der Marketingchef von Qimiq ging sogar noch einen Schritt weiter. Er sagte mir, dass „so gut wie alle Haubenköche mit Qimiq kochen“. Als einzige Qimiq-Verweigerin nannte er Johanna Maier. Das kann natürlich mehrere Gründe haben. Einerseits sagen viele in der Branche, dass ihr Preis inzwischen zu hoch sei, andererseits sei sie auch werblich an die Salzburg Alpenmilch gebunden. Was würden die Salzburger Frischmilchbarone wohl sagen, wenn Maier plötzlich mit einem Sahneersatzprodukt um die Ecke böge? Sie selber sagte mir, sie wolle mit diesem Produkt nichts zu tun haben. Einmal hat sie zwar für eine karitative Aktion für Diabetiker gekocht. Die wurde von Qimiq gesponsert. Also wurde ihr beim Fototermin auch gleich eine Qimiq-Schürze umgebunden. Nach der Aktion rief sie mich sofort an und bat inständig darum, dass ich darauf achten solle, dass sie nicht mit dieser Schürze in unserer Zeitung erscheine.

Um aber die Angaben Gutternigs zu prüfen, machte ich die Probe aufs Exempel. Das heißt, ich informierte mich bei Köchen, mit denen ich auch persönlich gut bekannt bin. Schon beim ersten Gespräch blieb mir die Spucke weg. „Ja was glaubst denn du?“, stellte mir ein Zweihaubenkoch gleich die Gegenfrage: „Warum sollten wir nicht damit kochen?“ Ich erklärte ihm, ich hätte ja nichts gegen dieses Produkt, sei aber bisher immer der Überzeugung gewesen, dass kreative Küche auf Haubenniveau etwas anderes bedeute, als mit einem Stabmixer einen Sahneersatz aufzuschlagen. Da machte er zunächst große Augen. Als er sich wieder gefangen hatte, sagte er: „Jetzt sei bitte nicht so naiv. Wir kochen auch mit Suppenwürfeln. Die heißen bei uns in der Branche Wüstensand und wir beten jedes Mal ein Mariahilf, wenn wir es benützen. Warum, glaubst du, sind viele Haubenrestaurants nicht im Guide Michelin gelistet?" Er spannte mich nicht lange auf die Folter: „Weil sich die Michelin-Inspektoren immer auch die Küche zeigen lassen", sagte er. Und da würden die eben nicht selten Convenience-Produkte vorfinden, gegen die sich Sahne-, Milch-, Ei- und Buttterersatz geradezu lächerlich ausnähmen.

Der Damm in der Haubenküche ist längst gebrochen. Das zeigen die zahlreichen öffentlichen Auftritte der Turbogastronomen als Werbeträger von Convenience Food. Da gibt es etwa die Kür zum „Qimiqer des Monats". Das ist eine Auszeichnung, bei der sich im Zusammenhang mit gehobener Küche schon phonetisch bei Gourmets die Nackenhaare kräuseln müssten. Einer dieser „Qimiqer des Monats" war auch schon Günter Salaberger, der lange Zeit als Küchenchef bei Klaus Fleischhaker in einem der besten Restaurants Österreichs, dem Pfefferschiff in Hallwang, beschäftigt war. Heute kocht er im Romantikhotel Gmachl in Elixhausen und begeistert dort die Fachpresse. Er plauderte damals nach seiner Kür zum „Qimiqer des Monats" im Interview mit einer Fachzeitschrift bereitwillig aus dem Küchenkästchen des Pfefferschiffs: *„Dieses Produkt eignet sich bei uns besonders in der Patisserie. Wir verwenden Qimiq dort, wo ansonsten Creme Fraiche zum Einsatz käme. Auch im sauren Bereich stellt diese Innovation eine willkommene Alternative dar. Bei den unterschiedlichen Mousses spielt es seine Vorteile voll aus. Es ist absolut backfest, säurestabil und hält auch die Form sehr gut."* Warum sollte man auch wie früher kochen? Dann müsste man ja auch auf die Auszeichnung „Qimiqer des Monats" verzichten. Und vielleicht auch auf sehr viel Geld. Denn seine „Bemühungen", so steht in dem Artikel noch, wurden vom Gault Millau zusätzlich mit einem weiteren Punktegewinn (jetzt 18) belohnt. Und weiter im Originaltext: *„Für Günter Sallaberger ist das Ansporn und Herausforderung zugleich. Innerhalb der Qimiq-Rezeptserie gilt der Innviertler somit als bisher heißester Kandidat, wenn es im nächsten Frühjahr um die begehrten 100.000 Schilling für den Sieger der Qimiq-Trophy geht."*

Das Beispiel Sallaberger eignet sich vor allem deshalb ganz hervorragend, um zu illustrieren, wie Köche von Konzernen auf Schiene gebracht werden. Bei der Vorausscheidung zum Bocuse d'Or hat er sich mit spielerischer Leichtigkeit den zweiten Platz erkämpft. Der Hauptsponsor der österreichischen Delegation für diesen Bewerb ist – richtig geraten – Qimiq. Und das passt auch ganz hervorragend. Denn den Bocuse d'Or gäbe es ohne die finanzielle Zuwendung der Nahrungsmittelindustrie ja auch nicht in dieser spektakulären und aufgeblasenen Form.

Die wichtigsten Werbeträger von Qimiq sind mit den Brüdern Karl und Rudi Obauer zugleich die kulinarischen Aushängeschilder Österreichs. Im persönlichen Gespräch weisen sie jedes Naheverhältnis zu Qimiq zurück. Es gehe ihnen nur darum, die Finanzierung dieses für Österreich so wichtigen Kochbewerbs zu sichern, sagen die beiden. Und das stimmt auch. „Privat haben die beiden gar nichts von unserem Geld", bestätigt der Marketingchef von Qimiq, Michael Gutternig. Dafür scheuen die Obauers auch schon nicht mehr davor zurück, in ihrem Kochbuch „Unsere Österreichische Küche", folgenden Eintrag zu veröffentlichen: Unter „Lexikon" findet sich zwischen „Powidl (Pflaumenmus)" und „Ribisel (Johannisbeeren)" auch schon „Qimiq (schnittfestes Produkt aus Obers und Gelatine, in Österreich und in der Schweiz im Supermarkt erhältlich)". Da wurde der von Wolfgang Hoffmann bewunderte „Urmeterstab" beiläufig wohl um ein paar Zentimeter verlängert.

Qimiq steckt also das gesamte Geld, das die Obauers ausgehandelt haben, direkt in den Kochbewerb. Den Obauer-Brüdern ist das wichtig. Weil sie ihren Beruf zu einem großen Teil in Frankreich gelernt haben und nichts lieber sähen als einen österreichischen Erfolg im Mutterland der gehobenen Gastronomie. Die österreichische Bewerbung für dieses Kochspektakel nimmt dabei tatsächlich schon absurde Ausmaße an. Vor der letzten Mission „Bocuse d'Or" wurde im Herbst 2004 zur Pressekonferenz nach Werfen in das Vierhaubenrestaurant der Obauers (natürlich mit anschließendem Vierhaubenmenü) geladen. Die Szenerie erinnerte an eine Pressekonferenz des FC Bayern München. Nur hießen die Stars nicht Felix Magath, Franz Beckenbauer und Sebastian Schweinsteiger, sondern Patrick Coudert, Rudolf Obauer und Thomas Dorfer. Diese drei Küchenprofis bildeten eine Art Task Force. Das Ziel: Österreich sollte beim Bocuse d'Or 2005 einen Platz unter den ersten fünf belegen. Obauer traute Dorfer sogar den Sieg zu, den bisher die Franzosen fast schon als „Abbucher" abonniert haben. Selbst der in den Neunzigerjahren als Wunderkoch gehandelte Jörg Wörther ist in Lyon jämmerlich gescheitert. Was Obauer so zuversichtlich machte: „Diesmal haben wir eine ganze Reihe toller Sponsoren. So gut wie heuer konnten wir uns noch nie vorbereiten."

Und ich dachte bis dahin immer, dass ein Koch einfach nur gut kochen müsse. Aber da gehört heute schon mehr dazu. Dorfer hat als Küchenchef bei Lisl Wagner-Bacher in Mautern einen Vollzeitberuf. In seiner Freizeit hieß es also trainieren. Und zwar mit dem französischen Koch Patrick Coudert, der in der Branche inzwischen einen etwas seltsamen Ruf genießt. Weil der jedem Journalisten Gratiskochkurse für die ganze Redaktion verspricht, wenn der nur ein paar Zeilen über ihn verfasst. Couderts Kapital ist, dass er ein ehemaliger Sternekoch ist. Bei Dorfer war er also für den „französischen Feinschliff" zuständig. Mit seinem Schützling war Coudert ein paar Monate vor dem großen Ereignis in Lyon schon sehr zufrieden. „Aber es apert nosch an der Garnitür", verriet er mir damals mit geheimnisvoller Miene. Obauers Strategie war wie immer sonnenklar: „Wir schmieren den Franzosen Honig ums Maul, um so österreichische Raffinesse zu zeigen." Die Konkurrenz war groß. 24 Nationen kämpften um den Titel. Als Favoriten galten Frankreich, Deutschland und Spanien.

Im Hexenkessel

Alle zwei Jahre findet in Lyon der Bocuse d'Or statt. An zwei Wettkampftagen soll vor einem fanatischen Publikum im Rahmen einer riesigen Gastronomiemesse der beste Nachwuchskoch der Welt ermittelt werden. Der Bewerb wird wie kein Zweiter als Leistungsschau der Nahrungsmittelindustrie genutzt.

„Der Spanier ist ein aufgeblasener Gockel!" Paul wischt zornig den Tisch in der Weinbar „Cave des Voyageurs" ab. Der spanische Koch, der sich Pauls Unmut zugezogen hat, heißt Mario Sandoval Huertas. Mit stolzgeschwellter Brust kam er nach Lyon. Er ließ keine Gelegenheit aus, um mit Pressekonferenzen das Gastgeberland einzuschüchtern: „Ich habe ein Jahr lang trainiert. Fünf Tage in der Woche und acht Stunden am Tag. Mein Landwirtschaftsminister zahlt mir eine Million Euro Preisgeld, wenn ich gewinne. Und ich werde gewinnen", sprach er den Journalisten unverblümt ins Mikrofon. Die Franzosen waren entsetzt. „Dieser spanische Schafhirte hat uns den Krieg erklärt", schnaubt Paul. „Aber er wird seine Lektion erhalten."

In Lyon gab es in diesen Tagen nur ein Gesprächsthema: den Bocuse d'Or. Alle zwei Jahre folgen die besten 24 Nachwuchsköche der Welt dem Ruf des Erfinders der „Nouvelle Cuisine", des 80-jährigen Paul Bocuse. Den 24 Köchen wiederum folgen 900 Journalisten in die Welthauptstadt der Gourmets.

Die Teilnahme am Bocuse d'Or wird von allen Ländern generalstabsmäßig geplant. Ein Jahr lang dauern die Vorbereitungen. Zuerst müssen sich die Kandidaten in der nationalen Ausscheidung durchkämpfen. Dann wird trainiert. In Österreich machte

Thomas Dorfer das Rennen. Der gebürtige Kärntner lernte sein Handwerk im Hotel Ronacher in Bad Kleinkirchheim. Heute ist er Küchenchef bei Lisl Wagner-Bacher im Landhaus Bacher in Mautern. Dorfer ist aufgeregt. Fünf Stunden hat er Zeit, um mit seinem Commis René Zinsmeister die Gerichte zu kochen. Fünf endlos lange Stunden, in denen TV-Teams während der Arbeit für Kurzinterviews Schlange stehen und die Fans höllischen Lärm erzeugen. Schon ein Fehler könnte alles zunichte machen.

Sein väterlicher Freund Rudolf Obauer ist natürlich auch dabei. Er ist der österreichische Präsident des „Concours Bocuse d'Or", vor allem aber ist er Lobbyist. Obauer zieht die Fäden im Hintergrund: Alleine die Sponsorensuche für die „Operation Bocuse d'Or" wäre schon ein Fulltimejob.

Auf eine Million Euro schätzt die französische Tageszeitung „Le Progres" die Kosten, die jedes Land tragen muss. Die Österreicher kommen dank Obauers Organisationstalent deutlich billiger davon. Qimiq finanzierte den Löwenanteil. Für den Transport stellte Red-Bull-Chef Dietrich Mateschitz seine historische DC6 zur Verfügung. Dabei handelt es sich um das ehemalige Flugzeug des früheren jugoslawischen Präsidenten Tito. Obauer weiß, dass dieses Engagement den Franzosen schmeichelt: „Da fühlen sie sich ernst genommen."

Obwohl die Jury international ist – jedes teilnehmende Land darf einen Juror stellen –, gilt immer noch die französische Küche als Maß aller Dinge. Obauer startet hinter den Kulissen in seiner Funktion als Juror eine Charme-Offensive: Denn es ist kein großes Geheimnis, dass hier ähnlich wie beim Song Contest mit Fingerspitzengefühl Allianzen geschmiedet werden müssen. Wobei ihm zugute kommt, dass gleich mehrere Präsidenten aus Österreich stammen. Für die USA ist etwa der Kärntner Wolfgang Puck da.

Die Aufgabenstellung für die Köche: Ein Fleisch- und ein Fischgericht müssen zubereitet werden. Dieses Jahr stehen Kalb und Seeteufel auf dem Programm. Schon die Präsentation der Produkte sorgt bei den französischen Zuschauern für Hysterie.

„Der Seeteufel", erklärt der Moderator mit einem süffisanten Grinsen, „sieht aus wie ein Monster." Kurze Stille auf der Tribüne. „Aber es ist ein delikates Monster", brüllt er dann ins Mikrofon und die Menge tobt: „Fresst ihn auf!"

Langsam wird in diesem Hexenkessel jedem klar, dass es hier um mehr geht als um eine Kochshow. „Für uns Franzosen ist das eine Lebenseinstellung", sagt ein Reporter von „Le Monde". „Essen ist eine Antwort. Alles verliert seinen Schrecken, wenn es erst mal gekocht ist – compris?"

Schon am ersten Tag scheitern die meisten der Geheimfavoriten: Der deutsche Teilnehmer Wahabi Nouri etwa trägt sein Kalb mit Blattgold und Lametta auf. „Als ob man eine Rolls-Royce-Karosserie auf einen Mercedes setzen würde", kommentiert Obauer. Der Spanier Huertas liefert eine pompöse Show. Sein Seeteufel sieht aus wie ein Ei – „aber geschmacklich ein totaler Flop", ist sich die Jury einig. Er wird Vorletzter und verlässt den Wettkampf wie ein geprügelter Hund. Der Japaner Noriyuki Hamada spießt in bester Samurai-Tradition zwei Riesentrüffel als Garnitur auf. Was interessant aussieht, aber wenig Sinn ergibt: Platz 11. Die Russen servieren der Jury vor jedem Gericht ein Glas Wodka. „Bingo!", meint Obauer. „Immerhin lustig."

Am zweiten Tag ist Dorfer an der Reihe. Er wird buchstäblich in letzter Sekunde fertig: Auf den Tellern der Jury landet Seeteufel mit Pinienkruste. Dazu eine knusprige Praline aus Muscheln und Fenchel sowie eine Bouillabaisse mit Safran. Mit seinem Fleischgericht rückt er in den Kreis der Favoriten auf: Ein Kalbsrücken mit Niere und Haselnüssen gefüllt, dazu ein Kalbsfilet im Perigord-Trüffelbiskuit.

Kurz darauf steigt Rauch auf: Der Franzose Serge Vieira ist an der Reihe. Er bastelt aus Zweigen einen Miniaturgrill. Noch während der Präsentation räuchert er den in Speck eingewickelten Seeteufel. Was zugegeben eine sensationelle Idee ist. Ohrenbetäubender Lärm auf der Tribüne. Es besteht kein Zweifel: Die Franzosen haben es wieder einmal geschafft. Auf den Plätzen landen Norwegen und Dänemark. Österreich schafft den sechsten Platz.

Die Siegerehrung wird live im französischen Fernsehen übertragen, flankiert von Werbespots von Nahrungsmittelkonzernen. In der Halle geht es überhaupt zu wie auf einem Jahrmarkt. Die österreichische Delegation überlegt, ob sie nicht hunderte Dosen Red Bull an das Publikum verteilen sollte. Aus Dankbarkeit, weil Dietrich Mateschitz sein Oldtimer-Flugzeug gestellt hat. Das Vorhaben wird kurzfristig abgeblasen. Red Bull darf in Frankreich noch immer nicht verkauft werden. So sind sie nun mal, die Gallier. Und niemand kann garantieren, dass einer der Red-Bull-Desperados nicht doch eine saftige Strafe für diese Aktion ausfassen wird. Die Sieger des Bocuse d'Or werden mit ohrenbetäubendem Lärm, Video- und Lichtshow gefeiert. Mittendrin steht Paul Bocuse. Ein zitternder Greis, der sich wirklich mit fast jedem der Journalisten fotografieren lässt. „Wahrscheinlich die letzte Gelegenheit", beweisen diese Kleingeister vor der unterwürfigen Annäherung an den großen, alten Mann noch im Vorbeigehen eine gehörige Portion Geschmacklosigkeit. Man merkt Bocuse an, dass die Show nicht seine Welt ist. Aber er weiß, dass dieses Spektakel von Mal zu Mal wichtiger wird. Als sich der Tumult aufzulösen beginnt, führt uns der Zufall in einem der Gänge noch kurz zusammen. Wir plaudern über Bistro-Rezepte aus der guten alten Zeit und warum solche Gerichte hier wohl keine Chance hätten. Er lacht, klopft mir auf die Schulter und sagt: „Wissen Sie, wenn Sie einen Sponsor für Andouillette auftreiben, dann drück ich Sie sofort bei der französischen Bewerbung durch." Trotzdem: Dieser Bewerb sei so etwas wie sein Vermächtnis. „Es kann sein, dass ich bald nicht mehr da bin. Aber der Bewerb wird bleiben. Für Frankreich. Für die Küche. Für die Welt ..."

Die „Gast“: Die Gerüch(t)eküche für Gas(t)geber

Die Fachmesse „Gast“ gilt als Pflichttermin für Hoteliers und Gastronomen. 5000 Personen sind vier Tage damit beschäftigt, 40.000 Gastronomen über neue Trends zu informieren.

„Jammern Sie nicht. Gestern mussten Gäste aus Vorarlberg eine Stunde auf ihren Shuttle nach Kleßheim warten“, sagt der Mitarbeiter des Österreichischen Wachdiensts. Wer zu spät zur „Gast“ kommt, den bestraft das Parkleitsystem. Am frühen Vormittag ist sogar schon die Autobahnböschung mit Autos zugepflastert. Kein Wunder: Die „Gast“ ist jedes Jahr auf Rekordkurs. „Bis Mittwoch wird wohl die Marke von 40.000 Besuchern fallen“, sagt Paul Hammerl. Er ist Pressebetreuer der Reed Messe und kümmert sich darum, dass 200 Journalisten aus Österreich, Deutschland und Italien mit Information versorgt werden. Die Zahlen sind beeindruckend: 743 Aussteller haben ihre Stände aufgebaut. Die Ausstellungsfläche beträgt 25.500 Quadratmeter. 5000 Personen sind auf der Messe damit beschäftigt, die Besucher über neue Produkte zu informieren. Das sind mehr Menschen, als etwa in der Stadt Oberndorf wohnen. Aussteller und Besucher der Messe versprechen sich vor allem Information und Imagepflege. Im Inneren des Messezentrums geht es zu wie auf einem Jahrmarkt. Da kreuzen lebensgroße Pommes frites und Ketchupsackerl die Wege der Besucher, verteilen hübsche Damen Wodka in der Tube und locken Haubenköche zum Plausch an der Theke. „Welchen Stellenwert die Gastronomie hat, das erkennt man jedes Jahr an der ‚Gast‘“, sagt Rudi Obauer. Dieses Jahr schreibt er besonders viele Autogramme am Qimiq-Stand und ein Ungar filmt alles mit. „Die Ungarn interessieren sich für unser Produkt“, sagt Qimiq-Marketing-Chef Michael Gutternig. Diese Nachricht ist eine halbe Stunde später Gesprächsstoff in der Salzburgarena. Da treffen einander Haubenköche bei einer „Menü-System-Präsentation“. Thomas Walkensteiner (Hotel Schloss Fuschl) ist da. Klaus

Fleischhaker (Pfefferschiff) auch. Martin Sieberer (Trofana Royal) unterhält sich mit dem Ex-ÖSV-Star Leonhard Stock. Die Köche haben viel zu reden: Gerade sind die Gourmetführer Guide Michelin und Gault Millau erschienen. Zwischendurch läuft wieder ein riesiges Ketchupsackerl durch die preisgekrönte Menschentraube.

„Die Umwegrentabilität für die Stadt Salzburg ist enorm", sagt Paul Hammerl. „Jeder Messebesucher gibt hier täglich 120 Euro aus." Am Nebenstand möchte ein Aussteller Rudi Obauer für einen Käse-Klimaschrank interessieren. „Nur wenn Sie mir das Nachbarhaus kaufen, wo ich ihn hinstellen kann", antwortet Obauer. Eine Stunde später sagt er, die Hektik gefalle ihm gar nicht. Schließlich komme er gerade aus der Provence vom Olivenpflücken. „Es hat sich viel verändert", sagt jetzt auch schon Hammerl. 1971 fand die erste „Gast" statt. Im Kongresshaus mit 85 Ausstellern. Die hatte die Größe eines Christkindlmarkts. Dann läuft eine riesige Kaffeetasse vorbei, dicht gefolgt vom Ketchupsackerl. „Sie müssen unbedingt noch in die Halle 12", rät Hammerl. „Da gibt es einen vollautomatischen Cocktailmixer mit 28 Zutaten im Tank." Dann kommt – kein Witz – eine junge Dame mit einem „ShotGun-Schankzylinder" auf dem Rücken vorbei. „Für den Fall, dass Sie es eilig haben", meint die Gas(t)geberin.

Die „Gast" ist heute zweifellos das Mekka der heimischen Köche und Gastronomen. Küchengeräte, Barlösungen, Einrichtungstipps und nicht zuletzt die allerneuesten „Food-Trends" gibt es zu besichtigen. „Wer in unserem Gewerbe nicht ‚up to date' ist, den frisst die Konkurrenz", flüstert mir ein Haubenkoch ins Ohr, während er einen Herd in der Preisklasse eines Ferraris begutachtet. Eine Station weiter verspricht ein Aussteller die Zubereitung von Speisen ohne lästige Geruchsbildung. Meinen Einwand, dass gutes Essen selten stinkt, lässt der Profi nicht gelten. „Sie haben ja keine Ahnung, welche Beschwerden die Caterer bei VIP-Veranstaltungen kriegen." In der Gastronomie ist der Kunde nun einmal König – auch wenn er noch so zickig ist.

Die heimische Gastronomie steht vor großen Herausforderungen, habe ich an diesem Vormittag gelernt. Im Mittelpunkt der zu lösenden Aufgaben scheinen flexible Bevorratung, Vergrößerung des Angebots, Unabhängigkeit von saisonalen Schwankungen und geringer Personal- und Arbeitsaufwand zu stehen. Für genusssüchtige Puristen liest sich das wie ein kulinarischer Albtraum, für die Gastronomen scheint es aber das einzige logische Erfolgsrezept zu sein. „Bis zum nächsten Jahr", verabschiedet mich noch ein selbst ernannter „Wasser-Produzent". „Brauchen S' eine Massagedusche?", höre ich noch zwischen Tür und Angel. Bis zum nächsten Jahr also. Dort, wo es alles für den Gast gibt – und mehr ... pardon: „and more."

Auf dem Weg zu meinem Auto sinniere ich noch so dahin: Vielleicht sind es ja auch nur die Anglizismen, die unsere Wirte narrisch machen. Mit dem technischen Equipment haben sie ja kein Problem. Ein Beispiel. Der Aussteller fragt: „Brauchen Sie eine computergesteuerte Fritteuse mit integriertem Frittier- und Umpumpsystem?" Antwort des Kochs: „Jo freili, die nimm i." Die Ärmsten kapitulieren heute vor den Produkten. Sie sehen vor lauter Food das Essen nicht mehr. Und da geht es dem Koch im Imbiss-Standl nicht besser als dem haubengekrönten Wunderkoch.

Rudolf Grabner – Die Ente vom Fuschlsee

Irgendwie hatte Rudolf Grabner immer die Gunst des Gault Millau auf seiner Seite. 1994 erkochte er noch 17 Punkte und höchstes Lob, 1995 trauerte man ihm eine halbe Seite nach, weil er das Schloss Fuschl zugunsten seines eigenen Betriebs in Gmunden verlassen hatte.

Trotz Lokalwechsels verließ ihn der Gault Millau nicht. 16 und 17 Punkte folgten schnell – ich habe selbst dort gegessen und musste feststellen, dass auf Grabners Kopf eine, maximal zwei Kochhauben Platz gefunden hätten.

Meine Erlebnisse waren ganz anderer Natur. Durch eine persönliche Freundschaft zum damaligen Generaldirektor des Schlosses Fuschl und meine Affinität zum Essen gab es immer wieder Diskussionen über die Qualität der Schlossküche. Das Essen war damals zwar teuer, aber maximal mittelmäßig. (Das ist ein Lob!) Wir machten uns also immer wieder gemeinsam auf die Suche nach einem geeigneten Koch und durchkämmten mit dem Motorrad die Haubenküchen Österreichs. Herbert Laubichler-Pichler – so hieß der Generaldirektor – gab sich wirklich alle Mühe, einen geeigneten Mann zu finden. Dieser und jener zog in die Küche ein, wurde ausprobiert – für nicht gut befunden – und wieder abserviert. Das ging so weit, dass ich sogar eine wunderbare Einladung für ein schönes Abendessen bekam, samt Anreise im Taxi, Getränke und allem Drumherum, nur um dann schriftlich meinen Eindruck von diesem Essen bekannt zu geben. Der Generaldirektor wusste nichts von meiner Tätigkeit für Gault Millau und war über die Professionalität des Tests verwundert.

Da alles nichts nutzte, besann man sich in Fuschl der eigenen Vergangenheit und wollte Rudolf Grabner wieder für das Haus zurückgewinnen. Dieser hat in Gmunden zwar die Gunst des Gault Millau auf seiner Seite, nicht jedoch den angestrebten wirtschaftlichen Erfolg. In diesem Fall war ich nicht in meiner Eigenschaft als „Feinschmecker“ gefragt, sondern als Steuerberater. Es galt zusammen mit dem Vertreter von Grabner einen Werkvertrag zu schmieden, mit dem dieser sein wirtschaftliches Überleben absichern wollte. Gleichzeitig sollte der Betrieb in Gmunden fortgeführt und er selbst als Küchenchef in Fuschl präsentiert werden. Ein Spagat, der fast unmöglich war. Es gab zahlreiche Vertragsentwürfe und E-Mails, die hin- und hergingen, wobei von langfristiger Absicherung des Küchenchefs die Rede war, was in einem

Werkvertrag in diesem Sinne nicht möglich ist und von der Summe der möglichen Arbeitstage und, und, und ...

Dann eine Presseaussendung – Fuschl meldete die Rückkehr von Grabner. Der jedoch dementierte heftig. Es gab einen fertigen Werkvertrag, aber noch keine endgültige Einigung. Hinsichtlich der Bezugshöhe wurde eine mündliche Vereinbarung zwischen dem Generaldirektor und dem Küchenchef kolportiert. Er sollte gleich viel verdienen wie seinerzeit bei seinem Abgang vor rund sechs Jahren. Das schien dem Generaldirektor legitim.

Eines haben wir bei den Verhandlungen aber übersehen. Wenn jemand wirtschaftlich nicht gar so gut aufgestellt ist, hat er meistens auch nicht das entsprechende wirtschaftliche Denken. Da wurde rund zwei Monate lang über die diversen Vertragsbedingungen gefeilscht und dann kamen wir drauf, dass der vom Schloss angebotene Bruttobetrag von rund 7000 Euro pro Monat vom Küchenchef als Nettobetrag verstanden wurde. Diese Differenz war den „Schlossherren" dann doch zu viel und so kam es gelegen, dass das Haus zu diesem Zeitpunkt verkauft wurde. So konnte man die Verhandlungen ohne weiteres abbrechen.

Rudolf Grabners Genießerrestaurant in Gmunden schien letztmalig im Gault Millau 2001 mit 16 Punkten auf. Da wurde im Text nur mehr darüber gerätselt, ob er als Konsulent nach Fuschl ginge oder nicht (siehe oben). Was in einem Essführer eigentlich auch nicht viel zu suchen hat. 2002 tauchte Grabner dann sternschnuppenartig in der Mönchsküche (Mondsee) auf und erkocht 17 Punkte. War es wiederum die Gunst des Gault Millau, die ihn verfolgte, oder war es sein damaliger Küchenchef Gerhard Fuchs, der ja später in den Saziani Stub'n in Straden Furore machte?

Das Schloss Fuschl hat wohl Grabner nicht bekommen, aber dafür Brugger – mehr als nur ein Ersatz – das war Gault Millau im Jahr 2002 bereits 16 Punkte wert.

Grabner selbst ist noch einmal in Vorarlberg aufgetaucht, aber persönlich habe ich seine Spur endgültig verloren ...

Willi Klinger – Der Apfel fällt nicht weit vom Stamm

Das Landgasthaus Klinger in Gaspoltshofen hat immer 13 Punkte, also eine Haube. Damit würde es nicht auffallen. Trotzdem verdient es eine Erwähnung in diesem Buch.

Willi Klinger, der Seniorchef dieses Hauses, wird heute wohl so um die 70 Jahre alt sein. Er hat nicht nur ein glühendes Herz für gute Wirtshausküche, sondern besonders auch für Motorräder. Daher führt uns immer einer unserer ersten Ausflüge des Jahres von Salzburg nach Gaspoltshofen, um dort ein hervorragendes Backhendl zu essen. Kaum hört er die Motorräder, ist er schon bei uns. Kellnerinnen werden angewiesen, den „durstigen Motorradfahrern" schnell erste Getränke zu servieren. Zum Essen empfiehlt er uns den günstigeren Hauswein: „Der schmeckt super und kostet nur die Hälfte der anderen angebotenen Weine", erklärt er uns immer. Hier erlebt man noch echte oberösterreichische Wirtshauskultur. Die Gäste danken es ihm – denn das Haus ist immer voll.

Was wir ihm aber noch verdanken, sind zwei Söhne, die dem Ruf der österreichischen Weinwirtschaft größte Ehre machen. Beide haben als „Brotberuf" Pädagogik studiert. Den einen verschlug es in die für Bordeaux und Burgunder österreichweit bestens bekannte Vinothek Stangl nach Salzburg. Von dort machte er seinen Weg über „Wein & Co" zu den „Freien Weingärtnern Wachau", um dann für Jahre zu Angelo Gaja, dem wohl renommiertesten Weingut Italiens, zu gehen. Dort war er für das weltweite Weinmarketing dieses Hauses verantwortlich. Erst dieses Jahr kehrt er wieder nach Österreich zurück, um Chef der „Österreichischen Weinmarketing" zu werden. Eine tolle Karriere.

Seinen zweiten Sohn Thomas hielt es auch nicht lange im Lehramt. Zusätzlich soll er ja noch Schauspielerei studiert haben, was durchaus eine gute Voraussetzung für einen Marketingexperten ist. Also ging er zum Weingut Willi Bründlmayer, wo er heute für Sales & Marketing verantwortlich ist.

Da soll noch einer sagen, dass Sprichwörter wie „Der Apfel fällt nicht weit vom Stamm" nicht ihre Berechtigung haben.

Lange Rede, wenig Sinn

Traurig, aber wahr: Weinverkostungen mutieren unter den Gästen immer mehr zum Gesellschaftsspiel. Das Ziel: Möglichst viel Kompetenz ausstrahlen und den Nebenmann maximal als Auszubildenden akzeptieren. Dabei entsteht allerdings auch häufig der Eindruck, dass sich die zu diesem Zweck benutzten Worthülsen proportional zu den steigenden Weinpreisen vermehren.

Damit Sie nicht unvorbereitet zu einer Verkostung gehen müssen, will ich Ihnen ein paar Tipps geben, wie Sie im allgemeinen Geplapper bestehen können: Bezeichnen Sie einen renommierten Wein als „komplex", „feingliedrig", „schön", „interessant" oder – bei jungen Weinen – als „etwas verhalten". Das verleiht Ihnen in den Augen der anderen schon etwas Kompetenz. Neulich traf ich gar auf einen poetisch veranlagten Fachjournalisten, der einem Roten eine „beachtliche südliche Breite" attestierte. Das kommt meistens bei Frauen gut an. Zu weit sollte man sich aber sicherheitshalber nicht aus dem Fenster lehnen. Auf Nummer sicher können Sie gehen, wenn Sie den „Nicker" anwenden: Sehen Sie nach der Kostprobe Ihrem Gegenüber zehn Sekunden lang in die Augen und nicken dann, ohne die Miene zu verziehen. Das kann gut oder schlecht bedeuten.

Wenn Sie jetzt aber ein Genießer sind, der einen guten Wein zwar erkennt, aber nicht zu beschreiben weiß, dann verzagen Sie nicht: Denn Sie sind der Liebling der Winzer. Diese halten sich lieber an das Sprichwort „Wissen ist Macht. Nichts wissen macht nichts“. Schmecken muss der Tropfen. Und je lauter Sie das dann dem anwesenden Erzeuger sagen, desto glücklicher wird er darüber sein.

Dass im Wein tatsächlich Wahrheit steckt, das durfte ich ausgerechnet bei einer Weinverkostung in meiner Heimatstadt Braunau am Inn erleben. Die fand im Gasthof Schüdlbauer statt, der in einem jahrhundertealten Gutshof untergebracht ist. Kein Geringerer als Thomas Klinger war zu Gast. Er repräsentiert weltweit die Nobelmarke Bründlmayer. Klinger lebt das ganze Jahr nach dem Motto „London, Paris, New York“. „Im kanadischen Banff etwa“, erinnerte er sich, während er im Akkord ausschenkte, „da haben die Verkostungsgäste kürzlich nur ehrfürchtig dreingeschaut.“ Was kein Wunder war: In Kanada bezahlt man etwa für eine Flasche „Grünen Veltliner L+T“ 50 Euro. In Österreich kostet er die Hälfte. „Was auch noch zu viel ist“, wurde Klinger im Gegenzug von einem Gast eingeschenkt. „Es ist einfach herzerfrischend hier“, sagte Klinger. „Die Innviertler sind ein sehr direkter Menschenschlag.“ „Das habe ich dir gesagt, bevor ich dich gebucht habe“, sagte der Wirt Pepi Gann. Er ist nicht ganz so weit rumgekommen. Gelernt hat er in Mattsee. „Beim Iglhauser. Da hab ich hackeln gelernt“, sagte er. „In Braunau ist alles anders“, erklärte der Heimkehrer dem weltreisenden Weinfachmann. In Salzburg werde viel mehr über Wein palavert und eifrig mitgeschrieben. Und hier? „Da ham s’ an Spaß.“ Toni, ein Stammgast, ließ sich den ersten von zwölf zur Verfügung stehenden Weinen einschenken. Er kostete: „Super! Bei dem bleib ich“, meinte er (noch) trocken. „Aber …?“ „I hob’ mein Wein.“ Toni hatte gesprochen.

Hier saß auch niemand. „Wir haben die Stühle rausgeräumt“, sagte Gann. „Die Leute sollen sich bewegen. So kommt man ins Gespräch.“ Gabi, die Kellnerin, kennt dort ihre Gäste. Sie sagte ihnen, welche Appetithappen sie vom Teller nehmen sollten.

„Sonst denken s' so lang nach." Klinger rackerte tapfer weiter. Er entkorkte einen Bründlmayer nach dem anderen. „Der Boden ..." wollte er kurz erklären, „... interessiert do koan", unterbrach ihn ein Gast und hielt ihm sein leeres Glas entgegen. „Es ist anders hier", meinte Klinger später noch einmal. Toni sinnierte währenddessen (nicht mehr ganz trocken) über den Geschmack: „Komisch: Riacht guat, schmeckt guat ..." „Und?", fragte Klinger neugierig. „Und schwupps is' a weg." Ein schöneres Kompliment hatte Klinger wirklich noch nie gehört. Erst recht nicht in Banff.

Jörg Wörther – Der beste Koch Österreichs?

... zumindest wenn es nach der Meinung von Michael Reinartz geht, dann war er das immer – oder zumindest einer der besten! Wird wohl auch so sein und wird auch immer wieder bestätigt.

Ich habe meine ganz eigenen Erfahrungen mit Jörg Wörther gemacht. Mein erstes Abendessen bei Wörther habe ich im Keller der Villa Solitude in Bad Gastein gegessen. Das war so Anfang, Mitte der 80er-Jahre. Wir fühlten uns feierlich, kleideten uns fein und begaben uns ins Zentrum des Luxus. Die erste Ernüchterung kam, als wir auf die Frage der Kellnerin hin noch eine weitere Flasche Weißwein bestellten und diese – nämlich die Kellnerin – die Gläser sofort nach dem Befüllen wegräumen wollte. Nun sollten der Hauptgang und der dazugehörige Rotwein serviert werden. Unser Erstaunen war groß. Wir baten die Kellnerin, mit dem Hauptgang noch etwas zu warten, tranken den Wein und – bekamen nichts mehr zu essen. Nach einer halben Stunde fragten wir, wie's denn so weitergehen könne und bekamen nach kurzer Rücksprache in der Küche Folgendes zu hören: „Meine Herrschaften, Herr Wörther lässt ihnen ausrichten, er kann sich nicht darauf einstellen – einmal gibt es etwas zu essen und einmal nicht!“ Trotz dieses Rüffels wurde das Essen irgendwann fortgesetzt und voll des Lobes genossen.

1995 hatte ich dann erstmals die „Ehre“, Jörg Wörther zu testen. Das war wieder ein spannendes „Heiß-Kalt“. Schon der Anfang war spartanisch. Jörg Wörther war damals der Ansicht, dass ein Amuse-Gueule sowieso nicht notwendig sei und außerdem finanziell gar nicht tragbar. So zumindest erklärte er es jedem, der es hören wollte – allen anderen auch. Es gab also Weißbrotscheiben mit Butter. Und dann ging's mit diversen geschmacklosen Fischen weiter – aber es wäre nicht Jörg Wörther, wenn nicht doch das eine oder andere Highlight gefolgt wäre. Flusskrebse mit jungen Kürbis- und Sellerietascherln waren damals eines der Highlights und völlig weg waren wir von einem scheinbar simplen Backhuhn auf einer Sauce von Pilzen – dass es einem das Herz schier zerreißen wollte vor Freude. Die Nachspeisen senkten den Herzschlag wieder auf Normalbetrieb und die zugehörige Anzahl der Punkte hätte von 18 auf 17 abgesenkt werden müssen. Hätte – aber das war natürlich politisch nicht korrekt und passte nicht zur Linie des Gault Millau. Der große Jörg Wörther, obwohl noch immer im Drei-Hauben-Bereich, verliert einen Punkt. Nein, das durfte nicht sein. Also wurde nur der Test genommen, die Wertung korrigiert und es blieb bei 18 Punkten. Damals, so behaupte ich heute noch, einfach ungerecht. Wir waren immer wieder einmal dort und immer wieder gab es Highlights, aber – das ist ja auch okay – immer wieder ordentliche Bodenständigkeiten, um nicht zu sagen Unzulänglichkeiten.

Freilich – das habe ich auch ganz besonders nett gefunden –, wir haben einmal einem Freund einen Kochabend bei Jörg Wörther geschenkt und dieser hat ihn auch glatt in seiner Küche aufgenommen. Ohne Wenn und Aber – einfach so als Freundschaftsdienst für einen Bad Gasteiner Freund von uns. Den Kochkurs hätte ich auch gerne gemacht – aber ich war nicht der Beschenkte!

Einen wirklich grandiosen Abend durfte ich einmal in Schloss Prielau erleben. Das war einer dieser Abende, an denen alles von vorn bis hinten stimmt. Und es zeigte mir, in welcher Liga Wörther wirklich kochen kann! Ich war davon so angetan, dass ich 14 Tage später mit meiner betagten, aber quietschfidelen Mutter bei Wörther zum Mittagessen ging. Bereits auf der Fahrt schwärmte ich von der Qualität des Essens und in welcher Hochform Wörther derzeit koche. Die Ernüchterung folgte schnell. Das Mittagsmenü bestand aus irgendeiner Vorspeise und dann kamen – völlig blödsinnig kombiniert – zwei Hauptspeisen hintereinander. Einmal Wild in einer dunklen, fast schwarzen Sauce und dann Rindfleisch mit klassischen Zutaten. Als ob es das Resteessen vom Vorabend gewesen wäre.

9. Kapitel: Essen – Ein Milliardengeschäft

Kurz vor Silvester 2005 war im Hamburger Congress die Hölle los. Bei vier ausverkauften Vorstellungen dampfte und zischte es auf Teufel komm raus. Der Zeremonienmeister hieß Tim Mälzer. Das ist ein charmanter Fernsehkoch. Sie wissen schon: „Schmeckt nicht, gibt's nicht!" Der Koch als braver Dienstleister ist längst passé. Heute ist er ein Popstar. Im deutschsprachigen Fernsehen gibt es bereits mehr als 40 Kochsendungen. Bei „Kerner" versammeln sich ab 22 Uhr eineinhalb Millionen Zuschauer vor der Mattscheibe – also zu einem für Freizeitköche denkbar schlechten Zeitpunkt. Das Paradoxe daran: Umfragen zeigen, dass in der Hälfte der heimischen Haushalte nicht mehr oder höchstens ein bis drei Mal pro Woche gekocht wird. Es scheint, als ob das Publikum im Fernsehen nur eine „heile Welt" sehen wolle, in der noch selbst gekocht werde.

Damit von dem Boom aber auch die Konzerne profitieren können, muss alles ganz schnell gehen. Ein Beispiel dafür ist der Erfolg der Zeitschrift „Schnell! Einfach! Lecker!". Dieses Heft gilt mit monatlich 400.000 verkauften Exemplaren als erfolgreichstes Kochmagazin Mitteleuropas. 2004 waren es noch 200.000. Erkannt hat diesen Trend auch die österreichische Handelskette SPAR. Bereits seit zwei Jahren bringt der Konzern das Journal „Feine Küche" heraus. Als Galionsfigur dient Johanna Maier. Darin wirbt sie einmal für „Quickness" (eine Wortschöpfung für „schnelle und gesunde Küche"), dann wieder für Ayurveda, gefolgt von „Bella Italia" und „La douce France". Die Produktion von mehreren hunderttausend Gratisexemplaren zahle sich aus, heißt es aus der Presseabteilung von SPAR. Sämtliche Rücklaufaktionen, wie etwa die Ausschreibung von Kochkursen mit Johanna Maier, würden sensationelle Ergebnisse erzielen. Der Rewe-Konzern (in Österreich vertreten mit dem SPAR-Konkurrenten Billa) setzt auf Fernsehen. Er sponsert die ORF-Kochshow „Frisch gekocht". Da kochte schon fast jeder halbwegs bekannte Haubenkoch. Johanna Maier darf da nicht kochen. Denn sie ist ja bei SPAR unter Vertrag. Die Kochmania durchdringt inzwischen auch schon die regionalen TV-Sender. In Kooperation mit Salzburger Firmen wie den Bierbrauern von Stiegl und Qimiq ging kürzlich die Sendung „Salzburger Kochtipps" an den Start.

Woher kommt dieses plötzliche Interesse am Kochen? Ganz einfach. Der Markt ist im Umbruch. Und wie passionierte Esser bei der Stange gehalten werden, das hat der Gault Millau vorgemacht. Der Führer hat in den Siebzigerjahren erkannt, dass vom Volk kulinarische Helden gewünscht werden. Dass sich diese Helden irgendwann selbst über das von ihnen befeuerte System lustig machten, tut der Erfolgsstrategie keinen Abbruch. Sie wissen schon – Paul Bocuse und Nouvelle Cuisine: „Wenig auf dem Teller, viel auf der Rechnung."

Ähnliches ließe sich auch vom Carpe Diem berichten, mit dem Jörg Wörther Heerscharen von Gourmetjournalisten aus halb Europa in die Getreidegasse lockt. Nur gibt es bei Wörther nicht einmal Teller. Alles wird mit der Hand gegessen. „Handheld Food nennt man das", erklärte ein Gourmetkritiker in vorauseilendem medialen Gehorsam. Der SN-Karikaturist Thomas Wizany verlieh dieser neuen Gastronomie in unserer Zeitung einen viel treffenderen Namen: „Fingerhut-Food."

Über Größe und Preise der gebotenen Kochkunst kann man diskutieren. Richtig interessant ist aber das Konzept. Denn es stellt den Koch in einem völlig neuen Licht dar: Präsentierten sich Köche früher nur allzu gerne als Künstler, so gefallen sie sich immer öfter in der Rolle als Erfüllungsgehilfe von Nahrungsmittelkonzernen. Jörg Wörthers Carpe Diem soll etwa helfen, den Umsatz der flügellahmen Wellnessdrinks von Dietrich Mateschitz zu fördern.

Das Carpe-Diem-Konzept wird auch Bewegung in die heimischen Küchen bringen. Man muss kein Prophet sein, um vorherzusagen, dass die Cones bald im Supermarkt erhältlich sein werden – in einer halb fertigen Version für die Mikrowelle. Mit dem Großhandel dürfte dieser Esstrend wiederum den Weg zurück in gastronomische Billigläden finden. Hier setzt man mehr denn je auf Convenience Food. Jörg Wörther, früher als „Mozart der Küche“ gefeiert, hätte sich heute eher den Titel „Söldner von Red Bull“ verdient.

Das Engagement von Red Bull hat die Gastroszene bereits nachhaltig verändert. „Es geht jetzt ein bisserl zu wie im Fußball“, sagte Dietmar Maier, der Patron des Filzmooser Spitzenrestaurants Hubertus. Seine Frau Johanna musste innerhalb kürzester Zeit den Abgang von drei Köchen in den von Dietrich Mateschitz betriebenen Hangar-7 verkraften. Maier betrachtet das noch entspannt: „Dank Red Bull spielt Salzburg in der Gastronomie in der Champions League. Der Hangar-7 – das ist Real Madrid, wenn wir Bayern München bleiben dürfen, dann sind wir zufrieden.“ Mit Galgenhumor kommentiert auch Franz Schafelner, Gastgeber im Anifer Schlosswirt, den Umbruch in der Szene. Als sein Koch Markus Moser in das Stadionrestaurant wechselte, sprach er kurz darauf Robert Hohensinn, der als rechte Hand von Dietrich Mateschitz gilt, in seinem Restaurant an: „Sag mal, Robert: In welchen Ländern Europas gibt es Red Bull eigentlich noch nicht?“ „In Dänemark und Frankreich“, antwortete Hohensinn wie aus der Pistole geschossen. „Gut: Dann eröffne ich ein Lokal in Dänemark und eines in Frankreich“, gab Schafelner zurück.

Dass die österreichischen Köche mit fliegenden Fahnen in das Red-Bull-Imperium wechseln, das hat einen Grund, der Red Bull eigentlich sehr sympathisch macht. Da gibt es geregelte Arbeitszeiten. Konzernchef Dietrich Mateschitz macht keinen Unterschied, ob er einen Fußballstar, einen Formel-1-Fahrer, einen Eishockeyprofi oder einen Koch beschäftigt. Da gibt es Arbeitsverträge und für gute Leute auch viel Geld. Wie viel Geld das genau sein soll, das plauderte kürzlich ein Red-Bull-Mitarbeiter aus. Eckart Witzigmann soll für seine Beratertätigkeit etwa 12-mal im Jahr 15.000 Euro erhalten. Hangar-7-Küchenchef Roland Trettl 14-mal jährlich 12.500 Euro und Jörg Wörther 14-mal jährlich 10.000 Euro – „Netto", hat der Red-Bull-Mitarbeiter gesagt. Als ich mich eines Tages mit Wörther über die kolportierten Gehälter unterhielt, musste er lachen. „Das kann ja nicht sein", sagte er, „dass der Trettl mehr verdient als ich. Aber im Ernst. Ich bin selbstständig unternehmerisch bei diesem Projekt tätig. Ich kriege kein Gehalt. Ich kriege das, was ich verdiene."

Rudi Obauer sagte mir mal, er würde abwanderungswilligen Köchen keine Träne nachweinen: „Ein guter Handwerker läuft nicht dem Geld nach. Der macht sein Handwerk, dann kommt das Geld von allein", sagte er. Und schon wieder klang das genauso, als ob Opa vom Krieg erzählte. Mit dem Eingreifen von Red Bull in die Gastronomie kam Zündstoff in die Szene. Denn Red Bull – im Normalfall stets auf Diskretion bedacht – hat nicht mit den Plaudertaschen aus der Gastronomie gerechnet. Köche wechseln, kommen und gehen. Das ist ein ungeschriebenes Gesetz, dem sich auch ein Konzern wie Red Bull unterwerfen muss. Und Köche, die aus dem Red-Bull-Konzern – aus welchen Gründen auch immer – ausgeschieden sind, erzählten allesamt entsetzt von der enormen Unwirtschaftlichkeit, die bei den Red-Bull-Betrieben gegeben sei. Das muss man sich so vorstellen: Im Carpe Diem nutzen 60–80 Mitarbeiter den Tag zum Arbeiten. Da würde wohl jeder andere Betrieb von den Personalkosten aufgefressen werden. Im Hangar-7 ist dagegen ohnehin nur Prassen angesagt. Teurer Berater, teure Location, teure Gastköche, teures Personal und ein enormer Wareneinsatz. Und das bei ein paar Sitzplätzen und Preisen, wie sie in der vergleichbaren Haubengastronomie auch verlangt werden. Auf diese Wettbewerbsverzerrung angesprochen, antwortete Dietrich Mateschitz in einem SN-Interview:

„Die Gastronomie ist keine geschützte Werkstätte.“ Da hatte er auch Recht. Aber das Problem ist ja auch, dass er mit seinen subventionierten Betrieben eine geschützte Werkstätte innerhalb der Gastronomie installiert hat. Beim Stadionrestaurant etwa wird auf der Homepage offiziell damit geworben, dass es hier gehobene Küche zum Beislpreis gebe. Da stellt sich bei den gehobenen Betrieben in der Umgebung natürlich das blanke Entsetzen ein. Etwas später sagte Mateschitz noch: „Ich glaube nicht, dass der Kuglhof (eine solide Gaststätte in der unmittelbaren Nachbarschaft des Hangar-7, Anm.) auch nur ein paar Cent Einbußen hat, seit es unseren Hangar-7 gibt.“ Dieser Vergleich hinkt tatsächlich nicht: Weil er keine Beine mehr hat. Denn wer fliegt schon First Class in das kulinarische Salzburger Schlaraffenland, um dann im Kuglhof zu essen? Obwohl das eine gute Idee wäre. Der Hangar-7 konkurriert mit dem Pfefferschiff in Hallwang, dem Restaurant Riedenburg in der Stadt Salzburg und Szenetempeln wie dem m32 im Museum der Moderne oder dem Konzeptrestaurant magazin.

Aber Red Bull ist ein guter Kunde der Salzburger Lokale. Sie buchen hier große Events. Auch wenn viele Gastronomen noch so hinter vorgehaltener Hand über die neue Konkurrenz vom Leder ziehen. Auf Red Bull als Kundschaft wollen sie keineswegs verzichten. So wirkt die gesamte Konstellation auf Außenstehende eben so, dass Red Bull mit der einen Hand die Gastronomen füttert und mit der anderen die Kundschaft weglockt. Was die betreffenden Gastronomen zu der Aussage inspirierte: „Zuerst haben wir Red Bull groß gemacht, weil wir das Zeug teuer verkauft haben, jetzt frisst er uns auf.“ Frei nach Robespierre: „Die Revolution frisst ihre Eltern.“

Andererseits ist die Zielsetzung von Red Bull in der Gastronomie vollkommen transparent und auch legitim: Die Firma ist immer noch im Wachstum. Sie würde ihre Getränke am liebsten in jedem österreichischen Lokal sehen. Das ist für einen Konzern, der wirtschaftlich denkt, auch nur logisch. Aber irgendwann werden Sie bei der Zenzi auf der Ursprung-Alm vielleicht einmal keine Buttermilch mehr kriegen, weil mit Red Bull viel mehr Geld mit viel weniger Anstrengung zu verdienen ist. Und cool ist Red Bull sowieso.

Ein weiteres Problem für die Gastronomie ist, dass Mateschitz mit seinem System unfreiwillig ein paar Spielertypen inspiriert, die es ihm gleichtun wollen. In der Branche gibt es mehr als genug ambitionierte Gastronomen, die bereits fleißig an kleinen Gastroimperien basteln, um Synergien zu nutzen und Werbeausgaben zu sparen. Der gemütliche Wirt von nebenan ist im Bereich der Bars längst passé. Heute besitzt ein Gastronom zwei Haubenrestaurants und drei Szenebars. Und die Prognosen heizen diese Entwicklung kräftig an. Der so genannte „Außer-Haus-Verzehr" gilt trotz allen ambitionierten Kochsendungen und -zeitschriften für Hobbyköche als unerschöpfliche Cash-Cow. Die einen machen Trends und die anderen versuchen sie schneller aufzuspüren als die Konkurrenz. „Es ist nur eine Frage der Zeit, bis die Asiaten auch in Westösterreich das Kommando übernehmen", sagte mir etwa vor ein paar Monaten Günther Gapp von der Firma „Gastro Obsearcher". Den Trend hat zumindest zum Teil natürlich auch der Gault Millau mit angeheizt. Die Wiener Schickeria ist seit Jahren hysterisch begeistert, wenn sie im koreanischen Restaurant „Kim kocht" aus dem Wok futtern darf. Kurz darauf begann die Oberliga, auch asiatisches Fusion Food auf die Karte zu setzen und schon stehen die Nachahmer am Fuße der kulinarischen Karriereleiter Schlange – bis runter zum Thai-Wok-Imbissstand.

Selbstredend sprangen auch schon Fast-Food-Ketten auf den Zug auf. Das Indigo etwa mauserte sich in den letzten Jahren zu einer asiatisch angehauchten Restaurantkette, die gerade von Salzburg aus den Markt aufmischt. Da gibt es sogar einen „Healthy Fast Food Drive-in". Dagegen gibt es nichts einzuwenden. Denn die Qualität ist gut und der Preis sehr günstig. Aber die Verlierer dieses Gastrosystems stehen auch fest: Biobauern etwa haben kaum eine Lobby in Österreich. Wenn die gesundes Essen, das in der Region produziert wird, unter die Leute bringen wollen, dann glauben die Kunden heute noch, dass es sich bei diesen Produzenten um Sektierer und „schräge Vögel“ handelt.

Sogar die österreichische Bundespolitik heizte diese Entwicklung in den letzten Jahren noch kräftig mit an. Als in der Salzburger Landwirtschaftsschule Ursprung etwa der Vortrag des französischen Globalisierungsgegners und Biobauern José Bové aus fadenscheinigen Gründen von Seiten der Schulbehörde abgesagt wurde, war die Aufregung in Salzburg schon groß. Genau zum gleichen Zeitpunkt kam meine Tochter mit einem „Ronald-McDonald-Puzzle“ und den Liedzeilen „Beweg dich viel, heißt unser Ziel – Ronald McDonald!“ auf den Lippen vom Kindergarten nach Hause. Ich habe andere Eltern im Kindergarten befragt, was sie davon hielten, dass das Maskottchen eines Fast-Food-Konzerns neuerdings in unserem Kindergarten den Kindern das Singen beibringe und war erleichtert, dass sie ebenso empört waren. Obwohl sie von sich aus nicht den Mut gehabt hätten, sich zu beschweren, wie fast alle einräumten. „Was wird da der Bürgermeister sagen?“, fragte etwa einer der Väter. „Ich bin Gemeindebediensteter.“ Ich habe mit meiner Kollegin Karin Zauner bei den Salzburger Nachrichten die Hintergründe der Aktion recherchiert und herausgefunden, dass das Gesundheitsministerium vollinhaltlich hinter dem Auftritt von Ronald McDonald in unseren Kindergärten stand. In den Volksschulen, so stellte sich weiters heraus, kooperierte das Gesundheitsministerium mit dem Programm „Ernährungsdetektive“. Auf den von McDonald's zur Verfügung gestellten „Unterrichtshilfen“ prangt prominent das Logo der Fast-Food-Kette. Außerdem locken Preise zum Mitmachen beim McDonald's-Gewinnspiel. Mit dieser Aktion wurden in Österreich 8000 Volksschüler erreicht. Das war alles – zugegeben – lieb gemeint. Aber musste es das Logo von McDonald's sein, das unsere Kinder zu einem besseren Leben führen soll? Vor 20 Jahren war der knuddelige und vor allem werbefreie „Helmi“ noch ausreichend, um Botschaften an die Kinder zu bringen. Sehr süß war übrigens die Pressedame von McDonald's. Sie sagte: „Bei dieser Aktion geht es überhaupt nicht um unseren Konzern. Es geht uns nur darum, die Kinder über gesunde Lebensweise zu informieren." „Wunderbar", habe ich ihr geantwortet. „Aber warum schicken Sie dann keinen neutralen Clown? Sie könnten ja später PR-Artikel in den Zeitungen kaufen, um ihre Kunden über ihre noblen Aktivitäten zu informieren. Warum muss es ihr Markenclown sein, der die Kinder belehrt?" „Aber die Kinder wollen doch Ronald McDonald", hat sie immer wieder wiederholt. Sie klang dabei ein wenig wie meine Tochter, als sie vom Kindergarten nach Hause kam. Was für mich persönlich ein weiterer Beweis dafür war, dass Sachen nur oft genug wiederholt werden müssen, bis sie jeder glaubt: vom Kindergartenkind bis zur PR-Dame.

Die Berichterstattung unserer Zeitung bewirkte immerhin eine Welle der Empörung in ganz Österreich. Sogar das ZDF berichtete über die „abstrusen Methoden der österreichischen Gesundheitsministerin". Der ORF schränkte die Diskussion auf das Internet-Forum ein. Da ging es allerdings heftig zur Sache. Aber in der TV-Berichterstattung des ORF wurden die Politiker – aus welchen Gründen auch immer – weitgehend geschont. Dabei kam es sogar zu einer Reihe parlamentarischer Anfragen. Die meisten der zuständigen Landespolitiker haben dann dieser Schleichwerbung von Maria Rauch-Kallats Gnaden in den Kindergärten einen Riegel vorschoben. Da halfen sicher auch aktuelle Zahlen aus den USA. Dort sind laut Gesundheitsministerium bereits zwei Drittel der Bevölkerung fettleibig. 300.000 US-Amerikaner kostet nach aktuellen Studien die Fettleibigkeit jährlich sogar schon das Leben. Forscher der Universität Illinois legten eine Studie vor, nach der Fettsucht die Lebenserwartung schon stärker verkürzt als Krebs. Was dort in erster Linie auf Fast-Food-Ketten zurückgeführt wird. Die Liebe der Kinder zum Fast Food ist zweifellos auf das aggressive Marketing der Konzerne zurückzuführen. Nancy Amy, Ernährungswissenschafterin an der Universität Kalifornien, fand heraus, dass sich Kinder, die Werbespots für Süßigkeiten und Pommes frites ansehen, in der Praxis gegen Obst entscheiden. Selbst verantwortungsvolle Eltern tragen auf zweierlei Arten dazu bei, dass ungesundes Essen in der Bedürfnis-Pyramide ihrer Kinder ganz nach oben gelangt. Entweder es wird interessant, weil es verboten wird, oder es wird unterbewusst als Belohnung ritualisiert. Wer sein Kind etwa „ausnahmsweise" mit Schokolade belohne, der habe schon die Weichen in die falsche Richtung gestellt, so Amy.

Schützenhilfe erhält Amy von der Ernährungswissenschafterin Marion Nestle. Die New Yorkerin sieht das Problem der Fettleibigkeit in ihrem Buch „Food Politics" vor allem in der Geldgier der Aktionäre. „Um die Aktionäre zufrieden zu stellen", so Nestle, „müssen Lebensmittelkonzerne die Menschen überzeugen, mehr von ihren Produkten zu essen." Sie führt an, dass amerikanische Lebensmittelhersteller jährlich 33 Milliarden Dollar für ihre Werbung ausgeben. Das sind zwei Drittel der gesamten Werbeausgaben. Dem Werbeetat für Süßigkeiten, Fertiggerichte, Limonaden und Alkohol steht ein Anteil von 2,2 Prozent für Obst, Getreide und Gemüse gegenüber. In diesem Licht betrachtet wirkt es natürlich befremdlich, dass ein Spitzenkoch erst dann glaubt, dass er es geschafft hat, wenn er von Lebensmittelkonzernen als Werbeträger geködert wird. Denn streng betrachtet verrät er damit all jene Ziele, die er sich ursprünglich gesteckt hat, um nach oben zu gelangen. Denn das wäre, frische Produkte vom Wochenmarkt zu verarbeiten. In ihren Restaurantprospekten sind sie auch immer beim kleinen Bauern oder Fischer zu sehen. Bilder vom Spitzenkoch, wie er im Supermarkt einkauft, wurden noch nicht veröffentlicht. Es reicht, wenn ihre Namen mit den Konzernen in einem Atemzug genannt werden, um die Konsumenten glauben zu machen, hier gehe es um Küche auf allerhöchstem Niveau.

Zur Meisterschaft in der „Iss bequemer"-, „Iss schneller"- und „Iss mehr"-Philosophie brachte es zweifellos McDonald's. 50 Jahre nach der Gründung der ersten Fast-Food-Filiale erreichen die Portionen fast schon absurde Größen. So war 1955 das Normalmaß für eine Limonade 0,2 Liter. Wer heute eine Kinderportion bestellt, der erhält schon 0,35 Liter. Die kleine Portion beinhaltet schon 0,47 Liter und der nach der Kinodokumentation „Super Size Me“ wieder aus dem Programm genommene „Supersize-Becher“ brachte es auf 1,24 Liter (!). Selbst die Autoindustrie ließ sich vom mengenmäßigen Größenwahn der Fast-Food-Ketten anstecken: Dort sind die Becherhalter mitgewachsen.

Richtig staunen musste ich allerdings erst, als ich vor vier Jahren die österreichische Fußballnationalmannschaft der Haubenköche begleiten durfte. Die trat damals in Reims (Frankreich) zum Kräftemessen mit den europäischen Kollegen auf dem Fußballfeld an. Da sorgten die holländischen Köche für allgemeines Schmunzeln. Denn sie ließen sich ihren Auftritt von McDonald’s sponsern. „Weil die mit Abstand am meisten bezahlen“, sagte mir einer der holländischen Brieskicker. Das dürfte sich übrigens gerade auch der US-Jurist John Banzhaf denken. Der hat mit einer Sammelklage schon die Tabakindustrie kräftig gebeutelt. Seitdem werden die Seminare, die er an der Universität hält, von den Studenten „Verklagt die Mistkerle“ genannt. Jetzt nimmt sich Banzhaf McDonald’s vor.

Dass der Markt des Außer-Haus-Verzehrs immer mehr umkämpft wird, das fand auch der „Gastro Obsearcher“ Günther Gapp heraus. Fast zwei Jahre verbrachte er damit, Fragebögen für die Gastronomie zu erstellen. In Kooperation mit der Karmasin Motivforschung/Gallup-Institut hat er vor einem Jahr die wohl aufwändigste Studie vorgelegt, die in Österreich jemals für die Gastronomie erstellt wurde. Zentrale Aussagen: Immer mehr Österreicher gehen in das Restaurant, in die Kantine oder zum Imbiss-Stand essen, statt zu Hause zu kochen. Dieser Außer-Haus-Verzehr macht pro Jahr bereits 12,6 Milliarden Euro aus. Dieser Anteil wird laut dieser Umfrage bis 2015 um 23 Prozent steigen. Jene Wirte, die schon jetzt die Zeichen der Zeit erkennen, werden sich die größten Stücke von diesem Kuchen abschneiden können, ist Gapp überzeugt. Im Trend liege man etwa, wenn österreichische Küche durch internationale Einflüsse erweitert werde. Auch leichte Speisen als Ergänzung zur Hausmannskost würden immer wichtiger. Man solle bei dem wachsenden Markt der Pensionisten auch darauf achten, kleinere Portionen anzubieten. Auch Speisen und Getränke zum Mitnehmen seien ein sicheres Erfolgsmodell für die Zukunft, fand er heraus. „Auch in den feineren Küchen wird man sich wohl oder übel mit der Zubereitung von Finger Food, Sandwich und Burger beschäftigen müssen", sagt Gapp.

Ein Phänomen würden vor allem Ethno-Lokale darstellen. Japanische, italienische oder griechische Lokale erzielten deutlich mehr Umsatz als klassische österreichische Gasthäuser. Was natürlich mehrere Gründe haben könne. Zum einen liege das an der österreichischen Gasthauskultur, die ja im besten Fall immer noch auf Kommunikation ausgerichtet sei. Man sitze eben im Wirtshaus oder im Café auch zusammen, ohne ständig zu konsumieren. Leider gingen solche Wirtshäuser, wo das noch möglich sei, immer öfter Pleite. Außerdem sei unsere Zeit viel schnelllebiger geworden. Man habe heute auch nicht mehr dreißig Jahre die gleiche Einrichtung. Die Leute suchten auch bei den Restaurants mehr Abwechslung.

Noch etwas brachte die Studie zutage: Die österreichische Gastronomie verfügt über 3,6 Millionen Sitzplätze. Würden sich alle Österreicher entschließen, am gleichen Tag essen zu gehen, wäre das bei einer Mittags- und Abendaufteilung durchaus möglich. Vorausgesetzt, sämtliche Kantinenplätze in den Gefängnissen sind ausgelastet.

Dass die Sitzplätze in der gehobenen Gastronomie immer mehr werden, das ist in Salzburg wiederum hauptsächlich der Marketingmaschinerie von Red Bull zu verdanken. Kaum ein Jahr vergeht ohne spektakuläre Neueröffnungen. Den Beginn machte der Hangar-7, dann folgte das Winterstellgut bei Annaberg, das mit seiner sterilen bäuerlichen Ausstrahlung ein wenig an den Gnadenhof des Tierdiplomaten Michael Aufhauser erinnert. Kurz: Eine Art „Gut Aiderbichl für Hungrige". Bald darauf kam das Finger-Food-Restaurant Carpe Diem, ein Jahr später das Bull's Corner im Salzburger Stadion, ein Afro-Café ist in Planung. Allesamt Lokale, die im Gault Millau eine Rolle spielen. Allesamt aber auch Lokale, die ohne Finanzspritzen wohl kein Jahr überleben würden. „Wo steckt dann der Sinn?“, fragen sich viele Wirte. Ganz einfach. Diese Lokale versprechen Gratiswerbung in Rundfunk- und Printmedien. Wie? Sie glauben, dass ein Barrel Erdöl mit 70 Dollar empfindlich teuer ist? Dann müssten Sie schleunigst aufhören, Red Bull zu trinken, um ihre Ersparnisse zu schonen. Denn ein Barrel Red Bull kostet heute immerhin etwa 855 Dollar. Da muss schon eine große Portion Lifestyle her, um dieses Produkt einer zumeist ziemlich finanzschwachen Zielgruppe schmackhaft zu machen. Bei Red Bull funktioniert das auch prächtig. Da haben es sich Extremsportler wie der Basejumper Felix Baumgartner gerichtet, der sich pünktlich zu jedem Start einer Marktoffensive mit Red-Bull-Fallschirm von einer Brücke in die Tiefe stürzt. Brücken gibt es überall. Wer da runterspringt, der fällt eben auf. Und Baumgartner sprang schon in die Gorges du Tarn, was die immer noch Red-Bull-resistenten Franzosen immerhin ein wenig beeindruckt haben dürfte. Er sprang auch schon in Istanbul von der Brücke in die Meerenge des Bosporus und vor zwei Jahren von der Panamabrücke. Hin und wieder springt Baumgartner auch in ein Loch – wie voriges Jahr. Da hüpfte er in eine kroatische Höhle. Und wenn sich der Red-Bull-Fallschirm in einer gefährlichen Situation rettend aufspannt, dann schmeckt Red Bull gleich ein kleines bisschen verwegen und nicht mehr ganz so süß nach Gummibärli. Die sensationsanfällige Mittelschicht ist also fest in der Hand von Red Bull.

Bei Carpe Diem, den Wellnessdrinks aus dem Hause Mateschitz, ist das anders. Mit diesen Drinks möchte man jene Menschen erreichen, die an Wellness interessiert sind. Also jene, die gerne mal einen Gang zurückschalten. Und das werden laut Marktforschung im hektischen Alltag ja immer mehr. Da muss man also Genussmenschen erreichen. Und wo findet man mehr

Genussmenschen als unter den Lesern von Gourmetführern? Aber da muss man erst einmal die Köche davon überzeugen. Beim ersten Versuch, wie zumindest die Spitzenköche überzeugt werden sollten, durfte ich dabei sein.

Wie man sich bettet, so is(s)t man

Das war eine Einladung! Robert Hohensinn, der geniale Einflüsterer von Dietrich Mateschitz, lud zum „Lying Dinner" ins ehemalige Salzburger Theater Metropolis. Wie Phönix aus der Asche entstand in dem aufgelassenen Schauspielhaus ein Spektakel, das an ein Märchen aus Tausendundeiner Nacht erinnerte.

Eine zündende Idee habe er der Gastronomie liefern wollen, erklärte Robert Hohensinn ganz uneigennützig. Denn Genuss, so war er überzeugt, könne man konzipieren. Was man dazu benötigt, das ließ er mit einem enormen finanziellen Aufwand in das Theater Metropolis schaffen: Exklusives Essen von Do & Co, eine behagliche Zelt-Atmosphäre, extra angefertigte Liegewiesen, einen künstlichen Bachweg, Künstler und Akrobaten, eine Masseuse, die zwischen den Gängen Hand an die verspannten Rücken der Gäste legt und ein paar Kisten Carpe Diem. Bis zu diesem Zeitpunkt war ich noch der festen Überzeugung, dass Genuss erst dann entsteht, wenn man die Freiheit hat, einfach einmal gar nichts zu tun. „Gar nichts?" – Das war Robert Hohensinn dann aber doch zu wenig.

Außerdem: Wer begrüßt schon eine Auswahl der besten Köche Europas und bietet ihnen dann „gar nichts"? Schließlich räkelten sich Kochlegenden wie Johanna Maier, die Obauer-Brüder, Eckart Witzigmann, Jörg Wörther (damals noch Koch im Schloss Prielau in Zell am See) und der deutsche Nobelcaterer Gerd Käfer auf den eigens angefertigten, kuscheligen Liegestätten.

Einer, der an dem Konzept auch besonderen Gefallen gefunden hat, war natürlich der Gault-Millau-Herausgeber Michael Reinartz. Er verficht ohnehin seit Jahren die Ansicht, dass sich die Gastronomie ständig weiterentwickeln müsse: „Vielleicht überlegt sich der eine oder andere Gastronom, seine aufgelassene Kegelbahn hübsch zu dekorieren und dann eine ähnliche Form der Bewirtung zu bieten“, hoffte er auf zahlreiche Nachahmer und mutige Investoren.

Dem Team um Red-Bull-Erfinder Dietrich Mateschitz attestierte er weiters, dem Zeitgeist schon wieder einen Schritt voraus zu sein. Stimmt schon: Nachdem die Fuschler Firma den Kunden mit ihren Werbebotschaften Flügel verlieh, wollte sie die „Genussmenschen in spe“ nun auf kuscheligen Wolken platzieren. Getränke wie Kombucha, Kefir und Ginkgo sollen's richten. Das sind Durstlöscher aus längst vergessenen Kulturen. Nur schmeckten die damals nicht so süß und schon gar nicht waren sie mit Kohlensäure versetzt. Diesmal setzt man also auf Altbewährtes. Somit ist auch erklärt, dass diese Es(s)kapade nicht ganz uneigennützig organisiert wurde. Die Marke „Carpe Diem“ wurde an diesem Abend startklar für die Spitzengastronomie gemacht.

Hinter der Marke steht die Firma Stock Vital, eine Tochterfirma von Red Bull. Und diese flüssige heilige Dreifaltigkeit macht seitdem immer noch auf der Abschussrampe kräftig Lärm. Es zischt und raucht zwar permanent. Aber vom Fliegen scheint noch keine Spur zu sein. „Kombucha tranken die Chinesen schon in der Tsin-Dynastie (200 v. Chr.)“, lese ich im hübsch vorformulierten Text der Pressemappe. „Damit Sie morgen nicht so einen Stress haben“, sagt die PR-Dame, während sie mir die Mappe in die Hand drückt. Ja, ja. Die Carpe-Diem-Leute bemühen sich wirklich rührend um die Entspannung ihrer Sänger. Unmittelbar darauf kommt die Masseuse. Auch die Beschreibung des Kombucha ist drucktauglich formuliert: „Während eines natürlichen Fermentationsprozesses auf Basis einer Kräuterteemischung entstehen Enzyme, die bei der Nahrungsaufspaltung helfen“, schreiben die Produzenten im Prospekt. „Auch Hollywoods Schönheiten schwören auf das Getränk“, ist darin weiter zu lesen. Schwörende Schauspieler – oh, là, là!

Der Ginkgodrink dagegen wird aus den Blättern des asiatischen Ginkgobaums, einer Grünteemischung, Saccharose und Traubenzucker hergestellt. Er soll dem Gehirn auf die Sprünge helfen und die Konzentration verbessern. Dass Kefir, ein uraltes Getränk auf „Schleimbasis“ aus dem Kaukasus, die körpereigenen Abwehrkräfte unterstützt, das wusste schon der „schräge Bobby“ in unserer Saunarunde. Er hatte immer eine Flasche mit einer seltsamen Flüssigkeit dabei. Das schleimige Ding, das am Flaschenboden grundelte, sei die Mutterkultur des Kefir, hat er uns aufgeklärt. Wir haben ihn damals ausgelacht. Dabei hatte er Recht. Kefir ist gesund. Schleimige Mutterkulturen habe ich im Kefir von Carpe Diem allerdings noch nie gesehen. Womit wir auch beim Nutzen des Getränks wären. Die unabhängigen Tester der deutschen „Stiftung Warentest“ beschrieben es bei einer Untersuchung nicht so prächtig. „Die Werbeaussage“, so die Experten, „grenzt fast schon an Irreführung der Konsumenten.“

Weil ich mir diese Getränke in dem Prospekt „so richtig schöngelesen“ habe, hielt sich das schlechte Gewissen beim Genuss des achtgängigen Menüs dann auch in Grenzen. Die Journalisten hatten wieder allerhand zu schreiben. So in der Art: „Von Küchenchef Christoph Frankl ward uns Styria Beef, Tiger Prawn Tempura, Safran-Cappuccino, Cross gebratener Loup de Mer, Kombucha-Sorbet mit frischer Minze, Filet vom Kalb & gebratene Gänseleber und Himbeer Pavlova serviert. Und am Schluss ward noch genüsslich an Wasserpfeifen genuckelt …“

Alles tatsächlich im Liegen. Jetzt werden Sie sich fragen, wie man ein Galamenü liegend genießen kann? Das ist einfach. Ganz im Vertrauen: Ich hatte da schon jahrzehntelange Erfahrung. Denn was ist schöner, als an verregneten Nachmittagen eine Portion Spaghetti aus der Schüssel, vor dem Fernseher liegend, zu verdrücken? Auch Hohensinn kam erst auf die Idee, als er während eines Langstreckenflugs im Liegen sein Essen einnahm, verriet er mir. Schwieriger als die Erkenntnis, dass essen im Liegen schön ist, war da schon die Umsetzung von Maßnahmen, die zur Verhinderung von Fußgeruch ergriffen werden mussten. Nach einem harten Arbeitstag können sich, nachdem man sich seiner Schuhe entledigt hat, schon merkwürdige Gerüche entfalten. Die Veranstalter lösten dieses Problem auf charmante und witzige Art und Weise. Zuerst wurden den Gästen die Schuhe und Socken abgenommen, dann ging es durch einen herrlich frischen Bachweg, bevor an dessen Ende wieder zwei nette Damen warteten, die den Gästen frische Socken und Sandalen reichten.

Ach ja. Bevor ich es vergesse. Der einzige Berufsstand, der an diesem Abend leer ausging, waren die Taxi-Unternehmer. Denn außer Dietrich Mateschitz und Eckart Witzigmann (die beiden ließen sich zum Fisch natürlich Weißwein bringen) wurde allen Gästen Kombucha, Kefir und Ginkgo serviert. Was aber nicht weiter störte: Denn berauschen kann man sich auch an einer Idee. Carpe Diem eben. Ob die Idee mit der Liegewiese gefruchtet hat, darf bezweifelt werden. Die Marketingstrategen von Carpe Diem ärgern sich noch heute über Behauptungen von Wirtschaftsredakteuren, dass die Getränkeserie nicht recht auf die Beine komme. Aber einer, der dürfte an diesem Abend ein Aha-Erlebnis gehabt haben: Michael Reinartz.

10. Kapitel: Carpe Diem – Wem nützt das?

Dass Michael Reinartz den Gault Millau nicht mehr lange machen würde, das war den Köchen und Journalisten schon während des „Lying Dinners“ klar. Das Einzige, was sie interessierte, war die Frage: Wer macht nach Reinartz den Gault Millau? Und vielleicht noch: Was macht Reinartz danach? Mit der Beantwortung der zweiten Frage ließ er nicht lange auf sich warten. Eines Tages präsentierte er mir ein Konzept, mit dem er in Reichweite seiner geliebten Gastronomen bleiben konnte und das ihm sogar noch eine hübsche Pension einbringen sollte. Carpe Diem eben. Das ist ein Wellnessführer, der dem Gault Millau beigelegt ist. „Nur die besten Hotels dürfen da mitmachen“, hat mir Reinartz vorgeschwärmt. Diesen so genannten CD-Guide gibt es jetzt bereits das zweite Jahr. Es ist ein – sagen wir mal – superkritisches Produkt, für das jeder Hotelier jährlich 5000 Euro bezahlt, um dabei sein zu dürfen. Für diesen Betrag wird dieses Hotel dann anonym getestet, so heißt es in der Ausschreibung. Also noch einmal: Die unerbittlichen Tester des Carpe-Diem-Guides nehmen sich vor, die besten Wellnesshotels zu testen, und jene, die von ihnen zu den führenden Häusern gezählt werden, sind dann im CD-Guide als eines „der besten Hotels Österreichs“ gelistet. Aber erst, nachdem sie 5000 Euro für den Eintrag überwiesen haben. Dann werden sie wieder anonym getestet, und im nächsten Jahr – wenn sie wieder 5000 Euro überwiesen haben – erneut unter die besten Hotels gereiht. So oder ähnlich läuft das im neuen Reinartz-Guide. Noten für die „Besten“ gibt es im Führer keine.

Sieht eh jeder, dass es ein „bestes Hotel“ sein muss, wenn es im Führer der „besten Hotels“ aufscheint. Verwirrt? Ja? Ich auch. Die Inszenierung des Führers geriet aber von Anfang an zu einer Serie, die zumindest den Untertitel „Pech und Pannen“ verdienen würde. Eine Pleite ist mit dem Sponsoring von Dietrich Mateschitz ja nicht unbedingt zu befürchten.

Zunächst gab Reinartz also den Schlachtruf aus: „111 Hotels werden in meinen Carpe-Diem-Führer aufgenommen. Und nur die allerbesten.“ Mittelmäßige Wellnesshotels sollten sich sozusagen brausen gehen. Denn geworben wurde ja mit dem Untertitel „Führende Wellnesshotels Österreichs“. Von den führenden Hotels mochte sich dann aber leider keines entschließen, dem zahlungspflichtigen Führer beizutreten. Markus Ronacher, der mit dem Ronacher in Bad Kleinkirchheim eines der besten Wellnesshotels Österreichs führt, sagte Reinartz mit den Worten ab: „Wir danken Ihnen für ihr großzügiges Angebot, das wir aber leider ablehnen müssen.“ Davor gab es für ihn aber allerhand Unwägbarkeiten auszuloten. Denn Ronachers Frau Simone ist die Tochter von Johanna Maier. Simone Ronacher sagte, sie habe sich zwar nicht direkt von Reinartz unter Druck gesetzt gefühlt. Aber die Absage habe ihr manche schlaflose Nacht bereitet. Sie habe sich Sorgen gemacht, ob der Gault Millau ihrer Mutter Johanna Maier auch weiterhin gewogen bliebe, wenn sie bei einem Gault-Millau-Produkt nicht mitmachte. Sie hat sich umsonst gesorgt. Nichts dergleichen ist passiert. Eher schon fiel die außergewöhnlich freundliche Beurteilung der Restaurants der Carpe-Diem-Verweigerer Ronacher und Salzburger Hof (Zell am See) im Gault Millau auf, was in der Branche als „Zuckerl“ für das nächste Jahr interpretiert wurde.

Massive Angriffe auf den Carpe-Diem-Guide ritt von Beginn an Christian Werner, der bereits seit Jahren mit dem Relax Guide als Platzhirsch in der Wellness-Szene gilt. Das Misstrauen des ehemaligen freien Journalisten gründete sich zunächst einmal auf seine eigenen Erfahrungen, die er mit dem Gault Millau gemacht hatte. So habe er etwa auf Drängen einer Freundin 1999 einen Termin mit einem Gault-Millau-Mitarbeiter wahrgenommen. Werner habe sich vor der Gründung seines Führers ein paar Tipps holen wollen. Das Treffen fand im Büro einer bekannten Wiener Werbeagentur im sechsten Bezirk statt, wo der Mann beschäftigt war. Werner sagt, der GM-Mitarbeiter habe sich sein Konzept für den Relax Guide eine Zeit lang angehört, habe dann aber seinen Vortrag mit folgenden Worten abrupt abgebrochen: „Das ist doch alles Unsinn. Es geht nicht darum, dass Sie wirklich zu diesen Hotels hinfahren. Es geht darum, dass man Häuser künstlich aufbaut und sie nach einiger Zeit wieder fallen lässt." Werner sagt, das sei starker Tobak für ihn gewesen. Er habe das Gespräch dann sofort beendet und die Agentur „ziemlich aufgewühlt" verlassen.

Das nächste Aufeinandertreffen mit dem Gault Millau sei schon juristischer Natur gewesen. Am 16. Mai 2003 habe er von Michael Reinartz und dessen Rechtsanwalt einen Brief erhalten. Auszug: *„Zu unserem Erstaunen müssen wir feststellen, dass Sie in Texten zu einzelnen von Ihnen angeführten Betrieben ‚Textauszüge' und sogar Bewertungen (Punkte, Hauben) aus den Gault-Millau-Führern zitieren … Darüber hinaus haben die im GM angeführten Betriebe die Aufnahmerichtlinien von GM schriftlich akzeptiert, wonach auch die Betriebe selbst GM-Bewertungen nur mit unserer ausdrücklichen Zustimmung weiter verwenden dürfen. Das gilt ebenso für die Weiterangabe an Dritte."*

Werner antwortete zunächst in einem freundlichen Brief: *„Sehr geehrter Herr Professor, wir haben Ihr Schreiben erhalten und freuen uns Ihnen mitteilen zu können, dass wir keine Textauszüge von Ihrem Gourmet-Guide verwendet haben … In einigen Fällen wurden Gault Millau oder GM-Bewertungen zitiert (z. B.: ‚Zwei Hauben nach Gault Millau', ‚Haubenküche'). Die zugrunde liegenden Informationen wurden aber nicht von der Hotellerie an uns weitergegeben, sondern ausnahmslos vor Ort von uns recherchiert."* Werner ließ die Angelegenheit noch von seinem Rechtsanwalt prüfen. Der habe dann gesagt, dass die Ansprüche in keinem Punkt zu Recht bestünden. Werners Rechtsanwalt habe Reinartz dann seine Sicht der juristischen Sachlage dargestellt. Von da an sei Ruhe gewesen.

Ein paar Monate später erschien Werner der Brief von Reinartz schon logischer. Denn da war ihm klar, dass er vom Gault-Millau-Herausgeber wohl als einziger Konkurrent empfunden werden musste. Im Oktober 2003 bereitete Reinartz die Inszenierung von Carpe Diem vor. Der GM-Herausgeber verschickte eine dicke Mappe an rund 250 Wellnesshotels, in der er seinen Carpe-Diem-Wellbeing-Guide ankündigte und um Teilnahme an dieser „elitären Ausschreibung" warb. Gebühr: „5000,– zzgl. 5 % WA zzgl. 20 % Mwst." Die „111 besten Beauty-, Spa- und Wellbeinghotels" sollten darin durch ein mittels „Quality Research" erhobenes Ranking auf jeweils einer Doppelseite dargestellt werden. Ausdrücklich versprochen wurden ein wissenschaftlicher Bewertungsansatz sowie „höchste Seriosität", speziell auch durch jeweils 100 Gästefragebögen pro Hotel (mit 62 abgefragten Kriterien).

Von „höchster Seriosität" war aber gleich beim ersten Paukenschlag von Michael Reinartz nicht viel zu spüren. Das erste „Dummy", das ist eine Art Rohling, bei dem nur ein paar Seiten mit Musterfotos gestaltet werden, war gleich voller Copyright-Verletzungen. Darin wurden etwa exemplarisch drei Wellnesshotels vorgestellt, von denen zwei nicht gefragt worden waren, ob sie damit einverstanden seien. Tatsächlich wollten diese zwei Betriebe (das Hochschober und das Dorint Seehotel Überfahrt) nichts mit diesem neuen Führer zu tun haben. Der Hotelier des betroffenen Hochschober reagierte auf diese Aktion sogar mit einer öffentlichen rügenden Stellungnahme in der Fachzeitschrift TAI.

Was Reinartz geritten haben mag, Vorzeigebetriebe ungefragt für seine Werbeaussendung einzuspannen, darüber kann nur spekuliert werden. Die Vermutung ist allerdings nahe liegend, dass Reinartz mit dieser missbräuchlichen Verwendung den Eindruck erwecken wollte, dass diese allgemein bekannten Häuser selbstverständlich mitmachen würden und dass die Teilnahme eines anderen Hotels quasi eine Aufnahme in diesen „erlauchten Kreis" bedeutete.

Die vollmundigen Ankündigungen von Michael Reinartz haben jedenfalls zu keinem Zeitpunkt auch nur annähernd die Realität berührt. Der angekündigte Führer sollte Baden-Württemberg, Bayern, Österreich, die Schweiz und Südtirol umfassen. Insgesamt gab es zum Zeitpunkt der Ankündigungen immerhin 1500 Betriebe in den betreffenden Regionen. Für die Folgejahre wurde eine Ausweitung des Carpe Diem nach Slowenien, Italien, Frankreich und Monaco angekündigt. Statt der „elitären 111 Betriebe" brachte es die erste Ausgabe des Carpe Diem dann auf magere 55 Betriebe (wenigstens die Schnapszahl ließ sich Reinartz nicht nehmen). Dass unter diesen 55 Betrieben nicht die erhofften Vorzeigehäuser waren, darf als glatte Bauchlandung interpretiert werden. Ebenso die Tatsache, dass sich in Deutschland kein einziger Betrieb für den Carpe-Diem-Guide erwärmen konnte. Reinartz erklärte das damals damit, dass die meisten der deutschen Spitzenhäuser gerade renovieren würden. Sie hätten für das nächste Jahr aber quasi fast schon fix zugesagt. Auch da sollte er sich geirrt haben. Es kann aber auch sein, dass diese Hotels immer noch renovieren.

Während der Einführungsphase ist dann die Schlammschlacht im Wellnessbereich vollkommen eskaliert. Werner berichtete von mindestens fünf Hoteliers, die aufgeregt bei ihm angerufen und gemeint hätten, sie würden unter Zwang stehen, da sie annähmen, Reinartz würde im Fall der Nichtteilnahme ihr Restaurant bzw. ihre Restaurants im Gault Millau „niedermachen". Unter den Anrufern sei auch die Werner bis zu diesem Zeitpunkt nicht persönlich bekannte Sacher-Chefin Elisabeth Gürtler gewesen. Werner sagte, sie habe das Produkt von Beginn an „vollinhaltlich abgelehnt", habe sich aber „in höchstem Maße verunsichert" gezeigt, weil sie auch drei Restaurants besitze. Was Gürtler bei einer telefonischen Nachfrage auch bestätigte. Sie sagte mir dann noch, dass die Ära Reinartz jetzt vorbei sei und sie sich keine Sorgen mehr machen müsse. Warum? „Weil ich mit Karl Hohenlohe befreundet bin", antwortete sie wie aus der Pistole geschossen. „Wir machen ja auch den Opernball gemeinsam." Das haben wir uns schon gedacht. Warum sonst wären beim Opernball Exemplare des Gault Millau als Ballspende verteilt worden? Ob das die Objektivität des Gourmetführers beeinflussen könnte? Ach was!

Ähnlich besorgt wie Gürtler hatten sich damals auch die Hoteliers Eva Holleis (Salzburger Hof in Zell am See) und Kurt Dohnal (Sauerhof in Baden) geäußert. Anfragen bei diesen Hoteliers zu diesem Thema waren für Journalisten damals aber so gut wie unmöglich. Aus den Vorzimmern der Hotelbesitzer hieß es zu diesem Zeitpunkt regelmäßig: „Wenn es um den Gault Millau und Carpe Diem geht: Dazu werden Sie von uns keinen Kommentar erhalten." Zumindest für Elisabeth Gürtler dürfte seit dem Amtsantritt des neuen Gault-Millau-Herausgebers wieder alles im grünen Bereich sein.

Reinartz war nach den zahlreichen Absagen fleißig persönlich am Vorsprechen bei den Hoteliers. Was die Angriffe von Werner betraf, entschied sich Reinartz zum Gegenangriff. Mir erzählte er etwa von einem Journalisten, der wiederum ihm erzählt habe, dass Werners Tester gar nicht seriös testeten und schon mal „einfach so durch den Wellnesstempel spazieren und keineswegs über Nacht bleiben, sondern sich in zehn Minuten ein Urteil bilden". Was von dieser Schlammschlacht übrig blieb, das waren ein paar Zeitungsgeschichten – und ein Carpe Diem mit halbierter Teilnehmerzahl.

Als „zumindest bemerkenswert" schätzte Werner in der ersten Ausgabe des Carpe-Diem-Guide übrigens die Tatsache ein, dass das Hotel Viktoria Interlaken gleich im ersten Jahr des Bestehens des CD-Guides, in der Kategorie „Bestes Schweizer Hotel", gewann. Bemerkenswert deshalb, weil der Hoteldirektor auch im Beirat der Jury des CD-Guides sitzt. Reinartz weist ja immer darauf hin, dass die Ergebnisse der Kontrolle des Beirats unterliegen würden. Stimmt schon: Vertrauen ist gut – Kontrolle ist besser.

Einige der Tophotels, die noch im ersten Jahr mit von der Partie waren, dürften sich bei der Durchsicht des ersten Carpe Diem tatsächlich im „falschen Führer" gewähnt haben. Denn im zweiten Jahr stiegen nicht weniger als 15 von 36 österreichischen Betrieben (also immerhin 42 Prozent) wieder aus. Reinartz dürfte alle Hände voll zu tun gehabt haben, um die 55 Betriebe des ersten Jahres wieder aufzutreiben. Schließlich kam die Ausgabe immerhin noch auf 53. Erfolgsgeschichten sehen anders aus. Dass die Ausgabe des Carpe Diem 2006 trotzdem dicker als die erste Ausgabe war, das hatte übrigens einen ganz simplen Grund. Die Papierstärke wurde deutlich erhöht und der Kern hat nunmehr etwa 10 Prozent mehr an Buchrückendicke. Eine weitere unfreiwillige Komik am Rande dieses Projekts: Dietrich Mateschitz lässt jetzt am Wolfgangsee ein Hotel zu einem Luxusresort umbauen. Wäre doch gelacht, wenn man nicht mindestens ein „führendes Hotel Österreichs" im Carpe-Diem-Führer unterbringen würde. Dem Red-Bull-Chef wäre es auch durchaus zuzutrauen, dass er die restlichen fehlenden Spitzenhäuser für den Carpe-Diem-Guide auch noch bauen lässt …

Langweilige, aber genießbare Reiche

Langweilig kochen kann jeder. Also bastelt der deutsche Fernsehkoch Ralf Zacherl Gerichte wie Créme Brûlée von der Gänseleber und gebratene Lotte auf Blutwurstrisotto mit Bananen-Ingwer-Chutney. Zacherl ist eben ein Künstler. Das erkennt man schon am Ziegenbart – der hat in der Kochszene inzwischen die gleiche Bedeutung wie der Schal oder der schwarze Rollkragenpulli in der Architektur. Auch Roland Trettl vom Hangar-7 trägt sein Ziegenbärtchen mit Würde. Die beiden verbindet aber mehr. Erstens kochten sie gemeinsam im Hangar-7 auf, zweitens sind sie Popstars. Trettl spielt im Ikarus die erste Geige. Dieses Restaurant gilt mittlerweile als eine Art „Hall of Fame“ der Küchenmeister. Zacherl wurde zum Popstar, weil er ursprünglich auf Pro7 Jugendliche zum Kochen verführte. Das gelang ihm mit ziemlich ungewöhnlichen Aktionen: Einmal fuhr er während der Sendung zu einer Tankstelle, um dort für ein „flippiges Abendmahl“ Zutaten wie Bifi, Eier und Dosenkartoffeln einzukaufen. Zugegeben: Das war nicht neu. Schon der Brite Jamie Oliver verrührte im Rahmen seiner TV-Show einmal in Cornwall zwischen zwei Surf-Gängen „total easy and simple“ Heidelbeermarmelade mit Joghurt. Zusatz: „Du kannst jede Marmelade und jedes Joghurt nehmen.“ Ganz so schräg ging es bei Zacherls Auftritt im Hangar-7 nicht zu. Aber die Marschrichtung macht Schule. Er probiert es seit zwei Jahren auf die unbeschwerte Art. Was auch an seinen schlechten Erfahrungen in der Haubengastronomie liegen könnte. Mir hat er etwa von einem tragischen Fall erzählt: „Ich hatte einen Chef, der sagte, wir müssten 17 Punkte im Gault Millau schaffen. Haben wir auch geschafft. Trotzdem hat er sich später erschossen. Wer sich auf das Spiel der Gastroführer einlässt, der spürt täglich aggressiven Druck.“ Die Zukunft der Gastronomie sieht laut Zacherl nicht nur deshalb anders aus: „Mir schwebt vor, eines Tages ein Lokal zu führen, in dem die Gäste ihr Mahl mitkochen und anschließend nur das bezahlen, was es ihnen wert war“, verriet er mir.

Auch die nobelste Restaurantadresse Ostösterreichs, das Restaurant Taubenkobel, geht einen neuen Weg. Die Betreiber haben 2005 einen – sagen wir mal – ungewöhnlichen Weihnachtsgruß verschickt. Die Gastgeber der Schönen und Reichen gaben sich diesmal revolutionär, indem sie eine Postkarte mit der Aufschrift „Eat the Rich“ (Esst die Reichen) beilegten. Illustriert wurde der Spruch mit einer kräftigen Faust, die eine goldene Gabel umklammert, von der blaues Blut tropft. Richard Dorfmeister, eine in Würde gealterte Ikone der DJ-Kultur, steuerte ein Album in limitierter Auflage bei. Titel: „Das Jahr der Taube." Eh klar: Das Taubenkobel erhielt in diesem Jahr seine vierte Haube – also die Höchstwertung. Zuerst staunt man über das Sujet, dann über die Genialität dieser Idee: Denn selbst die Spitzengastronomie weiß inzwischen, dass man mit antiquierten Umgangsformen und klimperndem Tafelsilber alleine heute keinen Feinspitz mehr hinter dem Ofen hervorlockt. Nichts ist heute eben wichtiger, als die Qualität der Küche mit der Kreativität der Marketingideen auch richtig rüberzubringen.

Haubenreiches Burgenland

Ich kann mich noch gut daran erinnern – da war das Burgenland nur Tiefebene. Sowohl landschaftlich wie kulinarisch. Das hat sich geändert. Trotzdem: Man hat hier immer noch die verdammt gute Chance, rund um den Neusiedlersee schlecht zu essen. Die Möglichkeiten, gut oder sehr gut zu essen, sind aber in den letzten Jahren wesentlich größer geworden.

Der Taubenkobel – mein Lieblings-„Schützenwirt"

Mit dem Taubenkobel verbinde ich unzählige schöne Abende. Obwohl ich ihn immer wieder bewerten wollte – ich habe Michael Reinartz mehrmals schriftlich und mündlich darum ersucht –, durfte ich das nie. Wahrscheinlich hatte ein ortsansässiger Tester das Erbrecht dafür. Ich hätte dem Taubenkobel schon wesentlich früher vier Hauben verliehen. Verdient hätte er es, aber es war nie die Küche des Herrn Reinartz, der den Taubenkobel immer für zu verspielt, zu wenig geradlinig gehalten hat.

Eigentlich habe ich ja befürchtet, dass Walter Eselböck ewig auf seinen drei Hauben „picken“ bleibt. Macht zwar sicherlich weniger Stress in der Küche. Aber wer in dieser Liga kocht, will natürlich auch auf den Olymp.

Neben der unendlichen Kreativität in Eselböcks Küche ist aber die „weinsichere“ Hand seiner Eveline erwähnenswert. Sicherlich bekommt sie von jedem Weinbauern das Beste zur Verfügung gestellt und kann damit alle Qualitäten bestens abschätzen. Aber so punktgenau zum Essen abstimmen – das können nur wenige.

Das „Gesamtkunstwerk“ Restaurant mit dem herrlichen Schwimmteich und den originellen Zimmern ist immer einen Umweg wert. Einzig das vielfach wechselnde Personal ist vielleicht ein wunder Punkt und früher war es auch immer wieder die Rechnung. Aber das sollte sich im Zeitalter der EDV auch schon gebessert haben. Manchmal ging es da schon etwas drunter und drüber. Eingeweihte „Taubenkobler“ haben die Rechnungen immer genau überprüft. Schadet ja ohnehin nicht – da weiß man wenigstens, was man für sein Geld bekommen hat – und dass es das wert war.

Dankbar – für die „Dankbarkeit“

So stellt man sich einen Gasthof vor – „Zur Dankbarkeit“ in Podersdorf. Nicht nur, dass man in diesem Haus wunderbar essen kann, nein: es gibt auch hervorragende hausgemachte Weine. Obwohl sich das noch nicht gar so herumgesprochen hat – bei Josef Lentsch gibt es einen der besten Pinot Noir des Burgenlands. Seine Lieblingsrebe – wie er mir einmal erzählte – und der widmet er ein besonderes Augenmerk. Dass der Blaufränkisch Rosé an heißen Sommertagen ein Gedicht ist, steht ohnehin fest. Wäre schön, wenn sich im Burgenland mehr Gasthöfe dieser Kultur besinnen würden!

Die Blaue Gans – Marketingspezialisten unter sich

Dass die Blaue Gans in Weiden zwei Hauben hat, sei nicht kommentiert. Sie wird sie – so zirka – schon verdienen. Schön ist aber der Nachweis, dass sich Spezialisten immer durchsetzen. Wer den Namen Alain Weissgerber liest, wird sich nichts dabei denken. Dass seine Frau aber die Schwester von Leo Hillinger, dem Weinmarketingspezialisten aus Jois ist, da scheppern die Alarmglocken. Der Leo kann es wirklich – seine Weine zählen zu den guten des Burgenlands. Jeder, der halbwegs etwas auf sich hält, kennt und schätzt Hillinger. Und zwar nicht mehr als Model, diesen Job übte er auch eine Zeit lang aus, sondern als Winzer. Er richtet sich aber auch als Winzer immer noch die Haare auf, wie es sonst nur deutsche Rapper tun, entblößt seine durchaus beachtlichen „Ärmlinge" im Muscleshirt und berichtet Brachialgeschichten aus dem Leben eines Weinbauern. Dass er für seine Kellereröffnung die Schickeria im Hubschrauber aus Wien einfliegen ließ, passt mehr als punktgenau zu ihm. Auch sein Marketingschmäh, dass er seinen ganzen Freundeskreis gezielt in die Haubenlokale zum Essen schickte, bei denen er zuvor mit seinem Wein abgeblitzt war. Die hätten dann eben gezielt nach den Weinen von Hillinger gefragt. Irgendwann waren die Wirte schließlich weich gekocht und bestellten Hillingers Erzeugnisse.

Was das mit der Blauen Gans zu tun hat – nur, die Schwester kann es auch. Und damit das burgenländische Netzwerk nicht schwächer wird, hat der Sohn des Hauses Barbara Eselböck, die Tochter vom Taubenkobel, geehelicht. „Tu felix Austria nube" – „Du glückliches Österreich, heirate" – war einmal der Wahlspruch der Habsburger. Im Burgenland wird dieser offensichtlich noch gelebt.

Rusterhof – und das glückliche Jahr der Dependance

So regelmäßig wie die Sonne täglich über dem Neusiedlersee aufgeht, erscheint der Rusterhof jährlich im Gault Millau. Immer mit rund 16 Punkten. Ist schon okay – es wird ja normalerweise die Küche bewertet und nicht das Servicepersonal oder die Wartezeiten. 2006 hat er sogar das „Kellnerlein" für besonders freundlichen Service bekommen. Da muss sich wohl etwas geändert haben! Aber im Gault Millau 2006 sind diese „Kellnerlein" ohnehin mit dem Salzstreuer über die Seiten verteilt worden – anders ist es nicht vorzustellen, dass so viele dieser Männchen auftauchen, obwohl Michael Reinartz immer über die schwachen Serviceleistungen in Österreich jammerte. „Besonders herzlicher Service" soll es bedeuten. Hat aber nichts mit Kompetenz oder Geschwindigkeit zu tun, sondern eben nur mit Herz.

Der Rusterhof hatte aber noch eine Dependance gleich ums Eck, in der Kirchengasse. Dort gab es im Jahr 1994 (für den Gault Millau 1995) eine kleine Revolution. Zwei junge Paare führten das Restaurant Zur Backstube. Super! Aber zu niedrig bewertet – noch dazu von mir! Durch Zufall und weil wir im Rusterhof wohnten, gingen wir auch in die Backstube. Dort werkte ein Team in einer Qualität, die wesentlich besser war als die des Rusterhofs. Engagiert, lustig, kreativ und ohne jegliche Berührungsängste wurde hier vom Feinsten serviert. Ich bin gleich nochmal hingegangen und habe einen ziemlich guten Testbericht geschrieben und die Backstube auf eine Ebene mit dem Rusterhof gestellt.

Welch glücklicher Zufall, wenn man einmal ein Restaurant in der ersten euphorischen Stimmung erwischt. Im nächsten Jahr gab es dieses Team nicht mehr – in alle Winde verstreut – schade. Ich weiß heute nicht einmal mehr, wer die handelnden Personen waren und was aus ihnen geworden ist.

Was St. Gilgen, Rust, Mörbisch und Villach verbindet

Auf den ersten Blick gar nichts. Außer, dass sich in St. Gilgen vor vielen Jahren ein junges Ehepaar redlich bemühte, den Gasthof Post kulinarisch auf Vordermann zu bringen. Sachlich recht erfolgreich – wirtschaftlich weniger.

Eines Abends im Frühsommer des Jahres 1990 oder 1991 gab es hier ein Abendessen mit österreichischen Weinbauern, kommentiert von Adi und Herbert Schmied, also dem Sommelier und dem Käsespezialisten des Steirereck. Die Tischwahl war Zufall, aber es gibt wohl keine Zufälle. An unserem Tisch saß der mir damals noch unbekannte Franz Schindler, Mister Cuvée d'Or aus Mörbisch. Wir lernten einander an diesem Abend nicht nur kennen, sondern vereinbarten auch gleich ein Treffen am Neusiedlersee. Daraus sollte sich eine Freundschaft entwickeln, die dazu führte, dass es heute im Hause Schindler einen Merlot-Weingarten und einen hoch gelobten reinsortigen Merlot gibt.

Seit dieser Zeit verfolge ich als einer der wohlmeinendsten Kritiker die Entwicklung des Weinguts Schindler aufmerksam und gespannt. Nach einem kurzen „Hänger" bei einigen Sorten scheint er jetzt wieder auf dem Weg zur österreichischen Spitze zu sein. Am Nachbartisch saßen die Feiler-Artingers. Auch mit ihnen ergab sich ein nettes Gespräch, das sich zu einer langjährigen „Weinbeziehung" entwickelte.

Was das mit Villach zu tun hat? Nun: Das engagierte Ehepaar waren die Kaufmanns. Nachdem St. Gilgen nicht besonders erfolgreich gelaufen war, hatten sie sich über den Tauern nach Kärnten aufgemacht und betreiben nun seit vielen Jahren in der Villacher Innenstadt ein haubendekoriertes Restaurant. Was mich besonders freute: Unter den unzähligen Bildern an den Wänden des Restaurants hängt auch das lustige Eigenetikett unserer Kanzlei aus dem Jahr 1991. Von Robert Rottensteiner (unter anderem Entwickler der Zeichnungen zu Thomas Brezinas

Tom Turbo) gab es eine herrliche Karikatur unter dem Motto „Der Sattler Muskateller trocken – der haut den Stärksten aus den Socken!“.

11. Kapitel: Wirte! Meckert! (Ihr seid doch nicht blöd)

Sepp Schellhorn hatte das Zeug zum Überdrübersuperkoch. Jörg Wörther durfte er als Commis de Cuisine zum Bocuse d'Or begleiten. Er hat viel bei Wörther gelernt. Als er sein erstes eigenes Restaurant (Hecht im Seehof in Goldegg) besaß, war der Tester des Gault Millau auch folgerichtig hin- und hergerissen von der raffinierten Kochkunst des jungen Schellhorn. Aus dem Stand gab es gleich die erste Haube (14 Punkte). Das war damals schon was. Vor allem war es eine schöne Motivation für Schellhorn. Er tigerte sich in die Arbeit hinein und er schien wirklich fast wöchentlich noch besser zu werden. Dann die Ernüchterung. Es musste eben ein anderer Tester im nächsten Jahr da gewesen sein. Denn obwohl er nach objektiven Maßstäben kulinarisch um eine Klasse besser als im Vorjahr war, entzog ihm der Gault Millau gleich drei Punkte (damals wurden noch 11 Punkte vergeben). Da stand Schellhorn plötzlich als Megaabsteiger da. Schellhorn wusste nicht, was er im Gegensatz zum Vorjahr falsch gemacht hatte. Als er die Beurteilung las, pfiff Dampf aus seinen Ohren. Für die Abwertung wurden in erster Linie die Einrichtung und Atmosphäre seines Restaurants verantwortlich gemacht. Wenn das ein Koch in einem Führer lesen muss, der angeblich hauptsächlich die Kreativität der Küche bewertet, dann ist er kurz vor dem Blutrausch. Schellhorn hatte sich noch nie ein Blatt vor den Mund genommen, packte also den Telefonhörer und verlangte Michael Reinartz zu sprechen. Er fragte den Herausgeber sinngemäß, ob seine Tester noch alle Tassen im Schrank hätten. Denn wer kulinarisch abwerte, nur weil einem aufgeblasenen Gockel die Vorhänge nicht gefallen hätten, der müsse schon den Sinn dieses Führers hinterfragen, richtete er ihm aus. Der Anruf hat geholfen. Schellhorn änderte wieder nichts an der Einrichtung und kochte eben im nächsten Jahr so dahin. Im nächsten Jahr erhielt er seine verlorenen drei Punkte wieder zurück. Wer jetzt glaubt, Schellhorn habe sich bestätigt gefühlt, der täuscht sich gewaltig. Mit seiner zurückhaltenden Pongauer Art kam er zu dem Schluss: „Die haben doch einen gewaltigen Schuss." Schellhorn verabschiedete sich für ein paar Jahre vom Gault Millau. Dann spielte er das Spiel aber wieder mit. Heute hält er bei zwei Hauben im Seehof, den er inzwischen auch zu einer wahren Wohlfühloase umbauen ließ. Außerdem führt er mit dem m32 im Salzburger Museum der Moderne auf dem Mönchsberg ein weiteres gediegenes Haubenrestaurant. Dass er es innerhalb dieses Führers weit bringen werde, daran verschwendet er nach seinen bisherigen Erfahrungen mit dem Gourmetführer keinen Gedanken mehr. „Im Gegenteil. Ich rechne jedes Jahr damit, dass ich wieder einmal abgewatscht werde", sagte er mir einmal.

Richtig abgewatscht wurde im Jahr 2005 das Restaurant Rauhenstein im Badener Grand Hotel Sauerhof. Damit wurde dem neuen Gault-Millau-Herausgeber Karl Hohenlohe von seinem Vorgänger Michael Reinartz aber auch eine schwer verdauliche Altlast vererbt. In der Ausgabe 2005, die noch von Michael Reinartz verantwortet wurde, kam es zu einer drastischen Abwertung dieses Restaurants. Vor allem der gepfefferte Text hatte es in sich: Da war etwa von einem *„Amuse-Bouche mit dem Charme eines Resteverzehrs vom Terrinenbuffet"* zu lesen und es wurde sich allgemein über die Atmosphäre des Restaurants lustig gemacht.

„Kritik stört mich nicht. Aber das Testurteil hat so viel mit der Küche zu tun wie der Gault Millau mit der Raumfahrt", war Sauerhof-Chef Kurt Dohnal verärgert. Er hatte den Eindruck, dass es sich um eine persönlich motivierte Kampagne gegen seinen Betrieb handelte. Dohnal legte mir eine E-Mail vor, die er am 24. Jänner 2005 von Reinartz erhalten hatte. Darin heißt es: *„... habe ich veranlasst, dass Ihr Hotel/Restaurant in den kommenden drei Jahren, so lange mache ich den GM noch, nicht mehr angeführt wird. Allerdings – und das lasse ich mir nach dieser Art von Stimmungsmache von Ihrer Seite nicht nehmen, mit entsprechender textlicher Begründung im Guide ...“*

Für Dohnal hätte das bedeutet: Sein Restaurant wird ohne Auszeichnung, dafür mit negativer PR weiterhin im Gault Millau vorkommen. Auf einen Leserbrief reagierte Reinartz sogar mit folgenden Zeilen *„... werde ich den Sauerhof ohnehin aus dem GM eliminieren“*. Da platzte Dohnal endgültig der Kragen: „Die wollen mein Lokal vernichten“, sagte er mir. Um einer Demontage seines Betriebes zuvorzukommen, entschloss sich Dohnal, per Anwalt zu erwirken, dass er nicht mehr in dem Gourmetführer vorkommen dürfe. Das passte aber Reinartz wiederum nicht ins Programm. Niemand könne ihm verbieten, den Sauerhof zu beurteilen, ließ er Dohnal ausrichten, der wiederum seinen Rechtsanwalt Dr. Helmut Steiner in die Angelegenheit einschaltete. Der Jurist schrieb Reinartz am 14. März 2005: *„Es beginnt damit, dass ein im Vergleich zum Vorjahr im Wesentlichen unverändertes Ambiente mit höhnischen Kommentaren bedacht wird und dabei weder funktionale noch sachlich geschmackliche Kritik geübt wird.“* Mit diesem Problem war Dohnal in der Branche nicht allein. Die verbale Entgleisung von Reinartz („werde ich den Sauerhof ohnehin aus dem GM eliminieren“) rügte der Jurist mit den Worten: *„... das erinnert an Diktionen übler autokratischer Systeme der Vergangenheit, die derartige Wörter immer gerne benutzt haben.“* Reinartz machte am 20. März 2005 in seinem Schreiben an Dohnals Rechtsanwalt einen Kompromissvorschlag. Nicht ohne in der Beantwortung der von Steiner gestellten Fragen den verwunderten Herausgeber zu mimen, der gar nicht verstehen könne, warum Dohnal denn plötzlich so beleidigt sei.

Da ist unter Punkt 5 zu lesen: „*Wenn Herrn Dohnal über mehr als ein Jahrzehnt der Boulevard-Stil von GM nicht störte, dann hat er jetzt auch keinen Grund dazu.*“

Wie die Sache aus der Welt zu schaffen sei, da hatte Reinartz auch schon eine bestimmte Vorstellung: „*Ich vernichte das bis dato gesammelte Konvolut von ‚Für-und-wider-Kritiken‘ diverser Gäste etc. und lasse es völlig neutral (das verspreche ich ehrenwörtlich) meinen Nachfolgern, das Hotel wieder im GM anzuführen, u. U. auch erneut das Restaurant testen zu lassen, oder Sie setzen sich in der Folge mit unserem Rechtsanwalt auseinander. Dann wäre sicher nicht zu verhindern, dass sich der neue Herausgeber Karl Hohenlohe in die gesamte Korrespondenz einliest, um mit mir dann die geeignete Vorgangsweise abzustimmen.*“ Dann gab es noch ein Lehrstück in juristischer Haarspalterei, mit der sich der Gault Millau beim Abdrucken polemisch formulierter Kritiken absichert. „*Ich diskutiere sicher nicht darüber mit Ihnen, ob die Sets aus Plastik waren oder einfach nur den Eindruck machten, aus Plastik zu sein*“, richtete er dem Rechtsanwalt aus. Also ich würde niemals behaupten, dass solche Formulierungen dazu geeignet sind, einem Restaurant eines überzubraten. Es macht höchstens den Eindruck, dass sie sich dazu eignen.

Der Schriftverkehr zwischen den Streitparteien war auch in anderer Hinsicht erhellend. Denn Reinartz gab gegenüber den Medien immer stolz bekannt, wenn eine Beurteilung zum Vorjahr einen eklatanten Unterschied aufweise, werde das betreffende Lokal „unter Garantie“ noch einmal getestet. Beim Sauerhof war das natürlich anders: Der einzige Test fand am 3. Juli 2004 statt. „*Diesen Test hat kein Testerpaar vorgenommen, was an und für sich üblich und gängig ist, es sei denn, das Testerpaar hat sich die bestellten Gänge jeweils geteilt, da immer nur von einer Suppe und einem Dessert die Rede ist*“, schrieb Dohnals Rechtsanwalt am 4. April 2005 an Reinartz. Steiner führte noch zwei weitere Seiten mit Ungereimtheiten bei den Praktiken der Tester an und schließt mit dem Satz: „*Meine Mandantin möchte daher in der derzeitigen Situation mit Gault Millau nichts mehr zu tun haben und ersuche ich um entsprechende Kenntnisnahme."*

Zum Schmunzeln war bei der Durchsicht des Schriftverkehrs auch noch die letzte Wortmeldung von Reinartz in dieser Causa, die am 22. April 2005 per E-Mail erfolgte. Dohnal vermutete hinter der Kampagne nämlich einen ehemaligen Mitarbeiter seines Betriebs. Um diesen Vorwurf noch einmal zu entkräften, schrieb ihm Reinartz unter Punkt 2: *„... hatten wir noch nie einen Tester aus der Gastronomie. Der Vorjahrestest wurde von einem unserer kompetentesten Mitarbeiter, er ist seit 20 Jahren gefragter Werbetexter bei prominenten Werbeagenturen in Wien, vorgenommen ..."* Da freut man sich doch als Koch: Dass nicht einmal die kompetentesten Mitarbeiter des Gault Millau aus der Gastronomie kommen, aber immerhin als „Werbetexter" in ganz Wien gefragt sind (wird doch nicht der zackige Bursche gewesen sein, von dem Christian Werner behauptet, dass er ihm schon 1999 geraten habe, Häuser aufzubauen und wieder fallen zu lassen ...).

Und siehe da: Ein Jahr später – als sich die Wogen zwischen dem Gault Millau und Kurt Dohnal wieder geglättet hatten – las sich die Beurteilung des Sauerhofs in der aktuellen, bereits von Karl Hohenlohe verantworteten Ausgabe 2006 wie folgt: *„Wie auf der Speisekarte des Grand Hotels nachzulesen, schrieb Carl Maria von Weber im Jahr 1823 an seine Gattin: ‚Beethoven nahm mich unter den Arm und ging mit mir in den Sauerhof, wo wir fröhlich und vergnügt speisten.' Küchenchef Patrick Rousselet sorgte bei unserem heurigen Testbesuch dafür, dass wir die Leidenschaft der beiden Komponisten nachvollziehen konnten. Wir entschieden uns für das Degustationsmenü und die Entscheidung war goldrichtig ... ganz kritisch betrachtet hätten die frischen Seezungenfilets auf Bärlauchrisotto zwar etwas mehr Würze vertragen, aber das ist Geschmackssache."* (Ja, ja: jetzt auf einmal ...) An diesem Abend haben die Tester des Gault Millau laut Bericht das Grand Hotel auf jeden Fall rundum zufrieden verlassen. Kurt Dohnal dürfte nach dem Wirbel auch zufrieden gewesen sein. Die Reinartz-Nachfolger werteten den Sauerhof wieder kräftig auf und verliehen dem Restaurant erneut die zweite Haube.

Dass Köche den Rückzug aus dem Gault Millau antreten wollen, ist übrigens nicht neu. Reinartz erinnerte sich einmal auf eine Anfrage hin an 20 Lokale, die während seiner 26-jährigen Amtsführung nicht mehr im Gault Millau vorkommen wollten. „Aber immer nur jene, die abgewertet wurden", sagte er. Was nicht ganz richtig war: Alexander Hawranek etwa verzichtete als Zweihaubenkoch in seiner Anifer Schmankerl-Küche auf seine Weihen. „Ich wollte mich nicht länger den Kriterien von Gastroführern unterwerfen", sagt er heute. Heute führt er mit dem Kuglhof in Salzburg ziemlich stressfrei ein erfolgreiches Traditionsgasthaus. Dieselbe Entscheidung traf vor etwa 15 Jahren der Gasthof Abfalter in Golling, der vorher schon beschriebene Eggelsberger Koch Bernhard Gössnitzer sowieso.

Auch in Frankreich sorgen derzeit Spitzenköche für Aufsehen, die ihre Sterne des Guide Michelin zurückgeben. Der prominenteste von ihnen ist Alain Senderens, der zum Zeitpunkt seines Ausstiegs drei Sterne – also die Höchstwertung – hatte: „Die Gesellschaft verändert sich. Deshalb muss man sich auch selbst bewegen", begründete Senderens bei einer eigens einberufenen Pressekonferenz seinen Schritt. Von Haubenrückgaben hört man in Frankreich so gut wie gar nichts. Was aber in erster Linie daran liegt, dass der Gault Millau dort neben dem Guide Michelin eher ein Schattendasein führt. Aber auch beim Guide Michelin wird regelmäßig über Unregelmäßigkeiten gemunkelt. Vor allem weil der Guide Michelin nach offiziellen Angaben erstaunlich wenige Tester beschäftigt. Von denen weiß tatsächlich keiner, wie sie ihr Pensum schaffen, ohne nach einem Jahr als aussichtsreicher Kandidat bei den Weltmeisterschaften im Sumo-Ringen gehandelt zu werden. Aber der Guide Michelin legt immerhin Wert auf die Feststellung, dass alle Tester gelernte Köche oder zumindest ehemaliges Gastronomie-Fachpersonal seien.

In Österreich wird dem Guide Michelin nach zwei Jahren von den Gastronomen immer noch eine österreichfeindliche Tendenz unterstellt. Misstrauisch betrachtet wurde er auch nach zwei veritablen Skandalen in den letzten Jahren. Zuerst erschien das Buch des ehemaligen Michelin-Testers Remy Pascal („Der Inspektor setzt sich zu Tisch“), in dem der Autor behauptet, dass vor allem die Spitzenrestaurants bereits mit den Testern „verhabert“ seien und kaum mehr seriös getestet würden. Was bei der geringen Zahl der offiziell vom Guide Michelin bekannt gegebenen Tester auch plausibel klang. Kurz darauf wurde es aber richtig peinlich. Da musste der Guide Michelin seine Ausgabe für Belgien einstampfen. Denn da wurde schon ein Restaurant, das unter der gastronomischen Schirmherrschaft des belgischen Spitzenkochs Pierre Wynants stand, im Guide Michelin wärmstens empfohlen. Sicher: Man konnte davon ausgehen, dass es in diesem Lokal gutes Essen geben würde. Aber die Tester hatten die Rechnung ohne die Handwerker gemacht. Die Fertigstellung des Restaurants verzögerte sich. Als der Guide Michelin hätte ausgeliefert werden sollen, war das Lokal immer noch eine Baustelle. Von einem seriösen Test konnte deshalb nicht im Entferntesten die Rede gewesen sein. In Frankreich beginnt die Allmacht der Gourmetführer bereits kräftig zu bröckeln. Was unter anderem am Erfolg neuer gastronomischer Ratgeber abzulesen ist. Einer der bis jetzt empfehlenswertesten Führer heißt „Le Fooding“, der in der Tat eine bemerkenswerte Auswahl an exzellenten Restaurants und Gasthöfen fernab des Sterne- und Haubentütüs publiziert.

Dass der Guide Michelin in Österreich dennoch für einige Gastronomen ein Rettungsanker ist, das war noch nie so deutlich zu sehen wie im Jahr 2006. Und zwar genau für jene, die in diesem Jahr mit einer vernichtenden Kritik des Gault Millau bedacht wurden. „Der Guide Michelin hat einige kapitale Fehler des Gault Millau ausgemerzt“, befand etwa Christoph Wagner, ehemaliger Gault-Millau-Mitarbeiter und österreichischer Kochbuchautor. Als Beispiel nannte er die Bewertung des von Heino Huber geführten Deuring Schlössle in Bregenz. Der Gault Millau gab dem Luxusrestaurant vernichtende 13 Punkte. Zum Vergleich: Dieselbe Punktezahl erhielt der zwar sehr gute, aber mit einem Luxusrestaurant unvergleichbare Salzburger Ausflugsgasthof Rauchenbichl. Wie kurios die Aufnahme des Rauchenbichl in die illustre Schar der Haubenlokale tatsächlich ist, das wird dort spätestens beim Blick in die Speisekarte deutlich: Denn in der Mostschänke stehen eigentlich nur Aufstriche wie Erdäpfelkas und Liptauer auf der Karte. Hauptgerichte gibt es dort auf Vorbestellung. Und zwar Ripperl und Bratl in der Rein. Man muss aber auch wissen, dass der Rauchenbichl in Salzburg als Lieblingsausflugslokal von Reinartz bekannt ist.

Kurt Bracharz, Gastrokritiker bei den Vorarlberger Nachrichten, war über die schlechte Bewertung des Deuring Schlössle auch entsetzt: „Die Gault-Millau-Tester müssen einen metallenen Gaumen haben", vermutete er. Der Guide Michelin hat 2006 das Deuring Schlössle immerhin auf eine Stufe mit Toprestaurants wie dem Pfefferschiff in Hallwang oder Hanner in Mayerling gesetzt – die zählen zu den besten zehn Lokalen im Gault Millau. Huber war natürlich erleichtert: „Gäbe es nur den Gault Millau, dann wäre das bei meinen Investitionen eine Katastrophe, weil Gourmets den etablierten Führern folgen", sagte er.

Die Schlacht um die schiefe Optik des Gault Millau eröffnete übrigens nach der aktuellen Ausgabe des Gault Millau auch der ehemalige Reinartz-Mitarbeiter Christoph Wagner. Der schätzte die ungewöhnlich gute Bewertung des Salzburger Finger-Food-Restaurants als „zumindest seltsam" ein: „Wenn dem Gault Millau ein von Red-Bull-Chef Dietrich Mateschitz gesponserter Wellnessführer gleichen Namens beiliegt ..."

Moral und Verantwortung

Ist es nicht schön, in ein gutes Lokal zu gehen, fein zu speisen, einen netten Abend mit Freunden zu verbringen, angeregte Unterhaltung, feine Weine? Ja: Das ist pure Erholung. Im eigenen Revier kennt man sich als Genießer aus. Aber was ist, wenn man in eine andere Stadt kommt oder auf Urlaub ist? Wer gibt einem die guten Tipps? Welche Lokale sind gerade „On Top"? Wo ist der nächste Geheimtipp? Der Taxifahrer wird es nicht wissen. Die Rezeptionistin im Hotel? Da kommt es wohl auf die Kategorie des Hotels und das Interesse der Rezeptionistin an. Viel Gescheites habe ich da auch noch nicht erlebt. Was bleibt, das ist der Essführer. Und der hat da auch wirklich seine Berechtigung.

27 Jahre gibt es jetzt bereits den Gault Millau, wie nicht ohne Stolz in der aktuellen Ausgabe vermerkt wird. Über 1200 Betriebe werden bereits getestet, also rund 25 bis 30 pro Tester. Glauben Sie mir, das ist manchmal Stress! Gute Betriebe sollen nicht nur einmal, sondern mehrmals besucht werden. Ein Tester, der sein eigenes Gebiet kennt, weiß auch, wenn er einmal einen schlechten Abend in einem Restaurant erwischt hat und wird wohl ein zweites Mal hingehen müssen (das ist allerdings meistens finanziell nicht abrechenbar – wer tut es daher?). In diesen 27 Jahren hat sich jedenfalls sehr viel bewegt. Ich kann nicht sicher beurteilen, wie sich Österreichs Gastronomieszene verändert hätte, wenn es nicht den Gault Millau oder einen ähnlichen Führer gegeben hätte. Und für die Gastronomen ist es sicherlich zunächst fein, dabei zu sein. Aber das bleibt für sie nicht ohne Auswirkung.

Am Anfang ist es noch einfach, mit Lust dabei zu sein. Aber diese Lust kann auch süchtig machen. Die Lust auf mehr kommt plötzlich dazu. Der deutsche Gourmetjournalist Wolfgang Abel bezeichnete das einmal sehr treffend als „kulinarischen Schwanzvergleich der Köche". Und nicht jeder kann mit diesem Druck gleich gut umgehen.

Vor nicht allzu langer Zeit hat ein Freund von mir ein Management-Seminar organisiert. Als Vortragende für Qualitätssicherung in Unternehmen habe ich Karl und Rudi Obauer vorgeschlagen. Stellen Sie sich einmal vor, wie viel Qualität in diesem Betrieb täglich gelebt werden muss. Das fängt mit dem richtigen Einkauf an. Hier müssen aber nicht nur Qualität und Optik stimmen, sondern auch der Preis. Denn am Schluss sollte ja – was leider bei vielen Gastronomiebetrieben nicht der Fall ist – auch etwas in der Kasse bleiben. Klar, dass die Zubereitung ganz hohen Qualitätsstandards entsprechen muss, aber das genügt nicht. Die optische Präsentation auf dem Teller, das Personal, das kompetent und freundlich sein soll, all das sind Mosaiksteine auf dem Weg zum Erfolg. Zu guter Letzt muss dann auch die Rechnung stimmen, und zwar für beide Seiten. Nicht nur, dass die richtigen Speisen und auch die zahlreichen glasweise servierten Weine korrekt erfasst und abgerechnet wurden. Last but not least soll der Gast das Gefühl haben, dass Preis und Leistung in optimaler Relation gestanden sind. Der Preis ist aber unverrückbar vorher festgestanden, also muss jedenfalls die Leistung diesem Ziel angepasst sein. Wenn das nicht Qualitätssicherung ist! Davon könnten sich viele Produktions- und Handelsbetriebe eine Scheibe abschneiden.

Nun begibt man sich als Köchin oder Koch auf diesen Jahrmarkt der Eitelkeiten. Natürlich macht das süchtig. Und natürlich gibt es kaum einen Weg zurück. Einer, der es genau weiß – viele Jahre immer mit rund 16 Punkten bewertet –, hat mir diesen Stress gut nachvollziehbar geschildert. Selbst will er nicht erwähnt werden, aber – so erzählte er mir – es sei eine schwere Entscheidung gewesen, sich gegen die Erwähnung in „Essbibeln" zu stellen. Vor allen Dingen wirtschaftlich wird die Betriebsführung jedenfalls schwieriger. Gerade dann, wenn man nicht im Zentrum von Städten angesiedelt ist, kann eine positive Erwähnung im Gault Millau doch zahlreiche neue Gäste in ein Haus spülen. Oder eben auch umgekehrt! Auf der anderen Seite – so sagte er mir – „wollen wir von unserem Geschäft leben und nicht für unser Geschäft".

Der Stress der Bewertungen geht sicher an den wenigsten Betroffenen spurlos vorbei. Ein, zwei Wochen vor Erscheinen des Gault Millau herrscht Anspannung in der Szene. Wer hat sich in diesem Jahr einen Fehler erlaubt? Wo ist etwas passiert, das man nicht richtig im Griff hatte? Und wehe, du hast einen Punkt verloren! Die Kollegen schauen dich schief an, du traust dich nicht mehr unter die Leute, Schande über dein Haus. So schlimm ist es zwar sicher nicht. Aber so wird es von den Betroffenen empfunden. Und dann natürlich die Häme der Kunden. „Ich hab es immer gewusst, dass der oder der nicht so gut ist, der war immer überbewertet" und ähnliche Sprüche hört man dann immer wieder.

Einer der ganz Großen der Wiener Lokalszene – immer mit 17, 18 Punkten im Gault Millau erwähnt – liegt schwer krank für Monate im Krankenhaus. Prompt ist eine Haube weg. Objektiv gesehen wahrscheinlich sogar richtig. Aber menschlich eine Tragödie. Dem Tester kann man hier keine Schuld geben. Er ist nur ein kleines Rädchen im System. Andererseits: Wer sich auf die Bühne stellt und sich der manchmal sicherlich ungerechten Kritik des Publikums aussetzt, darf sich nicht wundern, wenn es auch mal unter die Gürtellinie geht.

Nicht nur die Köche stehen unter Druck: Auch die Essführer. Gault Millau, der ja zu einem nicht unerheblichen Ausmaß von der Werbung lebt, braucht natürlich Auflagezahlen. Die kommen nicht durch harmloses Geplauder. Die kommen durch Skandale und Skandälchen. Obwohl der Führer im Text wesentlich harmloser als in seinen Anfangsjahren wurde. Es braucht auch neue „Sonnenkönige", damit die Auflagen gehalten oder gesteigert werden können. Wenn sich also gerade kein Skandal ergibt, muss eben einer erfunden werden. Was in dieser Branche freilich nicht allzu schwierig ist.

Dieses gegenseitige Lizitieren der Restaurants führt natürlich auch dazu, dass die Eigenkapitaldecke vieler Betriebe mehr als schwach ausgeprägt ist. Wenn die eigene Fantasie und Kochkunst nicht mehr ausreichen, müssen eben sündteure Produkte her. Dies führt unweigerlich zu einer Spirale nach unten. Aber selbst hochkreative Köche sind davor nicht bewahrt. Ein Fehler zur Unzeit, ein oder zwei Punkte gestrichen, eventuell in die nächstniedrigere Haubenkategorie abgesunken und schon gibt es Probleme. Die Bank wird nervös, das Stammpublikum bleibt aus und die Neugierigen, die sich in fremden Regionen nach Essführern richten, werden weniger.

Ein Selbstmord, wie er in Frankreich nach dem Entzug eines Michelin-Sterns kolportiert wurde, ist mir in Österreich nicht bekannt. Wirtschaftliche Selbstmorde aber zur Genüge. So weit, so schlecht.

Ernst genommen wurden in Österreich bislang nur der Gault Millau und unter ferner liefen in der Reputation der Herausforderer A la Carte. Im Jahr 2005 hat sich die Führerlandschaft aber radikal geändert. Weltmarktführer Michelin brachte den ersten Österreichband heraus. Damit droht den renommierten Häusern eine weitere Gefahr. 6000 Betriebe wurden angeblich getestet – 2300 dann endgültig in den Michelin-Führer aufgenommen. Wenn man sich nun vollständig an die bereits gewohnte „Hackordnung" in Österreichs Gastroszene gehalten hätte – wer hätte den Führer dann gekauft? Also muss es natürlich ein paar Ausreißer geben und ein Generalhieb auf österreichische Restaurants. Der medienträchtige Ausreißer war das Meinl am Graben. Dieses Lokal erhielt keinen Michelin-Stern. Von den Wienern – und nicht nur von diesen – wird das Meinl aber als eines der besten Restaurants der Stadt angesehen. Also durchaus ein Aufreger. Andererseits wurde den österreichischen Köchen gleich pauschal eine auf den Kopf gehauen. Kein einziges Lokal erhielt die ersehnten drei Sterne im Michelin.

Wenn man jetzt aber über die Grenzen schaut, nach Deutschland oder Italien, und dort in Dreisternerestaurants essen geht, dann fragt man sich, warum. Wie kommen Michelin-Tester in

Italien auf die Idee, das Al Sorriso im Piemont mit drei Sternen zu beurteilen? Ich war selbst gerade dort, und muss gänzlich ohne Lokalpatriotismus sagen: Ich kenne einige Restaurants in Österreich, die weit über diesem Niveau kochen. Freilich, ein sympathisches und gut geführtes Lokal. Die Preise auf sehr internationalem Niveau – das durchaus nicht immer überraschende Überraschungsmenü kostet 130 Euro – lassen auch eine ordentliche Qualität erwarten. Aber drei Michelin-Sterne???

Aber, wie gesagt, ohne Aufreger keine Auflage und so will man sich beim Österreich-Michelin sicher noch etwas Luft nach oben lassen. Das ist bei dem groben Raster des Führers (drei mögliche Sterne, aber keine Punktewertung) auch dringend nötig.

Spannend ist auch die Aussage des Michelin, dass nur von Spezialisten aus dem Ausland getestet werde. Man erwartet sich hier offensichtlich mehr Objektivität. Kann ja sein, aber diese ersetzt nicht die regionalen Kenntnisse. Außerdem hat man als Tester im persönlichen Umfeld jede Menge Bekannte, denen man hinsichtlich ihrer „Esskenntnisse" auch vertrauen kann. Dadurch passiert es seltener, dass man bei den Bewertungen völlig danebenhaut. Wenn man also in ein Lokal geht, das einmal einen atypisch schlechten Abend hat, dann hört man sich eben um oder geht nochmals hin. Das ist der Vorteil der „Local Heroes".

Ganz nebenbei: Um diese Vielzahl von Lokalen für Michelin testen zu können, müsste ja ein ganzes Heer von dickleibigen Spezialisten nach Österreich gekommen sein. Wer oder was diese Spezialisten sind und was sie als solche auszeichnet, wird nicht näher erläutert. Ich glaube auch nicht, dass es hier tatsächlich „Spezialisten" gibt. Selbst wenn man ein ausgebildeter Koch ist, setzt das keineswegs guten Geschmack oder ein besonderes Urteilsvermögen voraus – wie man das leider immer wieder täglich in unzähligen österreichischen Gasthöfen und Restaurants feststellen muss.

Eine weitere – fragwürdige – Entwicklung ist der VIP-Gourmet-Club. Was hier als „Demokratisierung der Bewertung" gelobt wird (Eigendarstellung), ist eher eine Proletarisierung der Bewertung. Hier wird nicht von Testern bewertet, sondern von der breiten Masse. Nichts gegen diese, aber eine Riesenmeute von selbstgefälligen Publikumstestern ergibt noch lange keine richtige Bewertung. Frei nach dem Spruch: „Zwei Schlechte ergeben noch immer keinen Guten." Ich wage auch zu behaupten, dass viele von diesen Testern nicht wissen, was sie tun. Für die Gastronomie bedeutet das nur einen weiteren Stressfaktor. Gerade diese Gruppe der selbst ernannten Tester führt sich oftmals besonders penetrant auf. Manch einer versucht seine neue Macht in den Restaurants auszuspielen. Leider lassen sich viele Köche darauf ein. Dies führt aber vielfach zu einer völlig widersinnigen Trendumkehr. Nicht der Koch bestimmt den Weg, sondern der lästige Gast. Und der treibt den Restaurantbesitzer vor sich her. Das ist sicherlich nicht das Ziel und führt nur zu einer weiteren und tiefen Verunsicherung einer ganzen Branche.

Dieses unsägliche Spiel wird aber von allen Führern gleichermaßen und seit jeher gespielt. Was hat man seinerzeit Eschlböck am Mondsee hoch gelobt! War er doch der erste österreichische Kochstar. Und was hat man sich dann auf der anderen Seite mit ihm erlaubt? Von diesen Tiefschlägen hat er sich nie mehr erholt und es war sowohl den Testern als auch den Führern nicht zu dumm, auf den am Boden Liegenden nochmals einzuschlagen.

Ein Tester wiederum sollte den Spagat zwischen der notwendigen Objektivität und einem moralisch vertretbaren Druck auf die Getesteten schaffen. Schwierig! Man ist sich oft dessen bewusst, dass eine Bewertung anders ausfallen müsste. Aber wer wagt es, den ersten Schritt zu setzen? Gerade bei den großen Namen der Branche. Einerseits ist man sich nicht sicher, ob man nicht einen dieser viel gefürchteten „schlechten Tage" erwischt hat, andererseits weiß man um die wirtschaftlichen Auswirkungen für das Restaurant. So kann es durchaus immer wieder einmal zu Alibi-Aussagen kommen: Die Punkte bleiben gleich. Aber der Text ist ein Verriss – was die Sache auch nicht besser macht.

Abschließend möchte ich nochmals auf die Qualitätssicherung in der von vielen zu Unrecht belächelten Gastronomie eingehen. Mir war nie bewusst, wie verantwortungsvoll hier gearbeitet wird und hätte mir Eveline Eselböck vom Taubenkobel nicht einmal so ganz nebenbei ein paar eindrucksvolle Zahlen genannt – ich hätte es wahrscheinlich nie wahrgenommen.

Gehen wir einmal davon aus, dass in einem sehr guten Restaurant 60 Personen zu Abend essen. Üblicherweise wird ein Menü gewählt – mit Amuse-Gueule und „Zwischenkleinigkeiten" sind das gut und gerne sieben Teller pro Person. Macht also zumindest 420 Portionen, die an so einem Abend in der Küche hergestellt und dem Niveau des Hauses entsprechend ausgeliefert werden müssen. Wenn Mittag ebenfalls geöffnet ist – nochmals so viele. Dazu kommen pro Gast sicherlich rund fünf Gläser (Aperitif, Wasser, zumindest zweimal Wein und einmal Kaffee), macht nochmals 300 Gegenstände, die zum Tisch transportiert, befüllt, abtransportiert und gewaschen werden müssen. In einem größeren Gourmettempel wie dem Taubenkobel macht das an guten Tagen mittags und abends zusammen locker rund 1000 Portionen aus, die die Küche perfekt zu verlassen haben.

Diese beeindruckenden Zahlen nur, um Verständnis dafür zu wecken, wenn einmal ein Teller nicht ganz nach dem Geschmack des Gastes ausgefallen ist. In Qualität und deren Sicherung sind solche Lokale uns allen sicher um Häuser überlegen.

Gänsebrater im Carabinieri-Saal

Auf den ersten Blick fühlte sich der Besucher an diesem schönen Samstagabend im Carabinieri-Saal der Salzburger Residenz an eine rheinländische Karnevalssitzung erinnert. 400 Gäste mit violetten, orangenen und blauen Schärpen und Orden waren da zugange. Ihre gute Laune schien die Karnevalsvermutung zu bestätigen. Aber halt: Was war das? Ein Schwert, Zaubersprüche in französischer Sprache, dann feierlicher Applaus. Da schau her. Etwa 120-mal wiederholte sich dieser Vorgang innerhalb von zwei Stunden. Mit diesem Ritual wurden 120 Männer, die sich der Völlerei und der Zubereitung edler Speisen verschrieben haben, in eine Art Ritterstand erhoben. Vom Podium kehrten sie dann als Officier Mâitre Rotisseur, Chevalier, Vice-Chancellier ins richtige Leben zurück. Einer von ihnen war der Salzburger Hotelier und Gastronom Georg Imlauer. Er wurde zum „Bailli" geschlagen. Ein paar Salzburger Köche wie Richard Brunnauer (Restaurant Riedenburg), Bruno Plotheger (Bei Bruno), Andreas Kaiblinger (Esszimmer) oder Herbert Ranstl (Kobenzl) spürten auch den Luftzug geschmiedeten Stahls am Ohr. Sie sind jetzt – wenn uns nicht alles täuscht – Officier Mâitre Rotisseur. Der K+K-Restaurantchef Helmut Ponstingl kam als „Vice Chargé de mission Salzburg" vom Podium zurück. Oh, lá, lá ... „Schauen Sie nicht so", sagte er zu mir. „Vize bedeutet ohnehin immer nur viel Arbeit und wenig Ehr." Sollte heißen: „Bei uns geht nicht alles so ernst zu, wie es auf den ersten Eindruck den Anschein hat."

Tatsächlich haben diese aus allen Winkeln der Welt angereisten Ordensleute drei Tage lang die halbe Salzburger Restaurantszene auf den Kopf gestellt. Vom Restaurant Döllerer bis zum Restaurant Pfefferschiff haben sie verkostet, was gut und teuer ist. Denn sie gehören der Chaine des Rotisseurs an. Und die essen nicht irgendwas. Die Chaine ist eine Vereinigung von Feinschmeckern, deren Gründung auf das Jahr 1248 zurückgeht. Damals erteilte der französische König Louis IX. französischen Rittern die Erlaubnis, sich „Ritter der Gänsebrater am Spieß" zu nennen. Unter der Federführung dieses Ordens wurden unter anderem die spektakulären Bankette am Hof des Sonnenkönigs Louis XIV. ausgerichtet. Wahrscheinlich hatten sie auch ihre Finger im Spiel, als der französische Koch Vatel sich im Chateau Chantilly mit einem Degen das Leben nahm. Den Grund dafür haben Sie schon ein paar Kapitel zuvor gelesen: Die Fischlieferung hatte sich verspätet.

So schlimm kam es Samstagabend gottlob nicht. Das Bankett wurde von Georg Imlauer ausgerichtet, der sein hohes Amt „Bailli de Salzburg“ vom Immobilienmakler Alexander Kurz übernahm. Imlauer ließ vier Tonnen Geschirr und 3500 Gläser in die Residenz schaffen. Der Koch, der die Gaumen der illustren Gesellschaft zu verwöhnen hatte, war Richard Brunnauer. Für seine acht Gänge benötigte er unter anderem 14 Kilogramm Gänseleber (ungestopft), 1300 Flusskrebse, 45 Kilogramm Wagyu-Rind (dieses Rind wird bis zu seiner Schlachtung übrigens täglich massiert, hört Musik von Mozart und trinkt zwei Liter Bier – das soll der Fleischqualität sehr gut tun), 67 Kilogramm Marchfelder Spargel, 81 Kilogramm Atlantik-Steinbutt aus Wildfang, sieben Rehrücken und 2400 Himbeeren. Die Himbeeren hat Brunnauer übrigens mit der Hand nachgezählt („nicht auszudenken, wenn zu wenig geliefert worden wären“ – da spricht Vatel aus ihm ...).

Um als Gastronom den Einstieg in die Chaine des Rotisseurs zu schaffen, muss er zunächst einmal bei einem so genannten „Diner Amicale“ bestehen. „Das ist finanziell für jeden Wirt ein Durchlaufposten“, sagen die Gastronomen. Früher galt die Chaine des Rotisseurs unter den Spitzengastronomen deshalb sogar als „Schnorrerbande“, die nur billig essen gehen wolle. Das hat sich seit der Übernahme der Präsidentschaft durch den Salzburger Steuerberater Herbert Steiner aber schlagartig geändert. Steiner polierte den angeschlagenen Ruf der Chaine mit sehr viel Enthusiasmus und finanziellem Einsatz wieder auf. 55 Mitarbeiter Imlauers und etwa 15 Köche des Restaurants Riedenburg kümmerten sich also bei der Gala in der Salzburger Residenz um das Wohl der Gäste – allesamt einflussreiche Persönlichkeiten der Gesellschaft. Also Rechtsanwälte, Unternehmer und Steuerberater. Ob das nicht eine geeignete Klientel für Verschwörungstheorien wäre, habe ich Steiner, den Bailli delegué d’Autriche, gefragt. Der schlitzohrige Genussmensch antwortete: „Wo denken Sie hin? Aber andererseits: Eine Verschwörung von Menschen, die all ihre Freizeit dem guten Essen und Trinken widmen? Davon könnte die Gesellschaft doch nur profitieren. Oder?“ Sicher: Wer es sich leisten kann.

Landmarken: Mühltalhof, Sattlerhof und Schwan

Wer einmal eine Sommersonnenwende im Reich der Rachingers mitgemacht hat, wer in einer lauen Sommernacht die herrlich lockeren und leichten Kombinationen genießen durfte, der vergisst das ein Leben lang nicht. Zwar hat der Mühltalhof im oberösterreichischen Neufelden meist nur eine Haube (manchmal auch zwei), aber verdienen würde er sich – gäbe es diese – jedenfalls: eine Ehrenhaube. So etwas wie das Ehrendoktorat für leichte und kreative Küche.

Hier gibt es Kreationen, die in Österreich nirgendwo zu finden sind. Der Sommersalat mit den herrlich reifen Marillen etwa, die essbaren Blumen und die herrlichen Öle, die alles so rund und schmackhaft machen. Die wunderbare mollige Flusskrebssuppe, in der ein vollreifer weißer Pfirsich alles perfekt macht. Hier wird so viel Liebe in Details gesteckt wie fast nirgendwo sonst.

Natürlich ist nicht immer alles perfekt – aber wo ist es das schon? Die „Gault-Millau-Watschn“ des Jahres 2006 *(„... die Fahrt auf der kulinarischen Hochschaubahn“* und *„Gesamturteil: gerade noch 14 Punkte“)* hat sich Helmut Rachinger aber sicher nicht verdient. Da versteht eher der Tester zu wenig. Wäre ja schön, wenn man mehr als einmal nicht nur auf einen Husch-Pfusch-Termin vorbeikommen könnte.

Was noch auffällt: Die „schräge“ Kunst im Haus. Hatte doch vorher der legendäre „Nick“ in der unweit gelegenen „Station“ einen der schrägsten österreichischen Kunstbetriebe unterhalten. Nick ist mittlerweile weitergezogen. Nach Aigen-Schlägl ins (ehemalige) Gefängnis. Einige seiner Exponate sind jedoch im Mühltalhof geblieben und bringen den Besucher schon im Eingangsbereich zum Schmunzeln. Ein Besuch lohnt sich aus vielerlei Gründen immer! Und wenn es nur einer von Rachingers „Ölwechseln“ für Leib und Seele ist.

Eine andere wunderbare Adresse habe ich bereits Mitte der 80er-Jahre mehr durch Zufall entdeckt. Als ich das erste Mal einen Fuß in den Sattlerhof in der Südsteiermark (Gamlitz) gesetzt habe. Hier gab es nichts außer einem winzigen Haus mit viel zu vielen Leuten drin, einem Tisch davor und rundherum herrliche Weinberge. Und – das war das Wichtigste – einem weinbegeisterten Willi Sattler senior. Ihm mangelte es trotz des damals noch kleinen Betriebs weder an Vision, Weitblick noch Selbstbewusstsein. Stolz erzählte er von seinem hart erkämpften Weg an die Spitze.

Damals, als die Goldmedaille bei Landesweinprämierungen noch etwas zählte, verzichtete er auf geschmäcklerische Anpassung und ging seinen Weg unbeirrt weiter. Die Söhne Willi jun. und Hannes schickte er in die Welt, damit sie etwas lernen und Erfahrung sammeln sollten. Ich wusste damals noch nichts von seiner schweren Krankheit, aber wenn er heute vom Weinhimmel her – in dem er sich sicherlich befindet – das Anwesen seiner Söhne sieht, dann wird er sehr stolz sein.

Was Willi Sattler jun. heute in seinem Weingut erzeugt, zählt zum Besten, was es auf dem österreichischen Weißweinsektor gibt. Und das bedeutet auch international eine ganze Menge, wie man in vielen Blindverkostungen feststellen konnte.

Nicht ganz so leicht hatte es Hannes Sattler, der gastronomische Widerpart zum Weingut Sattlerhof. Eigentlich – das muss einfach einmal festgehalten werden – ist er ein hervorragender Koch! Aber irgendwie schafft er es immer wieder, sich dem steirischen Hügelland anzupassen und so geht es halt kontinuierlich bergauf und bergab. 1991 wurde er das erste Mal im Gault Millau angeführt. Mit 14 Punkten – also ein guter Einstieg. Im nächsten Jahr gleich nur mehr 13.

Ich habe den Sattlerhof das erste Mal 1995 getestet. Für mich war er damals so gut, dass ich ihm guten Gewissens 16 Punkte und die zweite Haube gegeben hätte. Hätte, denn das war offensichtlich noch nicht erwünscht, denn der Gault Millau hat zwar meinen Test verwendet – ihm jedoch nur 14 Punkte gegeben. Im Folgejahr dann endlich die zweite Haube, 16 Punkte – wiederum von mir. Auch zu Recht, wie ich mir heute noch sicher bin.

Ich kann mich noch gut erinnern, wie wir nach der Zweihaubenfeier im Sattlerhof essen waren: Purer Zufall. Wird mir zwar niemand glauben, war aber so. Alle waren noch ziemlich angeschlagen vom Vortag. Eigentlich wäre ich ja selber ganz gerne bei dieser Feier dabei gewesen, war ich doch so etwas wie der Verursacher derselben. Es war jedenfalls schön, die Freude der Sattlers mit anzusehen. Gabi, die damalige Frau von Hannes Sattler, war entgegen ihrer sonst so ruhigen Art richtig aufgekratzt.

Sie war überhaupt die Seele dieses Hauses. Immer ruhig, bescheiden, aber unendlich bemüht und höflich. Sie sorgte auch bei dem durchaus abwechslungsreichen Personal immer für das nötige Format. Apropos Format: Hannes und Gabi Sattler dürften bei der Eheschließung einen Vertrag darüber vereinbart haben, dass das Familiengewicht immer gleich gehalten werden müsse. Da er jedes Jahr ein bisschen zulegte, musste sie jedes Jahr ein bisschen abnehmen, so dass sie sich schlussendlich „verdünnisierte". Schade, dass es sie heute in diesem Haus nicht mehr gibt. Gabi Sattler hat eine neue Herausforderung in Gamlitz gefunden.

Auch wenn der Sattlerhof aktuell mit 15 Punkten im Gault Millau 2006 bewertet ist: Er hat derzeit nicht mehr das Niveau vergangener Jahre. Leider spiegelt die Bewertung – wie könnte es auch bei einer Momentaufnahme anders sein – nicht immer das wahre Qualitätsniveau eines Hauses wider.

Obwohl völlig blödsinnig: Im Gault Millau wurde jahrelang auch immer über das gute Brot im Sattlerhof geschrieben. Das Brot sollte wohl nicht mehrere Zeilen einer Gourmetkritik ausfüllen. Aber aktuell wäre es erwähnenswert – es ist nämlich wirklich nicht mehr gut! Und so passieren halt kleine und größere Fehler in diesem Haus, die wirklich nicht passieren sollten und das ist schade. Vielleicht trifft es diese Beschreibung besser: Hannes Sattler ist sicherlich genauso begabt wie sein Bruder Willi. Nur bemüht er sich redlich, es nicht immer zu zeigen.

Auf das wohl empfehlenswerteste Restaurant Tirols muss der Gault Millau bereits seit 2003 verzichten. Angedeutet wurde es allerdings schon in der Ausgabe 2002. Da lautete der letzte Satz der Beurteilung: „Schade nur, dass man auf Gaut-Millau-Leser wenig Wert legt. Ruhetage, Ferien und Preise will man uns partout nicht verraten." In Wahrheit wollte der Koch schon seit Jahren nichts mehr mit dem Gault Millau zu tun haben.

Ich habe selten ein spannenderes Restaurant erlebt als den Schwan in Wattens. Was der Koch Günter Eberl zusammenzaubern muss, um der nahezu täglich in seinem Lokal speisenden Familie Swarovski Abwechslung bieten zu können, das ist nur schwer zu beschreiben. Eberl weiß mit allen und jedem umzugehen. Außerdem scheint er über ein nicht enden wollendes Repertoire an Rezepten und Kombinationen zu verfügen.

Das wissen wohl die Gäste zu schätzen – die Tester von Gault Millau wussten das einmal mehr und einmal weniger. Aber für eine Haube hat es immer gereicht. Eigentlich unverständlich, denn Günter Eberl ist immer für ein Zweihaubenessen gut. Lassen Sie ihm einfach freie Hand bei der Auswahl der Speisen. Dann erleben Sie garantiert ihre Überraschung.

Zufrieden war Eberl nie mit seinen Bewertungen im Gault Millau. Ehrgeizig und mit einer luxuriösen Ausbildung (unter anderem im „Tantris") dürfte er sich anfangs wohl mehr erwartet haben. Kurz: Irgendwann hatte Eberl die Nase voll und teilte Gault Millau mit, dass er jetzt nicht mehr zu diesem „erlesenen

Zirkel" gehören wolle. 2002 war das letzte Jahr, in dem Der Schwan im Guide noch erwähnt wurde.

Für Günter Eberl ist der Führer seitdem entbehrlich. Für seine zahlreichen Stammgäste auch. Unangepasst und ehrlich geht Eberl seinen geraden Weg weiter. Was ihn von vielen seiner Kollegen, die es vorziehen, hinter vorgehaltener Hand zu schimpfen, grundlegend unterscheidet.

12. Kapitel: Gericht(s)geschichten

Alfons Schuhbeck

„Gerichte mit Geschichte.“ Der Titel der TV-Serie, in der Alfons Schuhbeck in den letzten Jahren in wechselnd prominenter Gesellschaft über Schmankerl aus der bayerischen Küche philosophieren durfte, hätte nicht passender gewählt werden können. Denn lange Zeit assoziierte kaum jemand einen Schweinsbraten, wenn der Name Schuhbeck und das Wort Gericht fielen. Da wurde eher an einen Gerichtshof gedacht. Umso verständlicher erschien da nicht wenigen Zusehern schon das ausgelassene Grunzen von Schuhbeck und seinem Spezi Elmar Wepper, als die beiden einmal vor laufender Kamera einen Schweinsbraten in das Backrohr schoben. Ja, ja, das Leben könnte so schön sein: Wenn da nicht diese verführerischen Angebote eines zwielichtigen Finanzjongleurs gewesen wären.

Dieser Finanzjongleur hieß Lutz Winkler. Der kam vor 20 Jahren aus Düsseldorf erstmals in Schuhbecks Nobelrestaurant Kurhausstüberl in Waging am See. In Lokalen wie diesen ist es leicht, das Gespräch auf Unsummen von Geld zu lenken. Im Grund reicht dazu schon ein Blick auf die Speisekarte. Aber Winkler hat es sich noch einfacher gemacht. Er machte Schuhbeck ein Angebot, das wohl kein vernünftig denkender Mensch als seriös erachtet hätte. Und auch Schuhbeck war zunächst noch vorsichtig. Denn Winkler versprach ihm nicht mehr und nicht weniger als 40 Prozent. Und zwar 40 Prozent Gewinn auf die Summe, die Schuhbeck ihm bereit sei anzuvertrauen. Die Gewinnübergabe würde schon in wenigen Wochen erfolgen. Der Haubenkoch biss an. Zunächst einmal mit „ein paar Zehntausend Mark“, wie er später salopp formulierte. Und schwubsdiwubs: Die wundersame Geldvermehrung gelang. Dieser Winkler schien ein Teufelskerl zu sein. Oder irgendein Gott der wundersamen Geldvermehrung. Wäre er nach seinem dritten Besuch trockenen Fußes mit einem Aktenkoffer voller Geld über den See gewandelt – in Schuhbecks Kurhausstüberl hätte das keinen gewundert. Bald erhielt Winkler Hunderttausende Mark von Schuhbeck. Vor allem aber sprach sich das lukrative Geschäft schnell in der Gourmetschickeria herum. „Mit Plastiktüten und Handtaschen voller Scheine drängte sich Schuhbecks betuchte Kundschaft vor seiner Küchentür, während er Trüffel hobelte“, beschrieb das Nachrichtenmagazin Stern die Szenerie, die sich fortan im Kurhausstüberl bot. Da standen immerhin Gäste von Schuhbeck wie die ehemalige deutsche Weltklasse-Tennisspielerin Sylvia Hanika, der Sportmanager Ion Tiriac, der griechische Schlagerbarde Costa Cordalis, der TV-Moderator Michael Schanze und vor allem der Wella-Erbe Bernd Olbricht in der Warteschlange. „Nehmts euren Scheißdreck und stellts ihn ins Wohnzimmer, da stehn schon ein paar Millionen in der Eckn“, soll Schuhbeck seiner prominenten Kundschaft beim Trüffelhobeln hin und wieder gelangweilt zugerufen haben.

Lutz Winkler hat ursprünglich den Beruf des Anstreichers erlernt. Für Geldgeschäfte entwickelte er aber rasch ein gutes Gespür. Anfangs flossen die Gewinne tatsächlich in Strömen. Er investierte das Geld der bayerischen Schickeria in riskante Spekulationsgeschäfte mit kanadischen Aktien. Aber Schuhbeck, der von seinen Spezis noch bis heute kameradschaftlich „Fonsä“ gerufen wird, dürfte es bald satt gehabt haben, für seine Gäste immer nur den Mittelsmann zu spielen. Da hatte es Winkler natürlich leicht, Schuhbeck zu überreden, Präsident einer neu gegründeten Firma zu werden: Der „International Financial Corporation“ (IFC). Fortan flossen die Geldströme bei einem Konto der IFC in der

Citibank in Monaco zusammen. In diesem Zusammenhang liest sich die von Wolfgang Hoffmann zitierte Gault-Millau-Kritik über Schuhbeck Anfang der Neunzigerjahre natürlich auch gleich ganz anders: „*... aber am Jahresende hat der Waginger links vom Komma mehr als die 20 besten Köche zusammen (wie wir ohne Einblick in alle 21 Steuererklärungen zutiefst glauben) und es würde uns nicht überraschen, eines Tages in der Forbes-Liste der Reichsten zu lesen, dass Alfons Schuhbeck der wohlhabendste Koch auf Erden ist.*" Tja: So weit kann man danebenliegen – auch, oder vor allem im Gault Millau.

Im September 1992 belief sich die Schadenssumme, die Schuhbeck erlitt, auf sieben Millionen Mark (3,5 Millionen Euro). Aber er war immerhin in guter Gesellschaft: Der Wella-Erbe Bernd Olbricht setzte gar 21,8 Millionen Mark (10,9 Millionen Euro) in den Sand. Insgesamt sollen mehr als 100 Millionen Mark (50 Millionen Euro) bei dem Dreiecksgeschäft zwischen München, Monaco und Montreal versickert sein. „Fonsä" Schuhbeck blieb bei der ganzen Geschichte als eine Art „Bauernopfer" auf der Strecke. Erst recht, als ihm später noch der Privatdetektiv Harry Krüger seine Dienste anbot, um das verlorene Geld wiederzubeschaffen. Diesbezüglich hatte Schuhbeck seine schlechte Erfahrung allerdings schon gemacht. Er habe schon genug Geld in die erfolglosen Dienste eines Privatdetektivs namens Wolfgang Ufer investiert, richtete Schuhbeck Krüger aus. Der Privatdetektiv Harry Krüger, der später im Stern unter dem Titel „Dirty Harry und seine Tricks" noch zu zweifelhaftem Ruhm gelangen sollte, konnte aber immerhin noch Journalisten des Nachrichtenmagazins Focus davon überzeugen, dass Schuhbeck seine Millionen in Kanada gebunkert habe. Focus-Journalisten feierten den Detektiv nach einer gemeinsamen Kanadareise, bei der sie zusammen auf Millionenjagd gingen, in zwei großen Geschichten als eine Art Rächer der Enterbten. Daran änderte auch die Tatsache nichts, dass die Millionenjäger so gut wie gar kein belastendes Material in Kanada über Schuhbeck auftreiben konnten. In den Geschichten wiederum wurde Schuhbeck zu einem Betrüger großen Stils gestempelt, wodurch sich die Staatsanwaltschaft München unter Druck gesetzt gefühlt haben muss. Sie ermittelte erneut gegen Schuhbeck, stellte ihre Nachforschungen aber bald darauf wieder ein.

Vor Gericht stand Schuhbeck ein paar Jahre später allerdings auch noch in einer anderen Sache: Anfang der Neunzigerjahre habe er Maria Bertram, die später als die „Schwarze Witwe“ durch die Presse ging, 8,9 Millionen Mark (4,45 Millionen Euro) gegeben. Angeblich sei er damit geködert worden, dass Bertram die Summe benötige, um an ominöse 100 Millionen Mark (50 Millionen Euro) der SED in der ehemaligen DDR zu kommen. Bertram, die auch zu Schuhbecks und Winklers Kunden zählte, war vor Gericht verbittert: „Er hat mich benützt. Er hat mich belogen“, zitierte sie die Passauer Neue Presse. 1999 beging sie in ihrer Zelle Selbstmord.

Inzwischen geht bei Schuhbeck wieder alles seinen kulinarischen Lauf. Er kocht im Fernsehen groß auf und erklärt dabei mal grunzend, mal mit einem Promi feixend seine „Gerichte mit Geschichte“. Es duftet wieder am Herd. Aber ganz kommt Schuhbeck von den Paragrafen doch nicht los. Denn in den letzten beiden Jahren tauschte er das Hauptgericht wieder mit dem Gerichtssaal. Ausgerechnet der ehemalige, vom Gault Millau als Jahrhundertkoch geadelte Wunderkoch Eckart Witzigmann kommt ihm jetzt in die Quere. Denn Schuhbeck machte sich in den letzten Jahren wieder einen Namen als kulinarischer Beauftragter der Palazzo-Zelte. Und Witzigmann machte es ihm eben nach. Diese Gourmetzelte sind der letzte Schrei in der Gastronomie: Die sind auch so eine Art „Essen für Übersättigte“. Da zeigen Artisten atemberaubende Kunststücke, während sich die Gäste die Menüs der alten Meister einverleiben und sich wegen der akrobatischen Ablenkung dabei fast verschlucken.

Witzigmann und Schuhbeck stritten im Oktober 2005 wegen ihrer Gourmetzelte also vor dem Landgericht München. Clemens Zipse, der die Bezeichnung „Palazzo-Zelte“ 1998 mit seinem kulinarischen Helden Schuhbeck ins Leben rief, klagte die Deutsche Arena, die den „Witzigmann Palazzo“ betreibt. Das Landgericht Hamburg gab Zipse Recht. Der Deutschen Arena wurde es fortan untersagt, die Bezeichnung „Eckart Witzigmann Palazzo“ zu benutzen, zu bewerben, zu vervielfältigen und zu verbreiten. Ein paar Monate später – im April 2006 – roch es erneut nach Ärger zwischen den beiden Palazzo- – pardon – Platzhirschen. Denn Witzigmann warb nun für sein neues Gourmetzelt, dem er einen in den Augen der Konkurrenz schon wieder ziemlich verdächtigen Namen verpasste: Das heißt jetzt nämlich Bajazzo. Was in den Ohren von Schuhbeck schon wieder zu sehr nach Palazzo klingt. Um einen „Krieg der Köche“ vor Gericht zu vermeiden, forderten die Palazzo-Betreiber: „Kein Bajazzo, wo bereits unser Zelt (also ihr Palazzo, Anm.) steht.“ Der Witzigmann-Manager Horst Bork nahm es gelassen: „Wenn es sein muss“, so sagte er dem Focus, „dann nennen wir uns von nun an ‚Witzigmann-Roncalli‘. Damit sind wir eine Macht.“ Die Meldung stand unter dem Titel: „Krieg der Sterneköche.“

Wie sagte der französische Gastrosoph Jean Anthelm Brillat-Savarin schon im 19. Jahrhundert so treffend: „Das Erforschen eines neuen Gerichts tut mehr für die menschliche Fröhlichkeit als das Erforschen eines neuen Sterns.“ Damit warb übrigens auch der Guide Michelin in einem Anflug von Selbstironie für seine Ausgabe 2005. Wohl kaum ein Koch hat diesen Satz von Brillat-Savarin bis heute so vielschichtig interpretiert wie Alfons Schuhbeck. „Gerichte mit Geschichte?“ Vielleicht. Aber die TV-Sendung Schuhbecks könnte ebenso heißen: „Weißblaue Geschichten vor Gericht.“

Die Missgeschicke des Toni M.

Ganz egal, wie sehr sich Toni Mörwald auch herausputzt: Es erwischt immer ihn. Andererseits: Mörwald war der jüngste Haubenkoch Österreichs. Das war vor 16 Jahren, als er mit 23 Jahren als neuer Senkrechtstarter gefeiert wurde. Toni Mörwald ging ab wie eine Rakete. 2005 besaß er bereits fünf Restaurants, mit denen er es insgesamt auf neun Hauben brachte. Da machte die Konkurrenz Augen. Und als er im Jänner 2005 die DC10 von Dietrich Mateschitz bestieg, war er wieder mal ganz besonders fein herausgeputzt. Die DC10 ist das Prunkstück in der Flugzeugsammlung von Dietrich Mateschitz. Sie gehörte einst dem jugoslawischen Staatspräsidenten Tito. Mateschitz borgte seinen fliegenden Luxus-Oldtimer der österreichischen Delegation für den Bocuse d'Or. Das Catering bereitete Jörg Wörther zu. Das war allerlei Eingemachtes in Reagenzgläsern. Mörwald begleitete die Delegation wohl als eine Art moralische Unterstützung. In feinstem Zwirn, das Handy immer griffbereit, war der Koch fleißig am Schmähführen. Ein Toni Mörwald nimmt bei so einem Anlass nicht einfach Platz im Flugzeug, so wie es all die anderen Köche und der mediale Begleitschutz sämtlicher österreichischen Fachmagazine taten. Nein: Mörwald platzierte sich gut sichtbar neben der aus feinsten Edelhölzern gefertigten Bar neben dem Eingang und warf dem einen Kollegen einen Witz zu, dem anderen Journalisten ein Bonmot. Neben ihm sprach eine der Stewardessen vorsorglich Warnungen aus, die Fluggäste mögen bei der Nahrungsaufnahme doch bitte das edle Mobiliar vor lästigen Flecken bewahren und öffnete währenddessen etwas ungeschickt eine Magnumflasche Champagner. So etwas sollte man niemals machen, wenn Toni Mörwald in Reichweite steht. Dann passierte es auch schon. Der Korken knallte viel zu früh und vor allem viel zu heftig und die Champagnerfontäne traf nur einen. Richtig geraten: Toni Mörwald. Da hatte er dann wirklich alle Lacher auf seiner Seite.

So ist das nun mal mit Anton „Toni" Mörwald. Er scheint nur eine Mission erfüllen zu wollen. Und zwar jene, sein lange gepflegtes Image nicht leichtfertig aufs Spiel zu setzen. Von Mörwald heißt es, er sei der einzige Koch Österreichs, der an mehreren Orten gleichzeitig auftreten könne. Wohlgemerkt: Auftreten. Denn Kochen ist für einen Koch in dieser Liga nur noch ein Fremdwort. 300 Kilometer spulte er angeblich täglich mit seinem Auto herunter. Ein Mörwald muss immer in Bewegung sein. Christian Grünwald, der Herausgeber des Gourmetführers A la Carte, formulierte das Phänomen einmal sehr treffend: „Toni ist ein Phänomen. Er ist wie eine Kerze, die an beiden Enden brennt."

2005 kamen einander die beiden Flammen der „Kerze Mörwald" schon gefährlich nahe. Im Juli schreckte eine Story des profil-Journalisten Michael Nikbakhsh die Szene kalt ab. Dabei schien der Karren Mörwalds schon zwei Jahre zuvor kräftig verfahren gewesen zu sein. Anlass der Story war eine ungewöhnlich scharfe Warnung des „Kreditschutzverbandes von 1870", wonach die Mörwald GmbH auf Basis der Geschäftszahlen von 2003 „erhöhtes Risiko und Kreditwürdigkeit in geringerem Umfang" aufwies. Die Gesellschaft, unter deren Dach die Mörwald'schen Edelschuppen Zur Traube, Fontana, Kloster Und sowie die Hotels Villa Katharina und Schloss Grafenegg firmierten, wies im Wirtschaftsjahr 2003 einen Bilanzverlust in der Höhe von exakt 315.613,07 Euro aus. Laut dem Nachrichtenmagazin profil war das Eigenkapital mit 264.217,75 Euro negativ. Kurz: Die Gesellschaft war kräftig überschuldet. Und weil auch das Schwesterunternehmen, die Mörwald Wien GmbH (Hotel Ambassador und die Kantinengesellschaft m.genuss), mit gut einer Million Euro bei ihren Gläubigern in der Kreide stand, muss Mörwald zu diesem Zeitpunkt schon ziemlich rot gesehen haben. „Jetzt hat es ausgerechnet Toni schon wieder erwischt", spöttelten seine Kollegen hinter vorgehaltener Hand. Aber schuld waren an dem Dilemma laut Mörwald auch schon wieder die anderen. Die Situation erinnerte fatal an die explodierende Champagnerflasche in der DC10 von Mateschitz. Kurz: Mörwald fühlte wohl instinktiv, dass er mit seinen Firmen wieder mal am falschen Platz gestanden war. Außerdem war er überzeugt, dass er auch noch die falschen

Feuerwehrleute beauftragt hatte. „Ich wollte dem Wachstum dadurch Rechnung tragen, dass ich eine zweite Führungsebene eingezogen habe“, erzählte er profil. „Da wurden einige Entscheidungen getroffen, die nicht in meinem Sinne waren.“ Was wohl auch davon kommt, wenn man zu viel unterwegs ist.

Zu diesem Zeitpunkt führte Mörwald auch an einer anderen Front einen unangenehmen Abwehrkampf. Im Mai 2005 wurde ihm von der Arbeiterkammer Niederösterreich vorgeworfen, dass er „laufend gegen das Jugendbeschäftigungsgesetz verstößt“. Vier Strafanzeigen des Arbeitsinspektorats und rund 30 Beschwerden bei der AK soll es bereits bis Mai gegeben haben. Mörwald reagierte prompt: Er stoppte vorerst die weitere Einstellung von Lehrlingen. „Die Schreiben sind schon verschickt“, sagte er im Mai 2005 den Salzburger Nachrichten. Jene 16 Jugendlichen, die bereits mündliche Zusagen für eine Lehrstelle im Gastroimperium von Toni Mörwald hatten, mussten zur Kenntnis nehmen, dass der mediengewandte Koch „angesichts der Ereignisse“ die gesamte Situation noch einmal überdenken müsse. „Ich habe es nicht nötig, mich als Kindertyrann hinstellen zu lassen“, reagierte Mörwald verschnupft. Den Salzburger Nachrichten sagte Mörwald, das Ganze habe sich auf „ganz wenige Mitarbeiter“ reduziert. Und das auch nur auf solche, mit denen es zuvor „Unregelmäßigkeiten“ gegeben habe. Seine angebliche Aussage, wonach Lehrlingsarbeitszeiten von 12 bis 15 Stunden „schon einmal vorkommen“ könnten, wies er während des aktuellen Standes der Ermittlungen von sich. „Da bin ich falsch zitiert worden“, sagte er. Zum Thema Arbeitszeit wollte er dann gar nichts mehr sagen. Außer, dass das System „ziemlich starr ist“. In diesem Fall dürfte es also die Arbeiterkammer gewesen sein, die die Champagnerflasche auf seinen Zwirn gerichtet hat. Niederösterreichs Arbeiterkammer-Präsident Josef Staudinger hatte allerdings allerhand dagegen, dass die Causa von Mörwald bagatellisiert wurde. Um die Vorwürfe zu untermauern, nannte er den Salzburger Nachrichten Einzelbeispiele. Ein Lehrling etwa habe von Samstag 10 Uhr bis

Sonntag 2.30 Uhr gearbeitet – mit einer Pause von zwei Stunden. Bei einem anderen Lehrling sei sogar eine Arbeitszeit von 16 Stunden, dem Doppelten der Normalarbeitszeit eines Erwachsenen, dokumentiert. „So etwas darf es nicht geben", fand Staudinger deutliche Worte. Hier hakte auch Rudolf Kaske, der oberste Tourismus-Gewerkschafter, ein. „Wenn der Lehrling einmal eine halbe Stunde länger arbeitet, wird sich niemand aufregen. Wenn er aber die halbe Nacht im Betrieb ist, geht das nicht." Es würde aber auch nicht weiter verwundern, wenn das Unverständnis Mörwalds von der gängigen Methode in der Spitzengastronomie herrührte, dass es nur eine über die Maßen belastbare Elite bis ganz nach oben schaffen würde. Worauf sich freilich auch viele ehrgeizige Jugendliche gerne einlassen. Schließlich lautete schon das Motto der Lehrlingsausbildung in den Mörwald'schen Betrieben: „Karriere bei Mörwald". Immerhin 200 Mitarbeiter hatte der Unternehmer in der kulinarischen Oberliga zu diesem Zeitpunkt unter seinen Fittichen und insgesamt auch schon etwa 250 Lehrlinge ausgebildet. Dass er so ein schlechter Mensch nicht sein könne, das würde allein schon die Tatsache unterstreichen, dass 99 Prozent seiner Mitarbeiter absolut zufrieden seien, sagte Mörwald. Gewerkschaftschef Kaske sprach in dieser Angelegenheit dagegen von einer „qualifizierten Minderheit, die sich nicht um Ruhe- und Arbeitszeitvorschriften schert". Dieser „qualifizierten Minderheit" kam es natürlich auch zugute, dass Bestimmungen für die Lehrlingsbeschäftigung in der Gastronomie vor wenigen Jahren gelockert worden waren.

Und als sich die Wogen nach der „Lehrlingsgeschichte" zu glätten begannen, hat es Mörwald gleich im nächsten Monat schon wieder „medial erwischt". Da war von einer Sonderbehandlung für Mörwald im Zusammenhang mit einem Pachtvertrag für die Kantine im Finanzministerium die Rede. Mörwald soll als Pächter des Betriebs von Freunden in der Politik bevorzugt worden sein, so der Vorwurf. „Mörwald ist als Bestgereihter aus einer Interessentensuche hervorgegangen. Es wurde mit ihm per

11. Februar 2004 ein Pachtvertrag mit den gleichen Konditionen (davon ist auch die Möglichkeit der Nutzung außerhalb der Öffnungszeiten umfasst) wie mit der Vorgängerfirma abgeschlossen", entgegnete dagegen prompt das Finanzministerium. Fakt war: Die Polizei hat im Auftrag der Staatsanwaltschaft in den Räumlichkeiten des Finanzministeriums ermittelt, nachdem Strafanzeige wegen Verdachts des Amtsmissbrauchs und der Untreue gegen unbekannte Täter erstattet worden war. Geprüft wurde, ob den Bediensteten auf Kosten des Steuerzahlers Gourmetmenüs um vier Euro aufgetischt worden sind. Zur schiefen Optik trug auch noch bei, dass Mörwald nur einen symbolischen Pachtzins von einem Euro monatlich plus darauf entfallende Umsatzsteuer bezahlen musste. Darüber hinaus war vertraglich festgehalten, dass er die Küche außerhalb der Öffnungszeiten für seinen Partyservice benützen darf und alle Betriebskosten vom Finanzministerium übernommen werden. Unter solchen Bedingungen würden wohl alle Gastronomen Österreichs gerne arbeiten.

Im Juli 2005 wurde dann öffentlich, wie schwer finanziell angeschlagen Mörwalds Betriebe tatsächlich schon waren. Hilfe schien ausgerechnet von namhaften ÖVP-Funktionären in Niederösterreich zu kommen. Aus Sicht der Politiker hätte es angeblich gute Gründe gegeben, den Betreiber von fünf Haubenlokalen mit 100.000 Euro direkt zu fördern und ihm noch ein zinsenfreies Darlehen über 250.000 Euro auf Kosten des Steuerzahlers zu gewähren. Denn namhafte ÖVP-Funktionäre aus dem Land unter der Enns pflegten nicht nur freundschaftliche Bande, sondern standen nachweislich in engen Geschäftsbeziehungen mit Mörwald, wie die Salzburger Nachrichten im Dezember 2005 berichteten. Im Kloster Und bei Krems hatte Mörwald den Restaurantbereich von der Raiffeisenlandesbank Niederösterreich-Wien gepachtet. Im selben Haus organisierte Stephan Pröll, Sohn von Landeshauptmann Erwin Pröll, die Vermietung der Seminarräume.

Hinzu kam, dass der ÖVP-Landtagsabgeordnete Alfred Riedl als Steuerberater für den Promi-Wirt tätig war. Das gute

Verhältnis unterstrich auch noch die Tatsache, dass Riedl zudem im Vorstand der Pregesbauer-Privatstiftung tätig war. Diese Stiftung wurde von Mörwalds Gattin Eva Pregesbauer-Mörwald errichtet. Dann kam noch die Präsidentschaft Riedls im ÖVP-Gemeindevertreterverband in Niederösterreich dazu. Ganz zu schweigen von seinem Amt als Bürgermeister von Grafenwörth. Als Vize konnte er auf die Gefolgschaft von Anton Mörwald senior zählen. Dass die niederösterreichische Politik ein besonders inniges Verhältnis zu Mörwald pflegte, unterstrich auch die Mörwald-Strasser-Connection. Der ehemalige Innenminister Ernst Strasser, eine Art Ziehsohn von Landeshauptmann Pröll, war zumindest zu dem damaligen Zeitpunkt mit Toni Mörwald befreundet. Beide waren weiters mit jeweils 20 Prozent an der BCD, Business Consulting & Development GmbH, beteiligt. Die Import-Export-Firma BCD handelt unter anderem mit Jordanien und Syrien, wo die Kontakte Strassers genützt worden sein sollen, um beispielsweise hochwertiges Olivenöl nach Österreich zu bringen und hier zu verkaufen.

Das nächste Mal „erwischte" es Mörwald bereits wieder im Februar 2006. Da trennte sich der Nahrungsmittelkonzern Nestlé von ihm als Betreiber der Café Nescafé Bar in der Kärntnerstraße 20 in Wien. Acht Monate lang war Mörwald hier am Ruder. Anfang Februar wurde das Café vorübergehend geschlossen. „Wir wollen diesen Standort nicht mehr länger betreiben und haben uns daher Anfang des Jahres zurückgezogen", sagte Mörwald den Salzburger Nachrichten. Einen Grund, warum er aus dem Fünfjahresvertrag vorzeitig ausgestiegen war, wollte er aber nicht nennen. Die Überraschung über seinen Rückzug war deshalb so groß, weil dieses Geschäft in bester Innenstadtlage in der Branche als „Goldgrube" bezeichnet wurde. Gerüchten zufolge soll die Weiterführung des Cafés vor allem an Auffassungsunterschieden in den Geschäftspraktiken und im Umgang mit Bediensteten gescheitert sein. Nestlé-Sprecherin Angelika Svoboda wollte sich dazu nicht äußern: „Wir renovieren das Geschäft. Es wird an einigen Adaptierungen gefeilt, das Konzept bleibt gleich." Immerhin gelang es Mörwald Anfang 2006, sein Gastrounternehmen „mit einem tollen Finanzpartner zu stärken und damit vorläufig zu sanieren", wie das Magazin Format berichtete. Was damals die niederösterreichische Landespolitik durchaus gefreut haben dürfte. Denn damit wurde die beabsichtigte und kontrovers diskutierte Landesförderung für Mörwald hinfällig.

Toni Mörwald ist nach seinen Turbulenzen zunächst glimpflich gelandet. Und das sei dem österreichischen Monsieur Hunderttausend Volt der Gastronomie auch von ganzem Herzen gegönnt. Er musste Federn lassen und das tat er auch mit einem subtilen Anflug von Selbstironie bei seinem jüngsten Projekt. Toni Mörwald adaptierte ein Hinterzimmer des elterlichen Betriebs Zur Traube in Feuersbrunn, bastelte dort ein Gourmetrestaurant in das bereits bestehende Restaurant hinein und nannte es – sympathisch demütig – einfach nur „Toni M.". Es scheint, als ob er noch einmal ganz vorn beginnen wollte, was nach all dem Wirbel der letzten Jahre als eine Art Selbsthygiene interpretiert werden dürfte. Während Toni M. hier an Wochentagen wieder selbst in der Küche steht, balsamierte der Gault Millau schon einmal die Wunden des Turbogastronomen. Die Feinschmecker-Bibel kürte mit dem 27-jährigen Leonard Cernko einen seiner Chefköche (Kloster Und) zum „Koch des Jahres 2006". „Einer unserer Tester bezeichnete ihn als Kronprinz im gastronomischen Reich des Toni Mörwald", erzählte Gault-Millau-Herausgeber Karl Hohenlohe den Gourmetjournalisten, was nach den Turbulenzen der vergangenen Jahre durchaus auch als schwere Drohung gewertet werden kann. Nach seinem Erfolgsgeheimnis befragt, antwortete Cernko in tiefer Bescheidenheit: „Ich war einfach immer zum richtigen Zeitpunkt am richtigen Ort." Cernko hat sich damit einen Namen gemacht – und Toni M. ist auch gerade dabei, sich von den Zeitungen wieder einen machen zu lassen.

Da wurde etwa die Aufnahme eines seiner Betriebe in die Hotelvereinigung „Relais & Chateau" gefeiert. Was sicher eine Ehre ist. Eine Ehre allerdings, die man sich als Gastronom erst einmal leisten können muss. Die Obauer-Brüder aus Werfen etwa interessierten sich bereits vor 10 Jahren für einen Eintrag in diesem exklusiven Hotelführer, der ausschließlich Kunden mit wohlbestallter Brieftasche anspricht. „Inklusive Einschreibgebühr hätten wir da allein im ersten Jahr ungefähr 500.000 Schilling hinblättern müssen", erinnert sich Karl Obauer. Das war den Brüdern dann doch ein bisschen zu viel.

Die heimischen Lifestylemagazine sind auf jeden Fall schon wieder bestens auf Mörwald zu sprechen. Deren Berichte lesen sich genauso, wie sie kulinarische Senkrechtstarter gerne lesen. Beispiel gefällig? Hier ist die Beschreibung eines seiner Menüs im Magazin „Wiener": *„Zum Auftakt Blinis mit Kaviar, Lachs, Sauerrahm und klein gehackten Schalotten, banal, durch richtige Dosierung der hochwertigen Zutaten gleichzeitig aber ein großer Prolog. Danach gebratene Gänseleber auf gebratenen Apfelscheiben, auch nichts sonderlich Kreatives, aber ein zweiter Ausschlag nach oben. Ähnliches hat man oft gegessen, doch nirgendwo so gut wie hier. Geht es so weiter? Nichts reißt ab. Die Ochsenschwanzsuppe mit dukatenförmigem Eistich verblüfft durch ihre Eleganz, die auf die Kraft der Essenz nicht verzichtet. Dann ein Höhepunkt unter den Höhepunkten: Gnocchi mit Bries, mit Majoran fast zu einem Eintopf geschmort … In Folge ein Cordon bleu, mageres Fleisch, gefüllt mit bestem französischen Brie, begleitet von unglaublich gut korrespondierendem Salat aus gekochten Erdäpfeln und Roten Rüben. Zuletzt ein Taubenflügel auf Kohlrabigemüse, doch halt, da wird noch ein letzter Gang eingeschoben, ein Zwiebelrostbraten, nur Fleisch und Zwiebeln, sanfte, duftende, kurz im Saft geschmorte Zwiebeln gepaart mit in Panier gebackenen Zwiebelringen. Nur ein Wort: Weltklasse."* Na dann: Mahlzeit …

Bleibt nur zu hoffen, dass den Gästen der Appetit bei „Toni M." auch in Zukunft nicht vergeht. Denn erst im August 2006 wurde nach Toni M.s Zwischenhoch bekannt, dass sich der Multigastronom von sämtlichen Standorten trennen möchte. Mit

Ausnahme seines Stammhauses „Zur Traube“, wo er inmitten seiner gebackenen Zwiebelringe und seiner Roten Rüben den ursprünglichen Sinn seines Berufs wiedererkannt haben dürfte. Das erneute wirtschaftliche Tief sei dem Rückzug des Firmensanierers Stephan Zöchling zu verdanken, hieß es. Noch im März 2006 wurde Zöchling als großer Retter von Mörwalds Imperium gefeiert, nachdem er sich mit 25,1 Prozent an Mörwalds Firmen beteiligt hatte. Dann sei es aber, so berichtete der Standard, zu „unüberbrückbaren Differenzen“ gekommen. Er benötige jetzt dringend neue Geldmittel. Hoffentlich kriegt er sie. Und hoffentlich wird die Champagnerflasche beim Feiern dann endlich einmal fachgerecht geöffnet.

Schloss Mönchstein –
Vom Luxus zur Mönchsküche und wieder zurück

Im Oktober 2004 kam es zur größten Pleite in der Salzburger Gastronomie. Erst ein Jahr davor wurde das mehrfach von Fachmagazinen zum schönsten Stadthotel der Welt gekürte Schloss Mönchstein um schlappe 7,5 Millionen Euro umgebaut. Anna Gabrielli-Schwarz wollte in der wunderschönen Lage auf dem Salzburger Mönchsberg einen weiteren Meilenstein in der Geschichte des altehrwürdigen Hauses setzen. Bei mehreren Presseterminen versuchte die Werbeagentur des Hotels, die Journalisten von der Einzigartigkeit dieses Objekts zu überzeugen. Aber das Hotel kam nie richtig in Fahrt. Der Umbau wirkte von Anfang an eher gewöhnungsbedürftig. Stammgäste vermissten das alte Schlossflair, die efeuumrankten Mauern und die antiken Einrichtungsgegenstände. Die Fassade – nun in knalligem Orange gehalten – erinnerte mehr an Kalifornien als an Salzburger Noblesse, die bei einem Haus wie diesem eben „oblige“ sein sollte. Vor allem wirkte der Umbau so, als ob er nicht abgeschlossen worden wäre. Tatsächlich, so sollte sich herausstellen, kamen die Renovierer mit dem zur Verfügung gestellten Geld nicht aus. Die Terrasse erinnerte mit ihren Waschbetonplatten eher an ein Freibadcafé.

Eigentlich signalisierte nur Herbert Schmidhofer, ein ehrgeiziger junger Koch aus Saalfelden, der vom Gault Millau bereits mit dem Titel „Newcomer des Jahres" ausgezeichnet wurde, so etwas wie Aufbruchstimmung. Im ersten Jahr erkochte er für das Haus auch gleich zwei Hauben. Für die Pressefotos wurde ein rotes Sofa in den Schlosshof geschleppt. Schmidhofer posierte darauf mit zwei Kochmützen. Noch ein bisschen mehr Ehre in den Gourmetführern, so lautete wohl die ausgegebene Marschrichtung, und der Laden würde von alleine laufen. Tatsächlich aber sprang die Gourmetszene nicht an. Was in Salzburg wohl zu einem Gutteil auf die große Konkurrenz zurückzuführen ist. Denn zum Essen, das ist ein ungeschriebenes Gesetz, fahren die Salzburger nicht gerne auf die Hausberge. Schon gar nicht dorthin, wo Millionäre als Hausgäste vermutet werden. Dabei wären die Salzburger dort oben sehr wohl unter sich gewesen. Die Auslastung des Hotels war – aus welchen Gründen auch immer – katastrophal. Es war eine Spezialität des Hauses, die Zahlen schönzureden. Und es war unter anderem der Ehrlichkeit von Herbert Schmidhofer zu verdanken, dass ich dem Gerede von Beginn an nicht allzu viel Glauben schenkte. „Zwei bis drei der 23 Zimmer waren im Februar belegt", erzählte mir Schmidhofer einmal. Die Hotelleitung sprach 20 Minuten zuvor von einer „sensationellen Auslastung". Dass keiner der Hotelgäste zu sehen war, das führte die Direktion auf das schöne Salzburger Umland zurück, wo sie sich wohl herumtrieben. Die Betreiber suchten fortan ihr Glück in einer heillosen Flucht nach vorn. In der Küche wurde geklotzt und nicht gekleckert. Einmal kaufte Schmidhofer das sündteure Wagyu-Rind für Spezialitätenwochen ein. Das ist eine australische Version des japanischen Kobe-Rinds. Mit dieser sündteuren Delikatesse zu einem moderaten Preis wollte man kurzfristig Gourmets auf den Mönchsberg locken. Als auch dieser Schachzug nicht gelang, versuchte man es mit Billigmenüs zu Mittag. Nebenbei bot Schmidhofer „kulinarische Weltreisen“ an. Ein Monat Frankreich etwa mit Edelprodukten sollte es richten. Die Lieferanten hatten sicher ihre Freude. Bis die Zahlungen immer unregelmäßiger wurden. Schmidhofer wurde immer verzweifelter. „So wird es nicht mehr lange weitergehen“, erzählte er mir zwei Monate vor dem Konkurs im Oktober 2004. Zu diesem Zeitpunkt machte sein Haubenrestaurant bereits täglich 3000 Euro Verlust, wie der Tourismusexperte Jakob Edinger nach Antritt seiner Sanierungstätigkeit berichtete. Tatsächlich rief mich Schmidhofer am 28. Oktober an. „Die Gerichtsvollzieher sind im Haus. Die Stimmung unter den Bediensteten ist auf dem Nullpunkt. Seit zwei Monaten haben wir keine Gehälter mehr erhalten.“ Zu diesem Zeitpunkt lief auch das Restaurant bereits im Notbetrieb. „Ich weiß gar nicht mehr, wie ich die Gerichte kochen soll“, sagte mir Schmidhofer. „Die Hälfte der Zutaten fehlt.“ Auch von der sonst so auskunftsfreudigen Werbeagentur gab es keine Information mehr. Nur so viel: „Wir warten auch auf die Begleichung unserer Rechnungen.“

Die Betreiberin Anna Gabrielli-Schwarz kämpfte bis zuletzt vergeblich um einen Investor. Als die Hausbank, die Salzburger Sparkasse, nach neun Monaten die Kreditraten fällig stellte, war der Konkurs nicht mehr abzuwenden. Die Schulden betrugen etwa 18 Millionen Euro. 14 Millionen Euro entfielen auf die Salzburger Sparkasse. Wie schlecht das Hotel lief, das stellte sich erst nach und nach heraus. Sogar während der Salzburger Festspiele seien nur bis zu acht der 23 Zimmer belegt gewesen. Und das bei einem Personalstand von 46 Mitarbeitern. Unmittelbar nach dem Konkurs übernahm der Gastroprofi Jakob Edinger im Auftrag des Masseverwalters Christoph Brandweiner das Ruder. Edinger reduzierte sofort die Ausgaben und erhöhte fast wie durch ein Wunder dennoch schlagartig die Auslastung. „Ich werde dem neuen Käufer eine schöne Braut übergeben“, sagte er mir damals und er sollte Recht behalten. Unter den interessierten Käufern befanden sich ein internationales Konsortium, das das Schloss nur im Verbund mit Schloss Mondsee kaufen wollte, Red-Bull-Chef Dietrich Mateschitz und Hans-Peter Wild, ein milliardenschwerer Produzent von Aromastoffen für die Nahrungsmittelindustrie. Das bekannteste Produkt seiner Firma ist in Alubeutel verschweißter Orangensaft aus Nigeria: „Capri Sonne." Wild erhielt schließlich überraschend den Zuschlag. Meine Überschrift lautete damals „Capri Sonne sticht Red Bull". Zunächst hatte ich noch den Eindruck, dass damit wohl auch die noble Zurückhaltung über die Gigantomanie von Red Bull triumphiert. Der schwäbische Milliardär Hans-Peter Wild präsentiert sich bei Interviewterminen immer sympathisch hemdsärmelig. Er lässt es sich nicht nehmen, auch dann seinen Gästen eigenhändig Kaffee einzuschenken, wenn eigentlich genug Personal dafür herumsteht. Von seinen anfänglichen Plänen, in dem Schloss eine Dependance eines deutschen Dreisternekochs einrichten zu lassen, sah er nach gut einem Jahr wieder ab. Als Prioritäten nannte er den Bau eines Wellnessbereichs und von Seminarräumen.

Was die Haubenküche betrifft, da wurde plötzlich eine interessante Marschrichtung ausgegeben. „Das Thema Haubenkoch ist für uns in der derzeitigen Situation sicher kein Thema", sagte mir die Assistentin der Hotelleitung. Nicht einmal den Namen des aktuellen Kochs wollte sie mir im Juli 2006 verraten: „Der soll sich erst einmal ein Jahr lang vor den Hotelgästen beweisen", sagte sie. Und dann noch mit einem Augenzwinkern: „Wenn ein Koch seinen Namen in der Zeitung liest, dann hat der doch gleich wieder Flausen im Kopf." Dass ausgerechnet an solch einem luxuriösen Ort die Bescheidenheit in die Küche einziehen sollte, das klang zumindest nach einem schrägen Neubeginn. Als ich dann in einer Geschichte über prominente Festspielgäste in den SN den Satz einbaute: „Am diskretesten ist die Öffentlichkeitsarbeit des Hotels Schloss Mönchstein. Hier werden nicht nur die Namen der Gäste geheim gehalten, sondern sogar jener des Küchenchefs", war das dem Hotelmanagement dann auch nicht ganz recht. Kurze Zeit später erhielt ich einen Anruf, dass mich der Besitzer des Hotels, Hans-Peter Wild, sprechen wolle. Er war wieder einmal für zwei Tage in Salzburg. Bestens gelaunt führte er mich in den Gotischen Saal des Hauses und stellte mich Volkmar Burgstaller vor. Das ist jener Architekt, der schon für Dietrich Mateschitz den Hangar-7 entworfen hatte. „So, mein Freund", sagte Wild, „jetzt haben Sie was zu schreiben." Er legte mir einen atemberaubenden Plan für seinen Umbau vor, bei dem eine Art „Mini-Hangar-7" um das altehrwürdige Schloss gewickelt würde. Eine Glaskonstruktion, die von den einen als „spannende Hülle" bezeichnet wurde, von anderen als die „größte Glas-Wurst Salzburgs". Wild hat bei Investitionen eine ganz pragmatische Sicht der Dinge: „Sie wissen ja", sagte er zu mir, „der Erste baut auf, der Zweite macht Pleite, der Dritte macht Geld." Dann warf er noch einen Blick auf den Glasanbau: „Da kommt das Restaurant rein", sagte er. „Und glauben Sie mir: Da kommt auch ein Koch rein, den die ganze Welt kennt", fügte er mit einem Augenzwinkern hinzu. Er verriet mir den Namen, bat mich aber, ihn noch nicht zu schreiben, weil der betreffende Koch erst bestehende Verträge überprüfen müsse. „Verlassen Sie sich auf mich", antwortete ich ihm. Beim Verlassen des Hotels musste ich schmunzeln: „Mann. Echt witzig!"

Weitere Geschichten und spannende Informationen bitte an: insider@ecowin.at

Und was kaufen Sie
täglich im Supermarkt?